쉬운방콕여행

이지 *city* 방콕

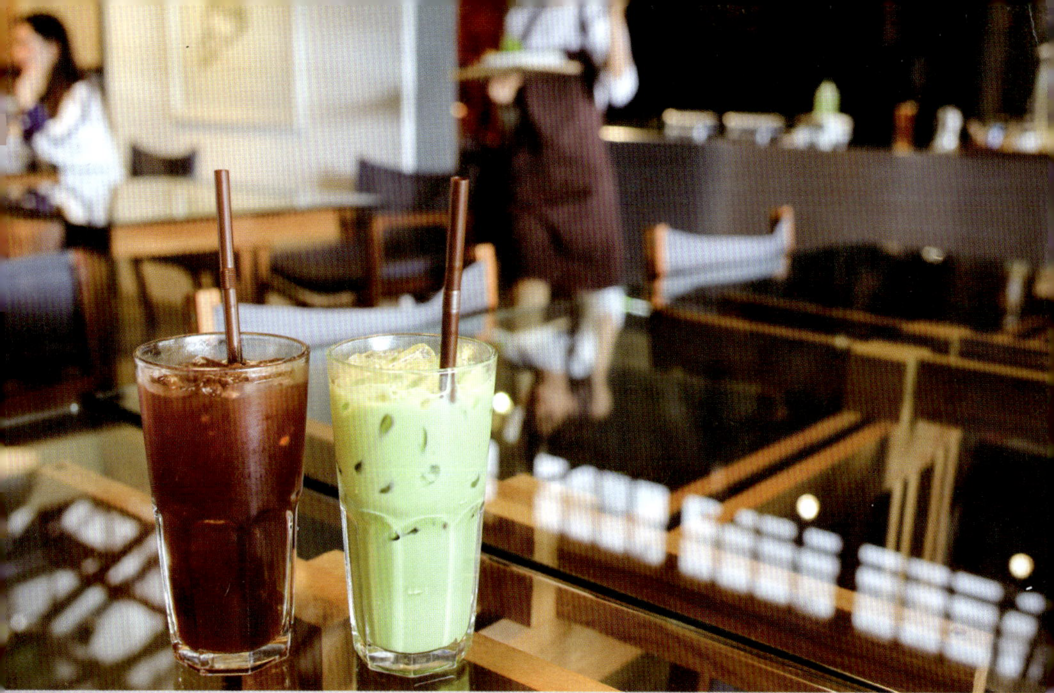

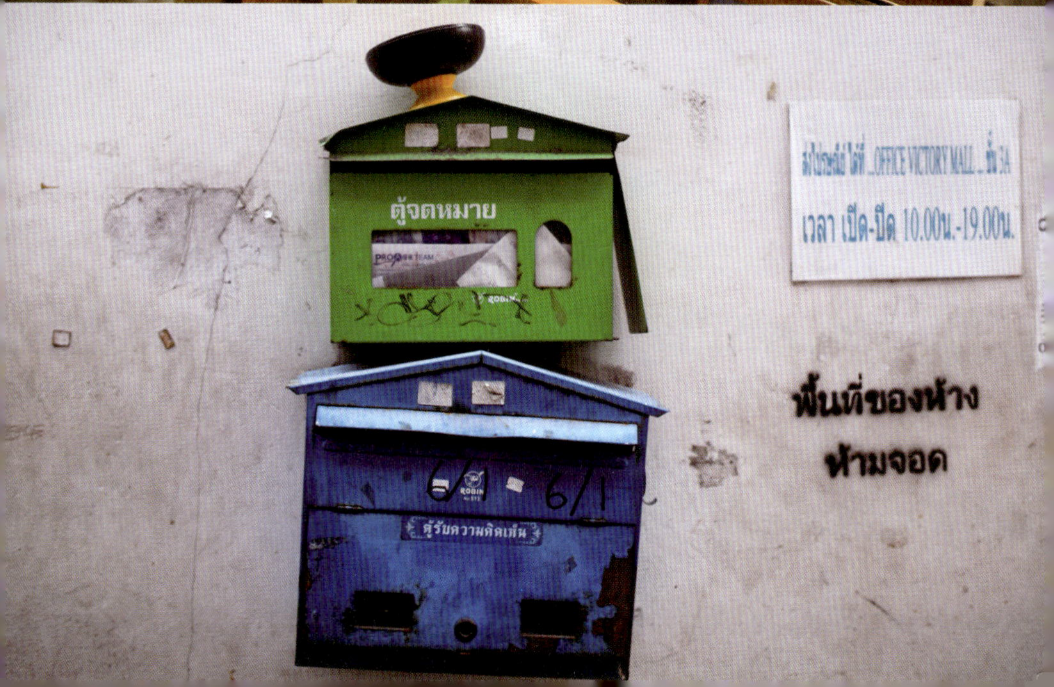
ตู้จดหมาย
ตู้รับความคิดเห็น
ส่งไปรษณีย์ได้ที่ ...OFFICE VICTORY MALL... ชั้น 3A
เวลา เปิด-ปิด 10.00น.-19.00น.
พื้นที่ของห้าง
ห้ามจอด

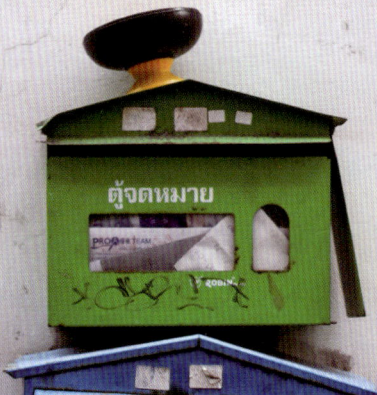

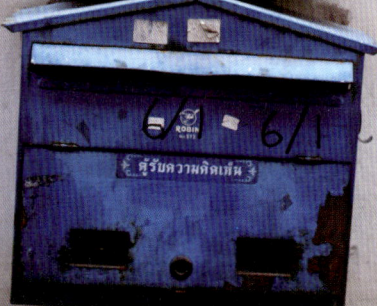

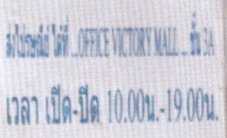

저자소개
●

작가의 탈을 쓴 백수, 글 써서 입에 풀칠하고 산다.
없는 형편이지만 가까스로 쥐어짜서 매년 두 달, 세 달씩 긴 여행을 떠난다.
매년 빼놓지 않는 여행지는 방콕. 여행자와 생활인의 오묘한 경계를 걸으며
때로는 여행처럼, 때로는 사는 것처럼 지내다 돌아온다.
수백 억대 부자가 될 수 없을 바에야 추억 부자라도 되어야겠다고 다짐했다.
적당히 벌고 아주 잘 살기 위한 갖가지 노력을 기울이고 있다.
책 쓰는 것. 내가 좋아하는 일을 하며 삶을 살아내는 게 아니라,
살아가고 있다는 사실에 감사 또 감사!
www.travelindia.kr

Bangkok

•

20대 초반, 첫 배낭여행지가 방콕이었습니다.
커다란 배낭을 짊어지고 카오산 로드를 누비며 자유로운 공기에 한껏 취해 있었지요.
방콕에 첫 발을 디뎠던 때의 두근거림과 설렘은 아직도 잊지 못 합니다.
공항에 막 도착했을 때의 후끈한 공기, 나긋나긋하고 친절한 사람들,
이국적인 모습에 홀랑 반해 한동안 태국만 드나들었어요.
오래전 방콕 여행자들은 카오산 로드 인근에 둥지를 틀고 올드 시티에 주로 머물렀습니다.
어쩌나 한 번 시내 구경을 나가는 식이었지요. 수년 전에는 그랬습니다.

방콕이 많이 변했어요. 여행의 트렌드도 크게 달라졌고요.
시간을 품은 올드 시티의 오래된 멋은 그대로 간직한 채, 세련된 도시의 풍경이 더해졌습니다.
높이 솟은 늘씬한 빌딩 숲 속 아늑한 호텔, 가로수길 뒷골목의 뺨을 후려칠 기세로 덤벼드는 브런치 카페,
방콕 시내가 훤히 내려다 보이는 핫한 루프탑 바, 당장 몸을 맡기고 싶어지는 우아한 마사지숍.
'우리가 알고 있던 그 방콕이 맞나?' 싶은 면들이 참 많아요.
게다가 비교적 가벼운 주머니 사정으로 이 모든 걸 누릴 수 있다니!
작은 사치가 가능한 방콕을 사랑하지 않을 수 없겠죠?

이 책은 달라진 방콕을 더 뜨겁게, 더 짜릿하게 즐길 수 있도록 엮었어요.
일일이 발품 팔아 겪은 이야기들, 따끈따끈하고 속이 꽉 찬 정보들만 추려 묶었습니다.
언제나 그렇듯 취재하는 것처럼 다니지 않고 주어진 시간 동안 여행하며 마음껏 누볐어요.
요령 피우지 않고 열과 성을 다해 놀다 보면 알찬 콘텐츠가 쪼르르 따라와 있더라고요.
레스토랑 취재를 너무 많이 한 탓에 살이 오동통하게 올랐고 통장 잔고도 폭삭 가라앉았지만,
아무렴 어때요? 이렇게 멋진 책이 제 손에 들려있잖아요!

저 역시 첫 배낭여행의 불안함을 방콕에서 겪었던 여행자라,
여행자들이 어려워하는 부분을 세심하게 짚을 수 있었습니다.
이제 초저가 알뜰 여행을 꿈꾸는 대학생은 물론, 구석구석 헤집고 다니는 걸 좋아하는 도시 탐험가부터
좀 더 적극적으로 아무것도 안 하고 싶어 힐링을 찾아 떠나온 여행자까지.
방콕은 우리 모두의 로망을 아우르게 되었어요.
누구나 가뿐하게 떠나는 방콕 여행을 도와줄 이지시티방콕.
앞으로 방콕이 더욱 만만한 여행지가 되길 바라봅니다.

CONTENTS

 여행은 그렇게 시작되었다

020	방콕의 초록초록 레스토랑
024	요즘 방콕 카페
026	방콕의 아침, 탁발 풍경
028	시암 니라밋 vs 칼립소 쇼
030	신나는 물벼락 잔치
031	2018 태국 공휴일 캘린더
032	태국 음식 대표 메뉴
040	달콤한 열대과일의 유혹
042	입이 심심할 땐, 길거리 간식
044	멀어도 괜찮아, 방콕의 야시장 4
046	휘황찬란 방콕의 밤
048	가격은 낮게, 만족도는 높게! 럭셔리 호텔
050	탁 트인 파노라마 뷰에 취하다 루프탑 바
054	방콕의 시장
056	드럭 스토어
057	태국에서 쇼핑하기 좋은 브랜드
058	방콕 마트 완벽 분석
060	고메마켓 식료품 쇼핑 리스트
062	당신의 취향저격 쇼핑몰
064	완벽한 휴식, 힐링 마사지
068	방콕의 작은 친구들

 **방콕 교통 정복**

 **믿고 떠나도 좋은 방콕 여행 코스**

사왓디 카, 방콕
- **072** 출국 절차
- **074** 입국 절차

공항에서 시내로 가는 길
- **076** 공항철도
- **077** 택시
- **077** 시내버스와 미니밴
- **077** 시내에서 공항으로 가는 길

방콕 대중교통의 모든 것
- **078** 수상보트
- **082** 지상철 BTS와 지하철 MRT
- **084** 택시
- **086** 툭툭(뚝뚝)
- **086** 버스
- **087** 오토바이 택시(모떠싸이)
- **087** 썽태우

- **090** 배 타고 물길 따라 흐르는 여행, 올드시티 하이라이트!
- **091** 방콕에 사는 그들처럼, 오래된 도시 산책
- **092** 쇼핑 파라다이스 홍콩 뺨친다! 쇼핑하기 좋은 날
- **093** 서울보다 세련된 방콕, 가장 트렌디한 방콕은 바로 여기!
- **094** 깃털처럼 가벼운 주머니로 채우는 유쾌한 문화 충전! 낭만 아트 로드
- **095** 24시간이 모자라, 주말엔 시장 구경에 집중!

CONTENTS

아낌없이
주는
지역 정보

098 올드 시티
100 지역 정보 및 추천코스
   [테마]
112 카오산 로드, To do List
115 방콕에서 타투를 하겠다고요?
123 고양이는 해치지 않아요!
136 올드 시티 Restaurant · Cafe · Pub&Bar

150 수쿰빗
152 지역 정보 및 추천코스
   [테마]
159 골목길, 걸어 다니지 마세요! Motorcycle Taxi
162 방콕, 교통지옥
166 수쿰빗 Restaurant · Cafe · Pub&Bar

192 시암&칫롬&펀칫
194 지역 정보 및 추천코스
   [테마]
205 방콕에서 뭐 살까?
207 한여름의 크리스마스
209 소소한 로컬 문화 느끼기, 사당
212 짜뚜짝 시장, 눈에 띄는 장면들
214 시암&칫롬&펀칫 Restaurant · Cafe · Pub&Bar

232 실롬&사톤&리버사이드
234 지역 정보 및 추천코스
   [테마]
243 현지인처럼 룸피니 공원 즐기는 법
247 이른 7시, 아침 시장에 가면
249 달빛 아래서 보내는 낭만적인 시간, Dinner Cruise
251 아시아티크에서 뭐 하고 놀지?
252 실롬&사톤&리버사이드 Restaurant · Cafe · Pub&Bar

276 차이나타운
278 지역 정보 및 추천코스
   [테마]
286 여기가 태국이야? 중국이야?
290 차이나타운 Restaurant · Cafe · Pub&Bar

가뿐하게 떠나는 방콕 근교 하루 여행

298 암파와 수상시장
300 담넌 사두억 수상시장
302 파타야
310 아유타야
316 칸차나부리

 **이토록 편안한 휴식**

 **숙소만 잘 골라도 여행이 즐겁다**

322 바와 스파
324 헬스랜드
　　　렛츠 릴렉스
325 반얀트리 스파
326 탄 생츄어리 스파
　　　아시아 허브 어소시에이션
327 디바나 마사지 앤 스파
　　　디바나 버츄 스파
328 오아시스 스파
330 디오라 랑수언
331 스파 1930
　　　라바나 스파
332 바디 튠
　　　반 싸바이 타이 마사지
333 실롬 바디웍스

336 흥미로운 잠자리, 에어비앤비
354 익숙한 잠자리, 호텔

 **여행을 기다리며**

370 미리 준비하는 방콕 여행
371 항공권 싸게 사는 법
372 환전에 대한 고민 해결
373 여행지에서 요긴한 애플리케이션 & 웹사이트
374 더 많이, 더 가볍게! 여행 짐 꾸리기
376 방콕에서 살아남기
378 처음 방콕으로 떠나는 여행자를 위한
　　　사소하고 소소한 궁금증 10
380 천태만상, 방콕의 별별 사기 유형

이지 city 방콕
일러두기

정보 수집

2019년 5월까지 수집한 자료를 바탕으로 합니다. 레스토랑, 카페 등은 개인 사정에 의해 폐업하거나 건물주와의 계약 만료로 인하여 이사 갈 수도 있어요. 가능한 오랫동안 영업해온 곳 위주로 골랐으나, 수시로 변하는 세상을 잡아둘 길은 없겠지요?
특히 수쿰빗, 그중에서도 통로 일대는 변화의 바람이 거센 지역이에요. 책 속 내용과 다른 부분이 있더라도 너그러이 양해 부탁드려요. 잘못된 정보는 메일 parangusl_@naver.com로 알려주시면 적극 반영하겠습니다.

외국어 표기

한국인 여행자가 주로 사용하는 발음을 표기했습니다. 어떤 것은 현지인의 발음을, 어떤 것은 영어식 발음을 따랐어요.
인터넷 검색에 최적화하기 위한 선택입니다. 책 속 여행지, 레스토랑 등을 인터넷 검색창에 두드려 봤을 때 발음 문제로 검색이 되지 않는 경우가 많더라고요. 보다 쉽게 검색되도록 하기 위한 조치이니, 표기가 제각각인 부분이 있더라도 감안하고 봐주세요.

별도 첨부 지도

별도로 첨부된 지도는 처음 방콕을 찾는 여행자들을 위해 준비했어요. 수쿰빗이 어디인지, 카오산 로드가 어디인지 도대체 감이 안 오죠? 그럴 때 방콕 전역이 한눈에 보이는 개념도, 큰 지도를 펼쳐보세요.
여행 계획 세울 때 아주 유용합니다. 여행지나 레스토랑 등에 갈 때는 뒷면의 세부 지도를 보고 찾아가세요!

레스토랑 예산

예산은 태국의 공식 화폐인 밧 Baht을 줄여 'B'로 표기했어요. 인당 100밧 이내의 저렴한 식사는 B, 인당 1,000밧을 넘기는 고급 레스토랑은 BBB, 나머지는 BB로 넣어 대략적인 가격대를 가늠해볼 수 있도록 하였습니다. 예산과 대략적인 가격대를 고려해 결정하면 됩니다.

숙소 정보

에어비앤비 숙소는 특성상 호스트의 의향에 따라 언제든지 사라질 수 있어요. 책 속에 소개된 숙소를 콕 집어서 URL로 알려드리지 못하는 점, 안타깝게 생각합니다. 소개되지 않은 숙소 중에서도 멋진 숙소가 아주 많아요. 숙소 선택의 즐거움을 독자들의 몫으로 남겨 둘게요. 각자 취향에 맞는 숙소를 골라 더욱 멋진 여행 하길 바랍니다.

교통 정보

교통 정보는 지상철 BTS, 지하철 MRT, 수상보트 등의 대중교통 위주로 정리했어요. 인원이 많으면 택시로 이동하는 게 저렴할 수도 있습니다. 두 사람 이상일 때, 러시아워를 벗어난 시간에는 편리한 택시 이동도 좋습니다.

여행 일정

추천하고 싶은 여행 코스를 묶어봤어요. 방콕 2박 3일, 3박 4일 일정은 제시한 샘플 코스에 아유타야, 파타야 등 근교 지역을 더해 취향껏 디자인하시면 됩니다.

Bangkok greenery

방콕의 초록초록 레스토랑

방콕엔 열대 우림에 자리한 듯
온통 초록빛으로 물든 레스토랑이 많다.
싱그러운 잎과 나무 내음, 그저 보는 것만으로도 마음이 한결 밝아진다.
초록초록 나무들 사이에 앉아 즐거운 한때!

Once upon a Time
원스 어폰 어 타임
무성하게 자란 초록빛 나무들 사이, 핑크빛 식당이 숨어 있다. 80년 쯤 된 목조 가옥은 누군가의 집에 초대된 듯 아늑한 무드를 연출한다.
(p223)

Na Aroon Restaurant

나 아룬 레스토랑
티크 나무 바닥과 높은
천장이 매혹적인 집. 짙은
나무색, 무성한 열대의 식물이
어우러져 근사한 빛깔을
연출한다. 채식 위주의 식단.
(p170)

Jim Thompson Restaurant and Lounge

짐 톰슨 레스토랑 앤 라운지
열대 느낌의 초록빛 테이블
세팅이 사랑스럽다. *(p261)*

Ruen Mallika

르언 말리카
태국 전통 가옥에 자리 잡
은 레스토랑. 분위기는 물
론 맛과 서비스까지 두루
갖췄다. 화려한 비주얼이
엄지 척! *(p175)*

Ruen Urai
르언 우라이
골목 안쪽 깊은 곳에 있어 도심 속 번잡함을 완벽히 벗어났다. 숲 속 어딘가에 머무는 듯 묘한 느낌.
(p263)

Tummy Yummy
땀미 얌미
널찍한 정원이 딸렸다. 무더운 여름, 수시로 비 내리는 우기가 아니라면 야외 테이블에서 여유롭게 식사를! *(p221)*

Issaya Siamese Club
이싸야 싸야미즈 클럽
태국 음식에 현대적인 감각을 더한 창의적인 요리를 낸다. 애매한 위치, 높은 가격대가 흠이지만 도전 정신이 넘친다면 추천! (*p271*)

Salathip
살라팁
샹그릴라 호텔에 딸린 레스토랑이라 값을 두둑이 치러야 하지만 여러모로 만족스럽다. 태국식 또는 해산물, 취향대로 골라 먹는 코스 요리. 식사 중간에 불쑥 모습을 드러내는 무희들의 춤이 인상적이다. (*p254*)

Crepes & Co Langsuan
크레페스앤코 랑수언
갖가지 크레프를 선보인다. 프랑스의 맛 그대로! 느긋하게 보내는 주말, 브런치 메뉴. (*p222*)

Trendy Cafe

Bitterman
비터맨

비터맨의 공간 연출은 방콕이기 때문에 가능한 게 아닌가 싶다. 테라스에 앉아있는 듯 볕이 잘 드는 공간, 나무가 무성한 숲 속에 들어온 것 같은 실내. 비터맨은 맛보다 무드에 반해 찾아오는 사람이 더 많다. *(p266)*

Casa Lapin x26
까사 라팽 x 26

높은 천장과 목재 바닥, 붉은색 벽돌이 어우러진 인테리어가 돋보인다. 느리게 흐르는 시간, 방콕의 일상이 엿보이는 카페. 쌉싸름한 커피 향에 취해 잠시 쉬어가기 좋은 곳. *(p184)*

요즘 방콕 카페

방콕의 감성을 자연스럽게 녹여 낸 카페들이 눈길을 끈다. 때로는 럭셔리하게 때로는 아기자기하게. 감각적인 인테리어 소품과 개성 넘치는 메뉴, 인생샷 너끈히 건질 수 있는 압도적인 분위기까지! 감성 충전 제대로 되는 방콕의 요즘 카페 네 곳을 모았다.

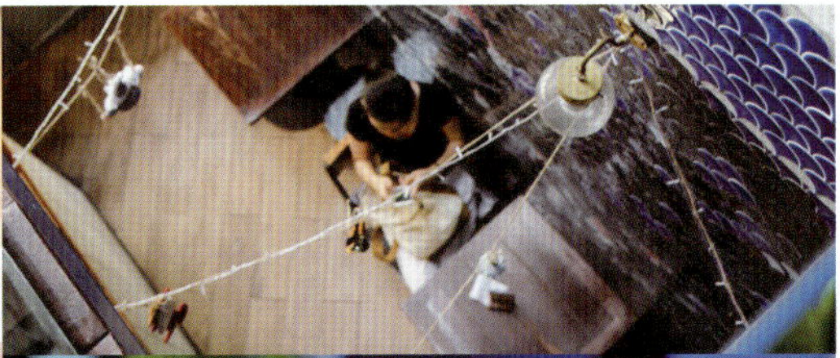

Roast
로스트

소문난 핫 플레이스, 통로 더 커먼스에 위치한 카페 로스트. 어떤 걸 주문해도 맛과 비주얼이 확실하게 보장된다. 수쿰빗 일대 외국인 거주자에게 대인기. (p186)

Blue Whale
블루 웨일

낡은 상점가였던 골목, 방콕 구시가지에 숨겨진 카페 블루 웨일. 수족관에 들어선 듯 푸른 기운으로 가득하다. 물고기 비늘 모양의 타일로 덮인 벽이 인상적이다. (p147)

방콕의 아침, 탁발 풍경
Buddhism

방콕의 아침은 승려들의 탁발 행렬로 시작된다. 승려들은 아침 6시 전 침소에서 나와 탁발 나갈 채비를 한다. 탁발은 승려들이 걸식으로 식사를 해결하는 방법을 말한다. 수행자의 신분으로 상업 활동에 참여할 수는 없는 일이라, 탁발을 입에 풀칠하는 수단으로 삼는다. 사람들은 기꺼이 승려들에게 먹을 것을 바친다. 일찌감치 일어나 아침 시장에 들르면 어김없이 탁발 행렬을 만나곤 한다. 승려가 쓰는 밥그릇, 바리때를 하나씩 안고 마을 곳곳으로 향하는 모습. 주황색 승복을 걸친 차림에 맨발로 돌아다닌다. 종교적인 활동을 할 때는 맨발로 나서고 사적인 볼일을 볼 때는 신발을 신는다. 사람들은 거리로 나와 공양을 한다. 태국 사람들에게 불교는 종교라기보다 생활에 가까운 느낌이다. 밥과 반찬, 과일과 음료 등 소박한 아침거리를 형편에 맞게 준비한다. 주는 사람과 받는 승려. 이방인의 시선으로 바라보면 승려가 감사해야 할 일이라 여겨지는데 선행하며 공덕을 쌓는, 베푸는 쪽이 더 감사해야 마땅하다고.

Performance

시암 니라밋 vs 칼립소 쇼

Siam Niramit

시암 니라밋

방콕에서 가장 추천하고 싶은 쇼는 시암 니라밋이다. 수천 명을 수용할 수 있는 대규모 공연장에서 펼쳐지는 버라이어티 쇼. 쇼는 크게 세 부분으로 나뉜다. 제1막은 찬란했던 란나 왕국, 아유타야 등 태국의 역사를 흥미롭게 그렸다. 제2막은 지옥과 천국을 오가는 삼매로의 여행. 불교의 세계관이 고스란히 드러난다. 제3막은 전통과 문화가 어우러진 축제의 현장 속으로! 러이 끄라통 축제를 만나본다. 태국의 역사와 문화에 대한 이야기가 주를 이룬다. 100여 명 이상의 연기자가 무대에 오르고 화려한 의상은 500여 벌을 훌쩍 넘긴다. 무대에 수로가 흐르고 코끼리 등 동물이 등장하는 등 엄청난 스케일을 자랑한다.

공연 시작 전에 도착하면 전통 타이 빌리지를 둘러볼 수 있다. 다양한 생활 양식을 가진 태국의 시골 마을 풍경을 재현했다. 전국의 특산품을 모은 기념품 숍에서는 태국색 짙은 수공예품과 토산품 등 쇼핑 가능. 야외 무대에서는 전통 악기를 동원한 조촐한 공연이 펼쳐지기도 한다.

Address	19 Tiamruammit Road
Tel	02-649-9222
Open	공연 시작 20:00, 전통 타이 빌리지 17:00~22:00
Access	MRT 타이랜드 컬쳐센터역 1번 출구 앞에서 셔틀버스 이용
Web	www.siamniramit.com
Cost	1500~2500B (식사 미포함 정가 기준, 여행사를 통한 사전 예약이 저렴하다)

방콕의 밤을 더욱 즐겁게 해줄 공연 관람. 예쁘장한 얼굴과 늘씬한 몸매를 자랑하는 트랜스젠더들이 펼치는 칼립소 쇼, 태국의 역사와 문화를 한눈에 훑는 시암 니라밋 어느 쪽이 좋을까? 개인적인 추천은 시암 니라밋!

Calypso Show

칼립소 쇼

태국에서 제3의 성으로 인정하는 트랜스젠더. 태국여행 가면 어렵지 않게 트랜스젠더의 모습을 볼 수 있다. 아시아티크 내 칼립소 시어터에서 진행하는 공연 칼립소 쇼는 한때 오빠였던 언니들이 펼치는 특별한 쇼. 파타야 알카자 쇼, 티파티 쇼 등과 함께 인기 있는 트랜스젠더 쇼다. 하루 두 차례 막이 오른다. 티켓에는 소프트드링크와 맥주, 커피 등의 음료 한 잔이 포함돼 있다. 공연은 곱게 단장한 트랜스젠더 수십 명이 나와 가무를 선보이는 시간이 이어진다. 주 고객층은 중국, 한국, 일본, 인도 등 아시아 사람들이 대다수.

유명한 팝이나 관객이 많은 나라의 노래가 주로 등장하는데 한국 대표곡은 아리랑이 선정됐다. 한복인지 아닌지 알 수 없는 난해한 옷을 입고 나왔다. 나름 부채춤을 춘다고 추긴 하는데 의상도 무대도 어설픈 건 어쩔 수 없다. 일부 립싱크와 연기 등은 정말 별로였다. 손발 오글거림 주의! 방콕 여행 중 트랜스젠더 쇼를 보고 싶다면 한 번은 볼 만하다. 파타야 여행 계획이 있다면 칼립소 쇼보다 알카자 쇼 추천.

Address	2194 Charoen Krung Road
Tel	02-688-1415
Open	1회 19:30 2회 21:00
Access	수상보트 선착장 사톤에서 셔틀보트 이용
Web	www.calypsocabaret.com
Cost	1200B (정가 기준, 여행사를 통한 사전 예약이 저렴하다)

Songkran Festival

신나는 물벼락 잔치

매년 4월 중순이 되면 태국 전역이 거대한 축제의 현장으로 변한다. 물의 축제 송크란이 시작되는 것. 송크란 축제는 방콕뿐 아니라 치앙마이, 파타야, 후아힌, 푸켓 등 전역에서 열린다. 서로에게 물세례를 퍼부으며 액운을 씻어내고 축복을 기원한다. 방콕의 4월은 숨이 턱 막힐 만큼 더운 날씨. 송크란으로 흠뻑 젖기 더없이 좋은 때다. 축제의 막이 오르면 너나 할 것 없이 물 폭탄을 던진다. 거리로 쏟아져나온 사람들이 다짜고짜 물총을 쏘이대고 물 풍선을 던지기도 하며 양동이에 물과 얼음을 가득 채워 행인을 옴팡 적시기도 한다.

물벼락을 맞았다고 해서 얼굴 붉히는 건 절대 금지. 송크란 기간 태국에 머물면 젖을 각오를 단단히 해야 한다. 먼저 공격하지 않으면 혹은 물총 등의 무기(?)를 소지하지 않으면 피해 갈 수 있을 것 같지만 어림없다. 승려가 아니면 남녀노소 가리지 않고 물을 부어대니 물에 젖으면 곤란해지는 물건은 숙소에 두고 휴대전화 등은 방수팩을 쏙 넣어 보호해주자. 다국적 여행자가 모이는 카오산 로드, 너른 광장이 있는 쇼핑의 중심 시암 일대, 핫한 클럽이 즐비한 RCA 등이 송크란 즐기기 좋은 스폿.

2018 태국 공휴일 캘린더

월	내용	월	내용
1월	1~2일 신정 (2일은 31일의 대체 휴일)	7월	27일 석가최초설법일
3월	1일 만불절		현 국왕 라마 10세 탄신일 (30일 대체 휴일)
4월	6일 짜끄리 왕조 기념일	8월	12일 어머니의 날 (13일 대체 휴일)
	13~16일 태국 전통 설날 송크란	10월	13일 전 국왕 라마 9세 전 국왕 서거일 (15일 대체 휴일)
5월	1일 노동절		23일 쭐라롱콘 대왕 라마 5세 서거일
	29일 석가탄신일	12월	5일 아버지의 날
			9일 제헌절 (10일 대체 휴일)
			31일 제야

Localfood

태국 음식 대표 메뉴

방콕을 이해하는 데 빼놓을 수 없는 것, 음식이다.
방콕에서 음식을 먹는 것은 단지 주린 배를 채우는 단순한 의미에 그치지 않는다.
음식은 문화를 받아들이는 일이다. 태국 음식은 몽땅 향신료 덩어리? 절대 아니다!
생각보다 입에 착 붙어 아른아른 생각나는 음식도 많으니 용기를 내서 먹어보자.

태국 음식 이름 이해하기

태국의 음식들은 재료와 조리법이 이름에 고스란히
표현돼 있어 이름만 보면 어떤 요리인지 유추할 수 있다!

육류와 해산물
닭 까이 ไก่
달걀 카이 ไข่ไก่
돼지 무 หมู
소 느아 เนื้อ
오리 뺏 เป็ด
새우 꿍 กุ้ง
게 뿌 ปู
생선 쁠라 ปลา
오징어 쁠라묵 ปลาหมึก

조리 방법
볶음 팟 ผัด
튀김 텃 ทอด
구이 양 ย่าง
끓임 똠 ต้ม
찜 능 นึ่ง
다짐 쌉 สับ
꼬치구이 삥 ปิ้ง
무침 얌 ยำ

레스토랑 기초 태국어

안녕하세요. 사왓디 สวัสดี (카 / 캅)
고마워요. 컵쿤 ขอบคุณ (카 / 캅)
고수 넣지 마세요. 마이 싸이 팍치 ไม่ใส่ผักชี (카 / 캅)
봉지에 넣어 주세요. 싸이 퉁 너이 ใส่ถุงหน่อย (카 / 캅)
물 주세요. 커 남 너이 ขอน้ำหน่อย (카 / 캅)
얼음 주세요. 커 남캥 너이 ขอน้ำแข็งหน่อย (카 / 캅)
화장실이 어디죠? 헝남 유 티 나이 ห้องน้ำอยู่ที่ไหน (카 / 캅)
맛있어요. 아러이 อร่อย (카 / 캅)
계산해 주세요. 첵 빈 เช็คบิล (카 / 캅)

※존칭으로 여자는 카(ค่ะ), 남자는 캅(ครับ)을 붙인다.

Kai Ho Bai Toey
까이호바이토이
강력하게 추천한다. 마늘, 후추, 굴 소스 등을 섞어 만든 양념에 잰 닭고기를 판단 잎으로 감싸 구웠다. 잎사귀를 벗기면 순살 닭고기 등장.

Krathong Thong
끄라통통
반죽을 꽃 모양 틀에 살짝 입혀 튀겼다. 빈속은 돼지고기나 새우, 채소 다진 것을 버무려 채웠다. 바삭함이 일품. 보기도 좋아 눈이 즐거운 음식이다.

Appetizer

Tod Mun Kung
텃만꿍
텃은 튀김을 말한다. 새우 살을 잘게 다진 뒤 튀김 옷을 입혀 바삭하게 튀겼다. 맛이 없을 수 없는 메뉴. 한국인의 입맛에도 잘 맞는다.

Mee Krob
미끄롭
얇은 면의 국수를 바삭하게 튀겼다. 새콤달콤한 소스로 맛을 냈다. 메인 요리로 먹기도 하지만 달콤해서 전채요리로 즐기는 편이 낫다.

Miang Kham
미앙캄
빈랑 잎에 마늘, 고추, 라임, 건새우, 땅콩, 샬롯 등 예닐곱 가지 재료를 올리고 양념장을 둘러 싸먹는다. 조화가 아주 환상적이라 입맛 돋우는 데 제격!

Suki
수끼
채소, 해물, 고기 등 다채로운 재료를 육수에 살짝 데쳐 먹는 음식이다. 우리나라에서 즐겨먹던 샤부샤부를 떠올리면 된다.

Tom Yam Kung
똠얌꿍
태국에 가면 한 번은 맛봐야 할 음식으로 꼽히나 맵고 시큼한 낯선 국물 때문에 맛보는 즉시 숟가락을 놓는 사람이 더 많다.

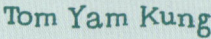

Jim Jum
찜쯤
태국 북쪽의 이산 지방에서 먹던 샤브샤브 요리로 재료를 작은 냄비에 담갔다가 익으면 꺼내 먹는다.

Soup

Somtam
쏨땀
덜 익은 그린 파파야로 만든다. 가늘고 길게 썬 파파야에 고추, 설탕, 마늘, 라임, 생선 소스, 말린 새우 등을 첨가한다.

Pad Pak Boong Fai Daeng
팟팍붕파이댕
시금치과 채소인 모닝글로리 볶음. 한국에서 즐겨 먹는 채소는 아니지만 굴 소스를 넣어 꽤 익숙한 맛이 난다.

Yam Woon Sen
얌운센
다진 돼지고기, 새우와 삶은 오징어, 삶아서 식혀둔 당면을 넣은 해산물 샐러드다. 톡 쏘는 매콤함이 인상적이다.

Kung Pad Normai Farang
꿍팟노마이파랑
아스파라거스와 새우를 넣고 볶아 만든 따듯한 요리. 짭조름해서 밥반찬으로 딱이다.

Salad

Pad Thai
팟타이
방콕 여행자들이 한 번 이상 꼭 맛보는 음식, 팟타이. 쌀국수에 아삭한 숙주나물을 넣고 볶은 국수 요리다.

Noodle

Kauy Teaw
꾸어이띠아우
쌀국수다. 국물이 있는 건 남, 없는 건 행. 면의 굵기는 굵은 센야이, 중간 센렉, 얇은 센미 중 택일.

Bami
바미
쌀 대신 밀가루에 달걀을 풀어 반죽했다. 면이 노르스름하다. 쫄깃한 게 특징.

Yen Ta Fo
엔타포
국물에 토마토 소스를 풀어 핑크빛이 돈다. 시원한 국물 맛!

Curry & Soup

Kaeng Khiew Wan
깽키아우완
그린 커리 페이스트를 써서 초록빛을 띤다. 코코넛 밀크를 넣어 국물이 뽀얗다.

Kaeng Phed Ped Yang
깽펫뺏양
코코넛 밀크, 레드 커리 페이스트 등을 넣고 푹 끓이다가 신선한 바질과 오리고기를 추가한다. 소면이나 밥과 함께 낸다.

Poo Pad Pong Curry
뿌팟퐁커리
밥 도둑이다. 대중적인 맛이라 한국인의 입맛에도 딱 맞는 게 요리. 싱싱한 게와 옐로우 커리 가루가 조화롭게 어우러져 있다. 생각하면 군침 도는 음식. 꿀꺽!

Kaeng Massaman
깽마싸만
갖가지 향신료가 첨가되어 있지만 우리 입맛에도 잘 맞는다. 닭고기와 감자 등을 넣어 끓인다.

Pad Krapao Moo Sap

팟카파오무쌉

팟카파오무쌉은 실패할 확률이 적다. 잘게 다진 돼지고기와 바질을 볶았다. 꽤 매콤하다. 한국 사람들 입맛에도 무난하고 자주 먹어도 질리지 않는 음식.

Khao Man Gai

카오만까이

닭을 삶아낸 육수로 지은 밥 위에 닭고기가 두둑하게 얹혀 나온다. 밥에 살짝 간이 배어 있어 삼계탕이 생각난다.

Khao Op Sapparot

카오옵사파롯

비주얼이 신선하다. 파인애플 속을 박박 긁어내 볶음밥을 쏙 넣었다. 과일 특유의 상큼함이 느껴진다.

Rice

Khao Niew Mamuang

카오니아우마무앙

차지게 지은 쫀득한 찰밥에 잘 익은 망고를 곁들이는 이색 메뉴다. 디저트로 분류되곤 하지만 끼니로도 손색없다.

Khao Pad

카오팟

태국 음식 못 먹는 사람도 맛있게 먹을 수 있는 볶음밥이다. 재료에 따라 꿍(새우), 까이(닭), 뿌(게), 무(돼지) 등.

Khao Niew

카오니아우

후 불면 날아갈 것처럼 가벼운 동남아시아의 길쭉한 쌀. 찰기 없는 밥이 영 내키지 않는다면 이 밥 추천.

Gai Yang
까이양
구운 닭고기 요리. 전형적인 이산 요리라 채소, 쏨땀 등과 궁합이 잘 맞는다. 전기 통닭구이와 똑같은 맛, 기름기가 쏙!

Gai Tod
까이텃
바삭바삭 얇은 튀김옷을 입은 프라이드 치킨. 파파야 샐러드인 쏨땀과 찰밥, 맥주 등과 함께 먹으면 엄지 척.

Grilled & Fried Food

Khai Jiaw
카이찌아우
달걀을 풀어 기름에 튀기듯이 부쳐낸 요리. 덮밥이나 면 요리와 곁들이면 좋다. 때때로 살짝 올려 주는 고수만 아니면 만만한 음식.

Or Suan
어쑤언
굴 부침개. 중국식 굴 볶음요리다. 탱글탱글 신선한 생굴에 달걀, 쌀가루를 넣어 오믈렛처럼 만들어 먹는다.

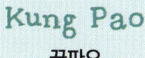

Kung Pao
꿍파오
새우를 불에 구웠다. 빨갛게 익은 먹음직스러운 비주얼에 눈이 절로 간다. 한국에 비하면 새우 가격이 저렴한 편이다.

실패 확률 제로!
BEST 4

1
수끼
Suki

갖은 채소와 고기, 해산물 등을 육수에 살짝 담가 익혀먹는 수끼. 한식만 고집하는 어르신 모시기에도 제격.

엠케이 레스토랑 MK Restaurant
태국 전역에 지점을 둔 수끼 전문점. 이열치열 뜨끈하게! (p169)

2
뿌팟퐁커리
Poo Pad Pong Curry

계란과 게, 옐로우 커리가 완벽한 조화를 이룬다. 게살 볶음밥은 무조건 추가해야 하는 메뉴.

쏜통 포차나 Sornthong Pochana
한국 사람들의 입맛에 딱 맞는 게 커리. (p179)

3
팟타이
Pad Thai

새콤달콤 짭짤한 맛이 더해진 태국식 볶음 쌀국수. 태국의 간판 요리답게 어디서나 쉽게 만날 수 있다.

팁 싸마이 Thip Samai
로컬들도 줄 서서 먹는 팟타이계의 절대 강자! (p145)

4
까이양
Gai Yang

방콕에서 '치맥'이 당긴다면 구운 닭 요리 까이양이 답이다. 까이양과 쏨땀에 시원한 맥주까지 곁들이면 세상 행복.

싸바이 짜이 Sabai Jai
담백하지만 퍽퍽하지 않은 까이양을 쏨땀과 함께 맛볼 수 있다. (p170)

어서 와, 태국은 처음이지? 첫 여행, 첫 도전!

BEST 3

1. 똠얌꿍
Tom Yam Kung

누가 뽑았는지 모르겠지만 세계 3대 수프로 꼽히는 똠얌꿍. 새우, 버섯, 고추, 레몬그라스 등을 넣고 푹 끓였다. 맵고 시큼한 낯선 맛에 한 스푼 맛보고 숟가락을 놓게 될지도 모르지만 태국을 대표하는 음식이니까 눈 딱 감고 도전해 보자.

램 짜런 시푸드 Laem Charoen Seafood

큼직한 새우가 듬뿍 들어간 똠얌꿍과 각종 해산물 요리를 맛볼 수 있는 곳. (p223)

카오니아우마무앙
Khao Niew Mamuang

잘 익은 망고를 숭덩숭덩 큼직하게 썰고 쫀득한 식감의 찰밥을 곁들였다. 마무리로 코코넛 밀크를 착 끼얹었는데, 코코넛 밀크 맛을 달가워하지 않는 사람에게는 다소 난감한 맛. 코코넛 밀크만 빼면 망고와 찰밥의 조합은 그럭저럭 괜찮다. 무더위 속 당 떨어질 때 먹으면 더 맛있게 느껴지는 메뉴.

3. 옌타포
Yen Ta Fo

전날 과음했다고? 그렇다면 자신 있게 이것을 추천한다. 핑크빛 도는 국물이 눈길 끄는 옌타포. 붉은 콩을 발효시켜 만든 장을 풀었다. 국물 맛이 상당히 칼칼해서 술 마신 다음 날 아침 해장 음식으로 알맞다. 비주얼은 생소하지만 맛은 보장!

찌라 옌타포 Jira Yentafo

카오산 로드에서 술 마시고 찌라 옌타포에서 해장하고! (p143)

Tropical Fruit

달콤한 열대과일의 유혹

꼼짝 않고 있어도 땀이 삐질삐질 나는 방콕의 무더운 날씨.
여행하다 기운 달리고 당 떨어질 때 열대과일에 눈 돌리면 좋다.
평소 백화점 식품 코너에 가야만 만날 수 있었던 낯선 과일들이 지천에 널려있다.
붓이 방금 스쳐 지나간 것처럼 생생한 색깔, 열정적인 빛깔로 시선을 사로잡는다.

구아바
생긴 건 그리 곱지 않지만 풍부한 영양으로 웰빙의 중심에 선 과일. 각종 비타민이 풍부하다.

두리안
열대과일의 왕이라 칭해진다. 맛이 한참 간 양파 냄새 또는 그윽한 똥 냄새로 표현된다.

드래곤 후르츠
한국에서는 용과라는 이름으로 유통되는 과일. 양이 많지 않지만 제주도에서도 재배한다. 키위 같은 식감.

스타 후르츠
껍질째 반을 쪼개면 단면이 별 모양. 떫은 사과 맛과 비슷하다.

파인애플
과일 노점상에서 가장 흔하게 취급하는 과일. 먹기 좋게 다듬어 비닐봉지에 담아준다.

망고스틴
태국에서는 얼리지 않은 생과일을 흐뭇한 가격에 내놓는다. 새콤달콤 입맛을 돋우는 맛.

망고
노란 속살, 달콤하고
부드러운 맛이 일품이다.
11~2월에는 잘 익은 망고가
여름만큼 흔하지 않다.

용안
하얀 과육에 크고 검은 씨가
콕 박혀 있다. 용의 눈을
닮았다고 해서 용안.

포멜로
자몽을 닮았지만 훨씬 크다.
열매를 통째로 사는 것보다
껍질을 벗겨 손질한 것으로
사는 걸 권장한다.

람부탄
드세 보이는 겉모습과 다르게
속살은 야들야들하다. 과육은
흰색, 새콤달콤한 맛.

바나나
방콕에서 만나는 바나나는
품종이 다양하다.
바나나를 튀겨 먹거나
설탕에 졸여 먹기도.

로즈애플
예쁜 생김새 만큼이나 맛도
좋은 과일. 사각사각 씹히는
식감이 매력적이다.

코코넛
음료 코코팜 맛을 기대하면
분명히 실망한다. 열대과일
코코넛은 코코팜보다
맛있지 않다.

파파야
익지 않았을 때는 초록색,
익으면 주황색을 띈다.
그린 파파야는 태국인이
즐겨 먹는 샐러드의 주재료.

패션 후르츠
신맛이 강한 편인데 잘
익을수록 신맛은 줄고
단맛이 강해진다.
약간 징그러운 속살.

Bangkok
Street Food

입이 심심할 땐, 길거리 간식

배는 적당히 부른데 입은 언제나 심심하다. 거리를 걷다가 발견하는 간식의 유혹,
자석이 철가루 끌어당기듯 쉽사리 떨쳐 버릴 수가 없다. 길거리 음식이 무궁무진한 방콕.
묘한 생김새에 눈이 가고 나면 무슨 맛일까 궁금해서 맛보지 않고는 도통 견딜 재간이 없다.
방콕의 갖가지 간식들, 바쁜 걸음도 저절로 멈춘다.

❶ **끌루어이삥** Kluay Ping_태국에서는 바나나를 다양하게 즐긴다. 껍질째 숯불에 올려 노릇하게 구운 바나나. ❷ **카놈크록바이떠이** Khanom krok bai toey_꽃 모양의 풀빵이다. 코코넛 밀크와 판단 잎으로 낸 물이 들어가 초록색. ❸ **빠떵꼬** Patongo_도넛 같은 맛이 난다. 여기에 고소한 두유 남후를 곁들이면 아침 식사로 제격. ❹ **룩친삥** Luk Chin Ping_룩친삥은 둥글게 빚어 구운 완자를 말한다. 생선, 고기 새우 등 여러 가지다. ❺ **이팀카티** Itim Kati_코코넛 속을 파내고 아이스크림을 넣었다. 볶은 땅콩을 곁들이면 절묘한 궁합. ❻ **카놈브앙** Khanom Buang_옥수수가루 반죽 위에 토핑을 듬뿍 얹었다. 만드는 방법은 크레프와 비슷하다. ❼ **룩춥** Luk Chub_녹두 반죽으로 빚은 간식. 색소를 넣어서 알록달록 귀엽긴 하나 맛은 별로 없다. ❽ **사태** Satay_갖가지 꼬치구이. 닭고기, 돼지고기 등 낯익은 재료를 끼워 자연스럽게 손이 간다.

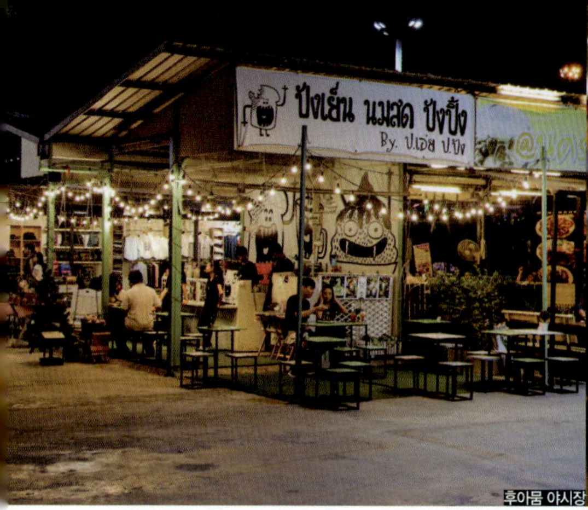
후아뭄 야시장

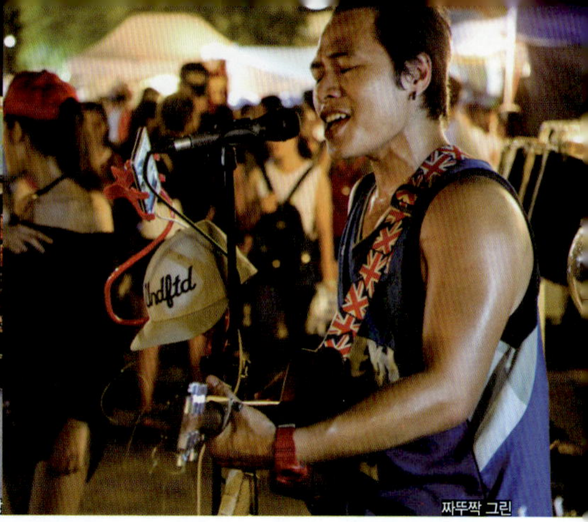
짜뚜짝 그린

Night Market

멀어도 괜찮아, 방콕의 야시장 4

시내에서 멀찌감치 떨어져 있어 일부러 찾아가는 위치임에도 꼭 다녀오라고 등 떠밀고 싶은 곳! 방콕의 야시장이다. 각종 먹을거리와 시원한 맥주, 아기자기한 물건들. 곳곳에서 흥이 넘친다. 반하지 않고는 배길 수 없는!

딸랏 롯파이 1

딸랏 롯파이 2

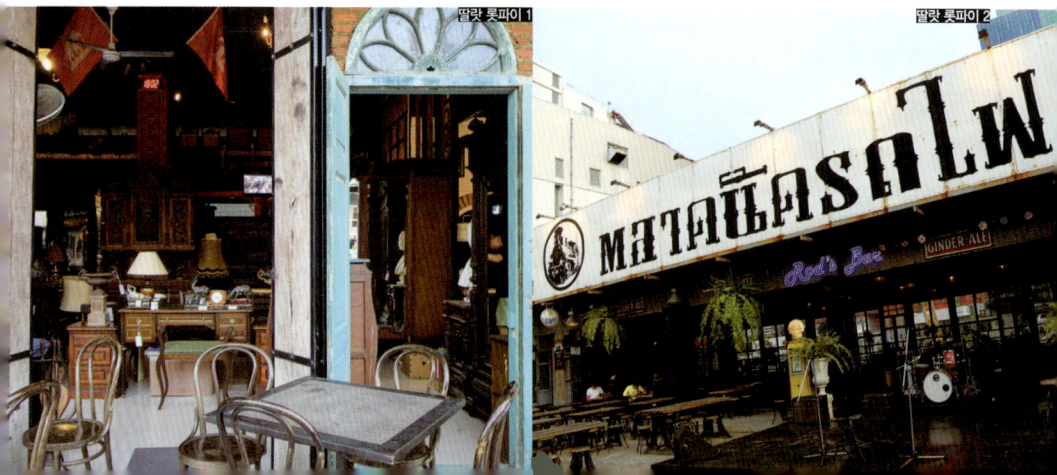

Huamum Night Market
후아뭄 야시장

넓은 부지가 필요한 다수의 방콕 야시장이 그렇듯, 시내와 멀찌감치 떨어져 있다. MRT Lad Phrao 역 하차 후 택시를 타고 간다. 아직은 외국인이 많지 않은 곳. 주 고객인 현지인을 위한 의류와 신발, 패션 액세서리 등의 공산품 위주로 취급한다. 여행자의 흥미를 끄는 건 길거리에서 파는 군것질거리와 노천의 식당 그리고 바. 점포마다 다르지만 저녁 5시쯤 문을 열고 자정 전에 파장한다. 화요일부터 일요일까지 영업한다.

Address	11 Kaset-Nawamin Road
Open	화~일요일, 오후 5시부터 자정

JJ Green
짜뚜짝 그린

짜뚜짝 시장이 문을 닫으면 짜뚜짝 공원 근처 야시장인 JJ 그린이 활기를 띤다. 오후 6시쯤 장이 서기 시작한다. 주말이라면 짜뚜짝 시장 먼저 둘러보고 오픈 때맞춰 JJ 그린으로 이동하면 동선이 딱 좋다. 로컬 느낌, 빈티지 감성을 누릴 수 있는 야시장. 흥겨나오는 음악이 흘러나오는 노천 가게에 자리를 잡고 싱하 한 잔 쭉 들이켜면 후덥지근한 더위를 잠시나마 잊을 수 있다.

Address	Kampaengphet 3 Road
Open	수~일요일 오후 6시부터 새벽 1시 30분

짜뚜짝 그린

딸랏 롯파이 2

Talat Rot Fai Srinakarin
딸랏 롯파이 1

반하지 않고는 배길 수 없는 야시장, 딸랏 롯파이 1. 방콕 외곽에 위치한다. 여행자들이 찾아가기엔 애매한 위치라 현지인 비율이 압도적인 곳. 빈티지 의류, 골동품, 레트로풍 가구 등 앤티크풍의 물건이 주를 이룬다. 벼룩시장 느낌. 야시장답게 식당과 술집 등 먹을거리가 풍성하다. BTS 우동숙 역에서 내려 택시를 타고 약 7km 이동해야 한다.

Address	Soi Srinakarin 51, Srinakarin Road
Open	목~일요일 오후 5시부터 자정

Talat Rot Fai Ratchada
딸랏 롯파이 2

딸랏 롯파이의 뜨거운 인기에 힘입어 딸랏 롯파이 2가 문을 열었다. MRT 타이랜드 컬쳐센터 역 근처 쇼핑몰 에스플라나드 랏차다 뒤편에 있다. 딸랏 롯파이 1에 비해 규모가 작지만 야시장 특유의 분위기를 느끼기엔 부족함이 없다. 쇼핑보다는 먹을거리에 중점을 두자. 지하철로 매끄럽게 연결돼 상대적으로 여행자가 접근하기 좋은 위치.

Address	Ratcadaphisek Road
Open	목~일요일 오후 5시부터 자정

Bangkok
Nightlife

휘황찬란 방콕의 밤

가장 화려하고 다양한 나이트라이프를 즐길 수 있는 도시 방콕. 적어도 밤에는 지구상에서 제일 역동적인 도시 아닐까. 카오산 로드의 자유로운 공기에, 재즈 바에서 흘러나오는 음악에 자연스럽게 몸을 맡겨보자!

Khaosan Road
카오산 로드
전 세계 배낭 여행자들의 쉼터, 베이스캠프가 되어주는 곳. 세상 어딜 가도 이런 곳은 없었다. 프리덤 그 자체! 한낮에는 한산했다가 해가 저물면 부산해진다. 요란함의 끝을 보여주는 거리. (p111)

Saxophone
색소폰
방콕 재즈바 가운데 단연 최고. 부담 없는 가격대와 실력파 뮤지션의 라이브 연주. 어깨가 저절로 들썩인다. (p228)

Brown Sugar
브라운 슈거
올드 시티의 깊어가는 밤을 책임져 줄 브라운 슈거. 가볍게 맥주나 칵테일 한잔 기울이며 재즈 선율에 젖어들기 좋다. (p148)

Soi Cowboy
쏘이 카우보이
라스베이거스 뺨칠 만큼 화려한 네온사인이 번쩍거린다. 거리에, 술집 안에 헐벗은 태국 언니들이 가득. 퇴폐적인 무드. (p191)

Luxury Hotel

가격은 낮게, 만족도는 높게!

아직은 한국에 비해 훈훈한 물가를 자랑하는 방콕. 5성급 호텔도 합리적인 가격에 누릴 수 있다. 묵어보고 싶었는데 얄팍한 주머니 사정이 걸려 마음속에 묻어두었던 호텔이 있다면 방콕에서 예약하자. 일찌감치 서두르면 별 다섯 개짜리 호텔도 10만 원 대!

The Siam Hotel

더 시암 호텔
방콕 럭셔리 호텔의 대명사. 섬세함과 우아함이 풍기는 객실, 격이 다른 안락함과 황홀한 서비스. 완벽한 휴식을 보장한다. (p356)

페닌슐라 방콕
럭셔리와 클래식이 돋보이는 인테리어.
짜오프라야 강이 훤히 내려다보이는
리버 뷰가 특히 마음에 든다. (p359)

Banyan Tree Bangkok

반얀트리 방콕
객실이 모두
스위트룸. 시설도
훌륭하지만 역시
서비스가 강점.
(p357)

The Peninsula Bangkok

The Sukhothai Bangkok

수코타이 방콕
옛 수코타이 왕조 시
대를 재현한 공간. 전
통미를 한껏 살렸다.
(p358)

Rooftop Bar

탁 트인 파노라마 뷰에 취하다

구불구불 이어지는 짜오프라야 강줄기와 도시의 웅장한 스카이라인.
방콕의 야경이 홍콩의 백만 불짜리 야경에 뒤지지 않는 이유다. 더욱 아름답고 로맨틱하게 감상하는 방법!
역시 루프탑 바 만한 게 없다. 한껏 치장하고 드레스 업! 칵테일을 손에 들면 완벽한 무드 연출.

Long Table Sky bar
롱 테이블 스카이 바
루프탑 바 치고는 낮은 편에 속한다. 늘씬하고 높은 건물에 비하면 2% 부족한 전망이지만 분위기는 꽤 괜찮은 편. 수쿰빗에서 루프탑 바를 찾고 있다면 한 번쯤 들러볼 만하다. (p188)

The Speakeasy
스피크이지
가성비 좋은 부티크 호텔 뮤즈 방콕에 위치한 루프탑 바. 랑수언 로드에 위치해 전망은 그저 그렇지만 캐주얼하게 드나들 수 있다는 게 강점. 심장이 쿵쾅거릴 만큼 크게 틀곤 하는 음악 선곡이 좋은 바. (p230)

Park Society
파크 소사이어티
감각 넘치는 호텔 소피텔 소 방콕 29층에 있다. 도심 속의 오아시스 룸피니 공원이 내려다보이는 뷰. 궁둥이를 붙이고 앉아 느긋하게 시간을 보내고 싶을 때 고려해 볼 만한 옵션이다. (p275)

Sirocco & Sky bar
시로코 & 스카이 바
방콕의 랜드마크 빌딩, 스테이트 타워 꼭대기에 놓인 루프탑 바. 황금빛 돔이 화려하게 빛난다. 무려 63층 압도적인 높이에서 바라보는 전망은 훌륭하지만 옴짝달싹할 수 없을 정도로 사람이 많은 건 감수해야 한다. 사악한 가격도!
(p274)

Red Sky Bar
레드 스카이 바
시내 중심에서 만나는 360도 파노라마 뷰. 스마트 캐주얼, 드레스 코드가 있긴 하지만 쇼핑몰이 밀집한 시암 일대라는 특성 때문인지 편안한 차림을 한 여행자가 더 많다. 찾아가는 길이 약간 까다로우니 방문 전 가는 길 확인 필수. (p229)

Octave Rooftop Lounge & Bar
옥타브 루프탑 라운지 앤 바
수쿰빗 로드의 루프탑 바 중에서는 손에 꼽히는 전망. 오픈과 동시에 사람들이 모여든다. 자리에 앉고 싶다면 문 여는 시간에 맞춰갈 것. 밝을 때 갔다가 어둑어둑해질 무렵에 내려오면 낮과 밤의 매력을 동시에 챙길 수 있다. (p189)

Moon Bar
문 바
시로코 & 스카이 바와 함께 최고의 인기를 누리는 루프탑 바. 방콕 시내가 쫙 펼쳐지는 전망은 나무랄 데가 없지만 역시 공간이 너무 협소하다는 단점이 있다. (p275)

Above Eleven Rooftop Bar
어보브 일레븐
놀기 좋은 동네, 수쿰빗 쏘이 11 깊숙한 데 자리한다. 일부러 찾아갈 만큼 매력적인 공간은 아니지만 근처에 머문다면 무난한 선택. (p190)

모히또 ①
Mojito
럼에 신선한 라임즙을 섞어 만든 모히또. 민트향이 솔솔, 상큼함 폭발!

피나콜라다 ②
Piñacolada
쌉싸름한 술맛보다 고소한 코코넛, 파인애플 주스 맛이 진한 트로피컬 칵테일.

솔티독 ③
Salty Dog
보드카에 자몽 주스의 시큼한 맛, 소금의 짠맛을 보탰다. 절묘한 어울림.

미도리 사워 ④
Midori Sour
멜론 리큐어로 만든 초록 빛깔의 술. 새콤달콤 맛있어서 여자들이 특히 아끼는!

cocktail Party

진 토닉 ⑤
Gin & Tonic
깊은 맛의 진과 차가운 토닉 워터를 섞었다. 레몬 한 조각 넣으면 완성.

코스모폴리탄 ⑥
Cosmopolitan
보드카 베이스, 오렌지 술 쿠앵트로, 라임 주스, 크랜베리 주스의 조합.

마르가리타 ⑦
Margarita
데킬라 베이스 칵테일. 전용잔이 있을 만큼 대중적이다. 테두리엔 소금 약간!

마티니 ⑧
Martini
진에 베르무트를 더하고 올리브로 장식했다. 쓴맛이 확 도는 칵테일.

Market

방콕의 시장

방콕만큼 다채로운 종류의 시장을 만날 수 있는 도시가 또 있을까? 이른 아침에 불쑥 나타났다가 흔적도 없이 사라지는 방람푸 아침시장(p114)은 소소한 일상을 엿보기 제격이다. 아침거리를 사러 나온 주민과 스님들의 탁발 풍경. 없는 게 없다는 짜뚜짝 주말시장(p210)은 방대한 규모에 입이 떡 벌어진다. 가도 가도 끝없이 이어지는 엄청난 스케일, 수많은 인파 속에서 더위 먹지 않으려면 중간중간 수분 섭취와 군것질이 필수! 뜨거운 해가 모습을 감추면 곳곳에서 야시장이 선다. 빈티지 소품이 눈에 띄는 짜뚜짝 그린(p211), 먹고 마시기 좋은 딸랏 롯파이(p164), 말끔하게 정리된 깔끔한 야시장 아시아티크(p250)까지! 낮보다 매혹적인 방콕의 밤이 여행자를 반긴다. 꽃향기 가득 화사한 시장도 있다. 빡크롱 꽃시장(p289)에 가면 색색의 꽃 덕분에 눈이 즐겁다. 좀 더 멀리 눈을 돌리면 물 위에 떠있는 수상시장도 있다. 암파와 수상시장(p298), 담넌 사두억 수상시장(p300), 랏마욤 수상시장은 하루 또는 반나절 코스로 다녀올 수 있는 근교 여행지. 자, 그럼 떠나볼까? 돌아올 때는 양손 무겁게!

Market shopping

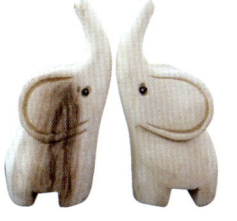

구슬 조명
인테리어
포인트로 딱!

코끼리 오브제
책상 위에 두고
방콕을 추억하자

신발
태국 무드 물씬
풍기는 신발

모자
방콕의 따가운
햇볕을 막아준다

마그넷
방콕색이 묻어나는
소소한 기념품

태국 스타일 그릇
그릇 욕심 넘치는
주부라면!

비누
열대과일 & 꽃
모양의 비누들

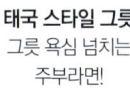

열쇠고리
이니셜 새겨주는
가죽 열쇠고리

왕골가방
매년 여름마다
꺼내고 싶은 완소템

BANGKOK 055

Drug Store

드럭 스토어

빼놓을 수 없는 쇼핑 스폿, 드럭 스토어. 방콕 드럭 스토어에서는 뭘 집어야 할지 모르겠다고?
일상 속에서, 선물용으로 좋은 가성비 좋은 아이템을 골라봤다. 가성비 갑 쇼핑 리스트 8.

타이거 밤
어르신들의 만병통치약으로 통했던 호랑이 연고. 근육통과 통증 등에 효과가 있다.

덴티스테 치약
11가지 허브 성분이 함유된 태국산 프리미엄 치약. 상쾌함이 남달라서 인기!

선실크
트리트먼트 헤어 마스크. 푸석푸석한 머릿결을 부드럽고 탄력 있게 가꿔준다.

포이시안
막힌 코를 시원하게 뚫어준다. 비염으로 고생하는 분들에게 선물하기 좋은 아이템.

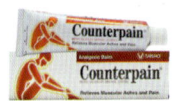 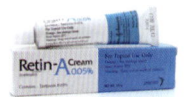  

카운터 페인
근육통과 만성 통증에 효과적이다. 시원한 타입과 뜨거운 타입, 젤과 크림 중 선택.

레틴A크림
여드름, 미세한 주름 개선에 효과가 있는 것으로 알려져 있다. 주의사항 필독 후 사용.

달리 치약
원산지는 중국. 아시아권에서 저렴하게 판매해 방콕 쇼핑 리스트에서 빠지지 않는다.

그린 아로마 밤
태국에서 자생하는 열대 식물로 만든 제품. 초록색이다. 근육통, 모기 물린 데 특효약.

영국 드럭스토어 부츠. 태국 전역에 걸쳐 지점이 있다. 방콕에서는 마분콩, 시암 디스커버리, 시암 파라곤, 센트럴 월드, 센트럴 엠버시, 실롬 콤플렉스 등의 대형 쇼핑몰에서 만날 수 있다. 눈여겨볼 아이템은 영국의 뷰티 제품과 태국의 뷰티, 의약품. 일정 금액 이상 구매하면 텍스 리펀도 가능.
www.th.boots.com

1996년부터 태국에 발들인 왓슨스. 왓슨스 매장은 한국에도 있지만, 방콕의 왓슨스는 취급 품목이 달라서 구경하는 재미가 있다. 주요 품목은 건강, 미용 관련 상품. 여행자가 들리기 좋은 매장은 시암 스퀘어, 마분콩, 아시아티크 내 매장.
www.watsons.co.th

Brand

태국에서 쇼핑하기 좋은 브랜드

태국에는 튼튼하고 예쁜 브랜드 제품들이 많다. 주변 사람들에게 선물하기에도, 나의 방콕 여행을 추억하기에도 좋은 대표적인 브랜드들을 소개한다.

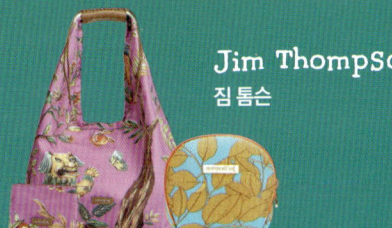

Jim Thompson
짐 톰슨

제2차 세계대전 태국에 파병되었다가 문화에 매료되어 눌러앉은 짐 톰슨. 그가 유독 관심을 보였던 건 실크였다. 그의 노력으로 일궈낸 실크 브랜드 짐 톰슨 덕분에 태국 실크가 국제적으로 명성을 얻게 되었다. 동양적인 멋이 짙은 의류와 가방 등의 잡화, 홈 패브릭 제품이 인기.
www.jimthompson.com

오래전 한국에서도 나라야 가방이 인기를 끈 적이 있다. 저렴한 가격대와 여성스러운 디자인으로 사랑받았던 브랜드. 요즘 한국 트렌드에는 영 안 어울리는 디자인이라 가방은 선뜻 추천하기 어렵지만 파우치 등 소소한 소품은 선물용으로 괜찮을 듯.
www.naraya.com

NaRaYa
나라야

Wacoal
와코루

일본에 본사를 둔 속옷 브랜드. 태국에 공장이 있어서 한국보다 저렴하다. 와이어 없이 탄탄하게 잡아주는 노와이어 브라, 레이스로 장식된 화려한 제품까지 다양한 라인을 갖췄다. 몸집이 작은 태국 여성 사이즈에 최적화되어 있다. 사이즈를 확인해 보고 선택할 것. 치수 확인을 부탁해도 좋다.
www.wacoal.co.th

태국의 스킨케어 회사 탄. 친환경적인 제품에 무게를 실었다. 모든 제품은 쌀겨로 만든 오일을 기본으로 한다. 대중적으로 사랑받는 라인은 아로마틱우드 컬렉션. 오렌지, 귤 등을 활용한 에센셜 오일을 사용해 새콤달콤한 향이 난다. 한국에도 진출했지만 현지에서 사는 게 저렴하다.
www.thannkorea.com

THANN
탄

Mart

방콕 마트 완벽 분석

해외여행 가면 꼭 챙기는 마트 구경.
낯선 언어로 적힌 식료품에
눈길 주다 보면 혼이 쏙 빠진다.
아무리 흥미로운 것들이
눈에 띄더라도 과소비는 금지!

Bic C

🛒

빅 씨

여느 대형 할인마트들이 그렇듯 유통 구조를 바꿔 가격을 낮추는 방법으로 주목받고 있다. 고기나 채소 등 신선한 식재료는 물론이고 공산품, 약간의 의류와 액세서리, 가전제품까지 취급한다. 여행자가 찾기 좋은 지점은 BTS 칫롬역, 이세탄백화점과 마주 보고 있는 랏차담리 지점이다.

Tops Market

🛒

탑스 마켓

1996년부터 운영해온 슈퍼마켓 체인점이다. 탑스 마켓, 탑스 슈퍼 등 다양한 규모와 형태로 매장을 운영한다. 단독 매장도 다수지만 대형 쇼핑몰 센트럴플라자와 로빈슨백화점 등에서 만날 수 있다.

Gourmet Market

고메 마켓

식품매장치고는 규모가 상당하다. 로컬과 수입을 총망라하는 식료품 매장. 물건이 많아 선택의 폭이 넓다. 쇼핑몰 터미널21과 엠포리움백화점, 수쿰빗의 아담한 쇼핑몰 케이빌리지 등에 입점해 있다. 여행자에게 추천하는 지점은 시암파라곤과 터미널21.

Villa Market
빌라 마켓

1974년, 방콕에 처음 생긴 식품류 매장. 수쿰빗 로드에 빌라 마켓 1호점이 문 열기 전에는 수입 제품을 전문적으로 취급하는 매장이 거의 없었다. 다양한 나라의 식재료를 갖춰 방콕 거주 외국인에게 열렬히 사랑받는다. 수입 제품이 대부분이라 가격대가 높은 편. 한국의 맛이 생각날 때 들르기 좋다.

MaxValu
맥스밸류

방콕에서 지내다 보면 수시로 들르게 되는 생활 밀착형 마트. 곳곳에 지점이 많은 데다 24시간. 편의점보다 품목이 훨씬 다양하다. 매장의 주방에서 직접 요리하는 즉석조리 식품이 특히 인기 있다.

Gourmet Market

고메마켓 식료품 쇼핑 리스트

방콕여행 가면 꼭 들르는 고메마켓. 태국색 짙은 식료품이 많아서 구경하는 재미가 있다.
방콕은 언제나 여름이라 짐을 아무리 꾸려도 캐리어가 텅텅 비는 때가 잦다.
남은 자리는 고메마켓 식료품으로 풍성하게 채워볼까?

❶

❷

❸

❹

❺

❻

❼

❽

❾

❿

⓫

❶ 쿤나 말린 망고
열대의 나라답게 열대과일이 풍부한 태국. 건망고는 쿤나 KUNNA 제품을 고르면 후회가 없다. 적당히 말려 딱딱하지 않은 식감이 특징.

❷ 도이퉁 마카다미아
태국 북쪽에 위치한 도이퉁. 커피와 차, 마카다미아 재배지로 이름났있다. 한때 마약을 재배했던 곳. 농촌 개발 프로젝트 후 주요 작물이 농작물로 확 바뀌었다. 커피도 도이퉁의 주요 작물.

❸ 팟타이 소스
팟타이 소스와 쌀국수를 따로 구입하거나 적당량의 쌀국수가 포함된 제품을 사면 간편하게 팟타이를 만들 수 있다. 방콕에서 먹던 그 맛 그대로, 지난 여행이 그리워질 때 꺼내 먹으면 추억의 맛이 더해져 더 맛있다.

❹ 커리 페이스트
마법의 페이스트. 갖은 양념 한 큰술, 두 큰술 심혈을 기울여 넣지 않아도 된다. 게살 듬뿍 푸팟퐁커리, 코코넛 밀크를 넣어 고소한 그린커리, 태국 남부의 무슬림이 즐겨먹는 마싸만 커리. 커리 페이스트 한 봉지 탁 털어 넣으면 나도 요리사.

❺ 라면
출출할 때 먹을 비상식량 라면. 고메마켓에는 신라면, 너구리우동 등 한국산 라면이 수두룩하지만 태국어가 적힌 것으로 골라봤다. 똠얌꿍, 그린 커리 맛 라면이 있다니!

❻ 코케 땅콩 과자
와사비, 코코넛 크림 등 다양한 맛의 과자를 선보이는 코케 Koh-Kae. 입이 심심할 때 집어먹다 보면 한 통을 거뜬히 비운다.

❼ 프릿츠
식감이 매력적인 스틱형 스낵이다. 튀긴 것처럼 바삭바삭한데 독자적인 제조법으로 구운 것. 똠얌꿍 맛 등 획기적인 맛에 도전해보자.

❽ 코코넛 밀크
우리에겐 낯선 식재료지만 태국 음식에는 '이것'이 들어가는 요리가 적지 않다. 요리에 풍미를 더해주는 코코넛 밀크.

❾ 쿤나 코코넛 칩
천연 그대로의 고소한 맛을 제대로 살렸다. 오도독 씹히는 식감, 간식용으로 제격. 쿤나에서 출시한 말린 망고와 함께 초인기 품목.

❿ 쌀국수
쌀국수도 용도와 취향에 맞게 고를 수 있도록 다양한 굵기로 나와 있다. 고소한 볶음 쌀국수 팟타이, 한번 만들어 볼까?

⓫ 차
마트 쇼핑, 잊지 않고 챙기는 품목은 태국의 향기를 한껏 머금은 차. 추천하고 싶은 차는 상큼한 레몬향이 나는 레몬그라스와 판단 잎으로 만든 차. 판단 잎은 식욕을 돋우고 음식에 색이나 풍미를 더해주는 식물이다. 태국 요리에 종종 등장하는 재료.

Shopping Mall

당신의 취향저격 쇼핑몰

수쿰빗 대로변과 시암 일대에 거대한 쇼핑몰이 밀집해 있다. BTS 역과 연결되는 매끄러운 동선, 무더위를 식혀 주는 빵빵한 에어컨과 다채로운 눈요깃거리들. 나에게 딱 맞는 쇼핑몰은 어디?

Terminal 21

#콘셉트　#낯익은 브랜드 숍　#로컬 브랜드

터미널 21
두근두근 설렘 가득한 공항과 전 세계 주요 도시를 콘셉트로 한 쇼핑몰. 에스컬레이터를 타고 한 층, 한 층 올라갈 때마다 새로운 세계가 펼쳐진다. 낯익은 브랜드 숍은 물론 태국의 로컬 브랜드도 다수 입점. 개성 넘치는 상점들이 많다. 푸드코트 피어21은 풍성한 먹을거리로 언제나 붐비는 곳. (p161)

Siam Center #트렌디 #디자이너 숍 #플래그십 스토어

시암 센터
시암 일대에서 가장 개성 넘치는 쇼핑몰, 시암 센터. 특히 3층에는 신선한 아이디어로 중무장한 디자이너 숍이 즐비한데 수준급 디스플레이로 눈길을 끈다. 나만의 개성을 뽐내고 싶은 쇼퍼홀릭이라면 쇼핑 내내 행복할 것. (p203)

Siam Paragon #럭셔리 #명품 매장 #고급 레스토랑

시암 파라곤
입구에 들어서자마자 프라다, 샤넬, 구찌 등의 명품 브랜드에 둘러싸여 고급스러움이 물씬 풍긴다. 얼핏 보면 여타 백화점과 다를 바 없어 보이는 시암 파라곤이 특별한 것은 G층 때문! 어딜 가도 보통 이상의 맛을 자랑하는 레스토랑이 가득하다. 식료품 쇼핑하기 좋은 고메마켓도 있고! (p202)

Massage

완벽한 휴식, 힐링 마사지

태국여행의 꽃, 마사지. 방콕으로 향하는 대다수의 여행자들이 1일 1마사지를 꿈꾸곤 한다. 태국의 전통 마사지인 타이 마사지는 태국 전통 의학의 일부로 시작, 수 세기에 걸쳐 다양한 테라피의 형태로 발전했다.
타이 마사지는 발끝에서 출발해 점차 머리 쪽으로 이동한다. 순환과 균형, 유연성에 초점을 맞춘다. 에너지의 통로로 간주되는 혈자리를 찾아 꾹꾹 높은 압력으로 눌러주는 게 포인트. 근육과 관절의 긴장을 완화하며 혈액 순환 등에 도움이 된다. 깊은 스트레칭으로 뻐근했던 몸이 확 풀린다.
압박 마사지가 부담스럽다면 부드러운 오일 마사지를 추천한다. 식물의 향이나 약효를 이용해 몸과 마음을 이완시켜준다. 취향에 맞게 고른 향긋한 에센셜 오일은 기분 전환에도 그만! 허브를 무명천에 가득 채워 푹 쪄낸 다음 여기저기 문질러주는 허브볼 마사지, 뜨끈하게 데운 돌을 마사지에 활용하는 핫 스톤 마사지 역시 탁월한 선택.
하루의 마무리는 완벽한 휴식을 보장하는 마사지 어떨까? 1시간에 220밧쯤 하는 카오산 로드 길거리의 발 마사지부터 수쿰빗 대저택에 올라앉은 럭셔리 숍까지 예산에 맞게 골라보자. 방콕 여행, 하루쯤은 느릿느릿 흘러가는 시간을 즐겨라. 우리 평소에 너무 열심히 살고 있으니까. 여행마저 열심히 하지 않기를!

방콕의 마사지 숍 메뉴 미리보기

발 마사지_ 발바닥의 지압점을 찾아 힘껏 눌러 준다. 뭉친 종아리 근육까지 시원하게!
전통 타이 마사지_ 태국 대표 마사지. 근육과 관절의 긴장을 풀어 준다.
아로마테라피 마사지_ 에센셜 오일을 사용해 부드럽게 문지르듯 마사지한다.
허브볼 마사지_ 향긋한 허브로 속을 채워 뜨끈하게 데운 허브볼로 꾹꾹 눌러 준다.
핫 스톤 마사지_ 따듯한 돌을 마사지에 활용한다. 혈액 순환, 부종에 탁월한 효과.
바디 스크럽_ 묵은 각질을 말끔히 없애 준다. 피부에 쌓인 노폐물까지 깨끗하게 제거.
어깨 & 등 집중 마사지_ 등과 어깨 근육이 유독 많이 뭉쳤다면 이 마사지 추천.
포핸즈 마사지_ 손이 넷, 두 명의 마사지사가 동원된다.

1 바와 스파 BHAWA SPA *p322*
추천 마사지 아로마테라피 바디 리트릿

첫인상은 퍽 이국적.

단 한 곳의 마사지 숍을 추천한다면 무조건 바와 스파.

태국 전통의 느낌이 강한 인테리어.

2 오아시스 스파 Oasis Spa Bangkok *p328*
추천 마사지 퀸 오브 오아시스 마사지

3 디바나 버츄 스파 Divana Virtue Spa (p327)
추천 마사지 아로마틱 릴렉싱 마사지

녹음이 우거진 정원이 있는 오래된 주택에 자리 잡았다.

그저 머무는 것만으로도 힐링되는 공간.

규모가 큰 편이지만 예약하는 게 좋다.

분위기보다는 내실에 초점을 맞췄다.

4 라바나 스파 LAVANA SPA (p331)
추천 마사지 천연 오일 마사지

cats

방콕의 작은 친구들

한국에서 길고양이는 홀대당하기 일쑤. 마치 고양이가 제집에 침범이라도 한 것처럼, 와선 안될 땅을 밟은 것처럼 마냥 싸늘한 시선으로 바라보는 사람이 많다. 잠자코 지켜만 보면 그나마 다행이다. 얌전히 걸어가는 고양이에게 괜히 위협을 가하거나 발길질을 일삼는 못된 사람도 있다. 한국의 길고양이를 보고 있으면 마음이 아프다. 먹고사는 일도 녹록지 않을 텐데 거리를 걷는 것마저 나무라는 사람들의 태도, 불편하겠지?

사실 고양이가 먼저 덤비는 일은 그리 흔치 않다. 고양이는 사람을 해치지 않는다. 가만 생각해보면 참 우스운 일이다. 사람이 제멋대로 집을 짓고 길을 내놓고 그 길은 사람만 다녀야 하는 것처럼 여기는 것. 원래 땅은 사람의 소유가 아니었다. 나무도 그 자리의 주인이었고 온갖 동물과 벌레도 그 자리에서 뛰놀았어야 마땅하다. 방콕을 다니며 고양이를 숱하게 만났다. 막상 찾으려고 보면 어디로 꼭꼭 숨었는지 코빼기도 비추지 않다가 넋 놓고 거리를 지나가다 보면 곳곳에서 노닐고 있었다.

골목길 계단 위에 기운 없는 개처럼 축 늘어진 고양이, 노점상 아래서 먹을거리가 떨어지길 하염없이 기다리는 고양이, 집 앞 자그맣게 꾸며놓은 사당에 폴짝 올라가 마치 고양이 신을 모시는 것 같은 모양새를 연출하는 고양이. 마치 제집 드나들 듯 능청스럽게 대문으로 당당히 걸어들어가는 길고양이도 보았다. 몇몇 개처럼 안기는 고양이를 제외하곤 고양이답게 대체로 새초롬하고 심드렁했다. 먹이를 손에 쥐었을 때 빼고. 방콕의 골목길에는 사람과 고양이가 사이좋게 어우러져 살아간다. 고양이가 사람을 해치지 않듯, 사람도 고양이를 해치지 않는다.

Bangkok
01

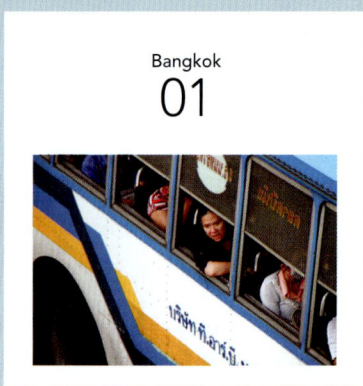

방콕
교통 정복

출국 절차, 입국 절차
공항에서 시내로 가는 길
방콕 대중교통의 모든 것

Airport

사왓디 카, 방콕

방콕여행 준비는 이제 그만, 지금부터 실전이다. 일상에 치여 좀처럼 실감하지 못했던 여행,
비행기에 몸을 실으면 쿵쾅거리는 심장이 가장 먼저 알아차린다.
한국 출국부터 방콕 입국까지 막힘없이 매끄럽게 통과. 유심칩까지 갈아 끼우고 나면
드디어 방콕여행 본격 시작이다.

출국 절차

Step 1 인천공항 도착

출국 층으로 이동한다. 인천국제공항 도착은 출발 2시간 전, 면세점 쇼핑에 시간을 넉넉히 할애하고 싶다면 3시간 전 도착을 권장한다.

Step 2 출국 수속

전광판에서 항공편명으로 체크인 카운터를 확인한다. 항공사 카운터에서 여권과 티켓을 제시, 탑승권을 발급받고 수화물을 부친다. 자동 체크인을 이용하면 탑승수속 카운터보다 빠르게 탑승 수속을 마칠 수 있다. (일부 항공사 적용)

Tip 수화물 부치기

액체류는 기내 반입이 제한되어 있으니 수화물로 보낸다. 화장품 등 꼭 필요한 물품은 100ml 이하의 용기에 담은 뒤 투명한 지퍼백에 넣어 기내에 반입한다. 1인당 1L 미만 허용. 수화물 무료 허용량은 항공사와 좌석 등급에 따라 15~30kg까지 다양하다. 기내 반입 허용 사이즈 또한 항공사별로 무게와 사이즈가 제각각이다. 적게는 5kg부터 많게는 12kg까지. 초과 시 별도의 요금을 내야 하니 가능하면 무료 허용량에 맞춰 짐을 꾸리는 게 좋다. 깨지기 쉬운 물품이나 전자제품 등 일부 품목에 대해서는 파손에 대한 보상을 하지 않는다. 망가지기 쉬운 물건이나 귀중품은 수화물에서 꺼내 기내에 들고 타도록!

Step 3 출국 심사

출국장 보안 검색에 협조한다. 모자와 선글라스, 외투는 벗고 짐은 자동 검색대 위에 올린다. 출국 심사대에 여권과 탑승권을 제시한 뒤 출국 확인을 받고 통과하면 끝. 자동 출입국심사 서비스를 신청하면 출국 심사대에서 오래 기다리지 않아도 된다.

Tip 여권을 두고 왔다고?

놀랍게도 이런 일이 종종 벌어진다. 인천공항 내 영사민원실에서 긴급 여권을 발급한다. 한 번만 쓸 수 있는 단수여권. 발급에 시간이 걸리므로 시간적 여유가 있어야 한다. 신청 사유에 따라 발급이 거부될 수 있으며 공휴일에는 발급 불가다. 여권 때문에 당장 출국이 어려워진 다급한 상황이라면 이용해볼 만하다.

Step 4 면세점 쇼핑

출국할 때 1인당 국내 면세점 구매 한도는 3,000달러 (입국할 때 면세 한도는 600달러)다. 롯데면세점이나 신라면세점 등 인터넷 면세점에서 사전 구매한 물건은 각 인도장에서 수령한다.

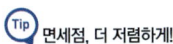

Tip 면세점, 더 저렴하게!

품목별로 다르지만 일반적으로 해외 면세점보다 국내 면세점을 이용하는 게 더 싸다. 각종 할인이 적용되기 때문이다. 인터넷 면세점 애플리케이션에 접속하면 상시 이벤트 진행 중. 적극 참여해 할인 쿠폰을 획득하자.

Step 5 탑승

항공권에 적힌 탑승 시각(보통 출발 30분 전)을 확인, 때맞춰 탑승구로 이동한다. 탑승 안내방송이 나오면 항공기 탑승.

입국 절차

Tip 방콕의 공항은 두 개

방콕에는 공항이 두 개 있다. 우리나라에서 출발하는 대부분의 항공사는 수완나품 공항으로 도착하지만 에어아시아, 녹 에어, 타이 라이언 에어 등 일부 저가항공사는 돈므앙 공항을 이용한다. 돈므앙 관련 정보는 홈페이지 www.donmuangairportonline.com에서 확인.

Step 1 입국 신고서 작성

기내에서 승무원이 나눠주는 입국 신고서를 작성한다. 성(Family Name), 이름(First Name), 국적(Nationality), 여권번호(Passport No), 성별(남성 Male/ 여성 Female), 생년월일(일/ 월/ 년 순으로 기입) 등의 개인 정보와 태국 내 호텔 주소(Address in Thailand), 비행기 편명(Flight No) 등을 기입한 뒤 서명한다. 예약한 호텔이 없거나 에어비앤비 등을 숙소로 이용할 예정이라면 아무 호텔이나 적어도 무방하다. 진짜 거기 묵는지 전화를 걸어 확인하는 일은 거의 없으니까. 90일간 비자 없이 머무를 수 있으니 해당되는 여행자는 비자 정보를 비워 놓는다.

Step 2 입국 심사

입국 심사대에서 입국 신고서와 여권을 내민다. 모자와 선글라스는 벗고 휴대전화 통화는 잠시 미뤄두자.

Step 3 수화물 찾기

전광판에서 수화물 수취대 번호를 확인한다. 비슷한 디자인, 색깔의 가방이 많다. 내 가방인지 살핀 후 가져갈 것. 아무리 기다려도 짐이 나오지 않을 때는 공항 직원에게 문의한다. 수화물은 분실되더라도 3일 이내로 대부분 찾게 되는데, 드물게 분실 사례가 있다. 보상은 항공사가 가입한 조약(몬트리올 조약 또는 바르샤바 조약)에 따라 진행되는데 무게로 요금이 책정된다.

Step 4 세관 검사

세관 검사에 걸릴 게 없는 사람은 Nothing to declare 출구로 통과하면 된다.

Tip 방콕 도착 후 가장 먼저 해야 할 이것!

입국 후 가장 먼저 해야 할 일은 유심칩을 사는 것. 국내 통신사에서 1일 데이터 무제한 요금을 내놓았지만 유심칩에 비하면 비싸다. 공항 내 AIS나 dtac 등 태국 통신사 매장에서 유심칩을 구매할 수 있다. 요금제만 선택하면 알아서 척척. 유심을 갈아 끼우면 한국 번호로 걸려오는 전화를 받을 수 없다. 대신 태국 현지 번호를 부여받는다.

인터넷 사용 다른 옵션으로는 포켓와이파이 대여가 있다. 세계 각 나라별 이동통신사의 3G 또는 4G(LTE) 신호를 와이파이 신호로 바꿔주는 단말기다. 스마트폰과 노트북 등 여러 기계에서 동시에 접속할 수 있고 하나를 빌리면 최대 5명까지 공유 가능하다. 포켓와이파이 대여 업체는 와이파이도시락을 추천한다. 온라인을 통해 사전 예약 후 출국 당일 공항에서 단말기를 수령하면 된다.

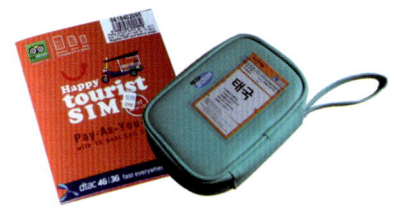

Airport

공항에서 시내로 가는 길

태국 방콕에 도착해 처음에 해결해야 하는 미션. 공항에서 시내로 이동하는 일이다.
어떤 교통편이 있는지 미리 확인해 두면 이용법은 그리 복잡하지 않다.
자정을 넘긴 늦은 밤 수완나품 공항에 도착했다면 택시를 타야한다.

공항철도
ARL Airport Rail Link

2010년에 개통한 공항철도에 몸을 실으면 차 막힐 걱정은 말끔하게 접어두어도 좋다. 공항에서 시내를 잇는 가장 빠른 교통수단이다. 수완나품 국제공항 역에서 출발해 파야타이 역까지 약 30분 소요, 요금은 구간에 따라 15~45밧 선이다. ARL 표지판을 따라가면 쉽게 이용할 수 있다. 단점은 공항철도에서 내려 목적지까지의 이동이 번거롭다는 것. 3~4인은 공항에서 목적지까지 곧장 데려다주는 택시가 낫다.

이용 방법은 어렵지 않다. 수완나품 공항에서 공항 철도가 연결되는 지하로 내려간다. Airport Rail Link라고 적힌 표지판을 따라가면 된다. 철도 그림이 그려져 있어서 누구나 쉽게 찾을 수 있다. 티켓 자동판매기에서 원하는 목적지를 선택한 후 요금을 투입한다. 100밧, 50밧 등의 지폐는 물론 10밧, 5밧, 1밧 등의 동전도 사용 가능. 지하철 MRT 환승은 막카산역에서, 지상철 BTS 환승은 파야타이역에서 한다.

AM 06:00 ~ AM 12:00

공항철도 표지판 ▶

공항철도 ARL 운행 노선도

파야타이	랏차프라롭	막카산	람캄행	후아막	반탑창	랏크라방	수완나품 국제공항
PHAYA THAI	RATCHAPRAROP	MAKKASAN	RAMKHAMHAENG	HUA MAK	BAN THAP CHANG	LAT KRABANG	SUVARNABHUMI
A8	A7	A6 M	A5	A4	A3	A2	A1 Airport

택시
Taxi

택시 대기 번호표 ▶

원하는 곳까지 모셔다 주는 택시. 방콕에 갓 발들인 여행자에게 가장 편리하다. 수완나품 공항 1층으로 내려가면 보인다. 택시로 곧장 달려가지 말고 티켓 뽑는 기계에서 택시를 배정받는다. 티켓에 적힌 번호를 찾아가면 택시가 대기 중. 퍼블릭 택시를 이용하면 미터 요금 외 수수료 50밧을 추가로 내야 한다. 차 막힘을 이유로 고속도로를 올라타면 그에 대한 비용도 손님 부담. 75밧 정도가 추가된다. 방콕 시내의 웬만한 거리는 400밧 이내로 해결된다. 가끔 흥정을 하려 드는 택시기사들이 있다. 방콕의 택시는 미터로 가는 시스템이니 거절 의사를 분명히 밝히자. 이 꼴 저 꼴 보기 싫다면 그랩 택시를 이용하는 것도 괜찮은 방법. 그랩 택시 이용에 대한 자세한 내용은 뒤쪽 대중교통 페이지에서 사세히 나둔나.

24 Hours

시내버스와 미니밴
Bus & Mini Van

공항을 거치는 시내버스와 미니밴을 이용하려면 교통 센터 Transport Center로 간다. 공항 내 셔틀버스라고 적힌 안내판을 보고 움직여 탑승하면 된다. 셔틀버스는 24시간, 무료로 운행한다. 교통 센터까지 약 10분 소요. 교통 센터 내 플랫폼에서 가고자 하는 버스에 올라탄다. 시내버스 요금은 출발 후 차장에게 목적지를 얘기한 뒤 내면 된다. 미니밴은 출발 시간이 따로 없다. 승객이 차면 출발하는 시스템. 수완나품 국제공항에서 카오산 로드로 이동 시에는 S1번을 이용하자. 오전 6시부터 오후 8시까지 운행한다. 게이트 7번으로!

시내에서 공항으로 가는 길

귀국을 위해 공항으로 가는 길은 가능한 서두르는 게 좋다. 시간이 촉박해 심장이 쫄깃해지는 것보다 기다리는 편이 훨씬 낫다. 특히 출퇴근 시간에 이동해야 한다면 더욱 여유롭게 출발할 것. 방콕 시내에서 출발하면 요금이 400밧 이내로 해결되는 경우가 많아 2~4명은 택시 탑승을 고려해볼 만하다. 혼자 또는 2명일 때 요금을 절약하고 싶다면 BTS 파야타이역이나 MRT 막카산역으로 가서 공항 철도 ARL로 환승, 수완나품 국제공항까지 간다. 일행 수와 상관없이 차 막힘이 걱정스럽다면 공항 철도를 선택! 시간과 예산이 넉넉하다면 택시 선택.

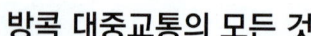

Public Transportation

방콕 대중교통의 모든 것

짜오프라야 강줄기를 따라 흐르는 수상보트, 쌘쌥 운하를 따라 움직이는 쌘쌥 운하 보트, 지상으로 다니는 지상철 BTS, 지하로 다니는 지하철 MRT. 그밖에 택시와 버스, 툭툭과 오토바이 택시까지. 방콕을 여행하며 만나는 교통수단은 실로 다양하다. 때와 상황에 맞게 적절히 활용하려면 이용법과 장단점을 알고 있어야 한다. 지금부터 진지하게 공부 모드.

01.

수상보트

수상보트는 구시가지를 둘러볼 때 가장 유용한 교통수단이다. 뱃길을 따라 이동하며 카오산 로드, 왕궁, 왓 포, 왓 아룬, 차이나타운 등 구시가지의 주요 볼거리를 만날 수 있다. 수상보트 선착장은 강 쪽에 바짝 붙어 있어서 눈에 띄지 않는 경우가 대부분. 찾기가 쉽지 않다면 현지인에게 물어보는 게 빠르다.

르아 두언
Express Boat

르아 두언은 뱃머리에 꽂힌 깃발을 확인하고 탄다. 깃발에 따라 운행 경로, 요금, 시간 등에 차이가 있다. 깃발이 없는 로컬 라인 보트는 완행이다. 모든 선착장을 다 거쳐간다. 상당히 오래 걸리니 이동보다 뱃놀이에 중점을 둔 게 아니라면 피하는 게 좋다. 르아 두언 중 여행자가 주목해야 할 보트는 주황색 깃발이 꽂힌 것. 운행 횟수도 많은 편인 데다 여행자가 드나들 만한 선착장을 두루 거친다. 노란색 깃발과 초록색 깃발은 출퇴근 시간 전후로 운행한다. 주황색에 비해 들르는 선착장이 적어 비교적 빠르게 움직이지만, 건너뛰는 선착장이 많아 노선을 미리 확인하지 않으면 내리려는 선착장을 놓치기도 하니 타기 전 노선 점검이 필수다.

> **Tip 알아두면 유익한 꿀팁**
>
> 종점까지 다녀오면 수백 밧에 이르는 크루즈 투어가 전혀 부럽지 않다. 파아팃 선착장을 지나면 여행자들이 많지 않아 유유자적 뱃놀이를 즐길 수 있다.

르아 두언 & 짜오프라야 투어리스트 보트 타는 법

A
배가 선착장에 도착하면 안전하게 정박할 때까지 대기한다.

B
내리는 사람이 먼저. 사람들이 내리고 나서 배에 올라탄다.

C
안쪽으로 들어가 자리를 잡는다. 차장이 다가오면 요금을 낸다.

르아 캄팍
Cross River Ferry

강줄기를 타고 긴 구간을 내려오는 르아 두언과는 다르게 강 건너편까지만 운행한다. 다리 역할을 하는 보트. 건너편으로 가고 싶을 때 굳이 멀리 돌아서 다리를 건너갈 필요 없이 르아 캄팍에 올라타면 된다. 여행자들이 가장 많이 이용하는 르아 캄팍 노선은 타 티엔 선착장에서 왓 아룬까지의 구간이다. 요금은 저렴하다. 편도 이용 시 4밧.

짜오프라야 투어리스트 보트
Chao Phraya Tourist Boat

파란색 깃발을 달고 운행하는 짜오프라야 투어리스트 보트. 주요 관광 명소로 이어지는 선착장만 골라서 들른다. 사톤 선착장에서 출발해 파아팃 선착장까지, 9개의 선착장을 거친다. 파아팃 선착장에서 4시 이후에 출발하는 보트는 아시아티크까지 간다. 1회 요금은 50밧이다. 인당 180밧인 1일 패스를 구매하면 하루 동안 투어리스트 보트에 한해 무제한 이용.

쌘쌥 운하 보트
Saen Saep Boat

굵은 강줄기 짜오프라야 강에 비하면 실핏줄 같은 쌘쌥 운하. 방콕 시내를 관통하는 이 보트는 시내 접근이 용이해 알아두면 좋다. 방람푸에서 출발해 시암 일대, 아속과 통로 등 수쿰빗 일대를 지나간다. 출퇴근 시간에 이용하면 만족도 200%, 차 막힘없이 시내로 간다. 좁은 물길을 헤치고 가기 때문에 배에 물 튀는 일이 잦다. 양 옆에 있는 가림막을 활용하도록!

● 수상보트의 종류와 운행 시간

깃발	운행 시간		요금
없음	월~금	06:45~07:30, 16:00~16:30	9~13밧
주황색 ●	매일	06:00~19:00	15밧
초록색 ●	월~금	06:10~08:10, 16:05~18:05	13~32밧
노란색 ●	월~금	06:15~08:20, 16:00~20:00	20밧
파란색 ●	월~금	09:30~18:30(30분 간격)	50밧

● 주요 선착장과 주변 볼거리 (p109 지도참고)

주요 선착장	주변 볼거리
타 파아팃	카오산 로드
타 창	왕궁, 왓 프라깨우
타 티엔	왓 포
타 왓 아룬	왓 아룬
타 랏차웡	차이나타운
타 사톤	BTS 사판 탁신, 아시아티크 셔틀보트 선착장

사진으로 미리 보는 수상보트 이용법

호텔 셔틀보트
여느 배들과 다르게 멋스러운 이 보트는 강변에 위치한 호텔에서 운영하는 셔틀보트다. 투숙객의 편의를 위해 운영한다.

단체를 위한 투어 보트
비슷하게 생긴 사람들이 바글바글 타고 있다면? 단체 여행객을 위한 투어 보트다. 개별 여행자가 타는 배가 아니니 움찔하지 말 것.

르아 캄팍
강 건너편까지만 운행하는 르아 캄팍. 다리 역할을 대신하는 보트다. 르아 두언보다 아담하며 진행 방향이 달라 눈에 띈다.

디너 크루즈
덩치가 큰 배 중에는 디너 크루즈 배가 많다. 배에서 식사를 하며 짜오프라야 강변 풍경을 감상.

콘도 셔틀보트
입주민의 편의를 위해 운영하는 강변 콘도의 프라이빗 보트.

짜오프라야 투어리스트 보트
여행자들을 위한 보트. 파란색 깃발을 꽂고 운행, 일부 선착장에만 정차한다.

르아 두언
이게 바로 르아 두언. 깃발 색깔에 따라 운행 경로와 요금, 시간 등에 차이가 있다.

이것도 르아 두언
겉모양이 달라 보이지만 이것 또한 르아 두언이다. 지하철이나 버스에 랩핑광고를 하듯이 배도 옷을 입혀 광고를 한다.

르아 두언 티켓
이건 사용하지 않은 티켓. 배에 탑승하면 티켓을 살짝 찢어 재사용을 막는다.

오렌지색 깃발

운행 횟수가 많고 주요 선착장을 두루 거쳐 이용 빈도가 높은 보트다. 요금도 저렴한 편

파아팃 선착장

카오산 로드에서 가장 가까운 선착장이다. 짜오프라야 투어리스트 보트가 여기서 출발해 선착장 사톤까지 운행한다.

수상보트 내부

창문 없이 트인 형태라 비가 오면 물이 들이치기도 한다.

내린 다음 승차

배에서 사람이 내린 다음 타도록 한다. 흔들리는 배 위에서 떠밀면 빠질 수도 있으니 순서대로 차례차례!

선착장 안내판

수상보트 선착장은 대체로 골목 안쪽에 숨어있다. 늘 이용하는 방콕 시민은 알아서 척척 찾아가지만 여행자들은 선착장을 찾지 못해 헤매는 경우가 다수. 이 안내판을 눈여겨보자.

구명튜브

수상보트 내 구명튜브가 있긴 하다. 사람은 헤아릴 수 없이 많은데 구명튜브는 손에 꼽힐 만큼 적다는 건 함정.

요금은 이 사람에게!

선착장에서 표를 끊기도 하지만 배에서 차장에게 직접 지불해도 된다. 요금을 낸 사람과 안 낸 사람을 귀신같이 가려내는 생활의 달인.

02.

지상철 BTS와 지하철 MRT

지상철
BTS

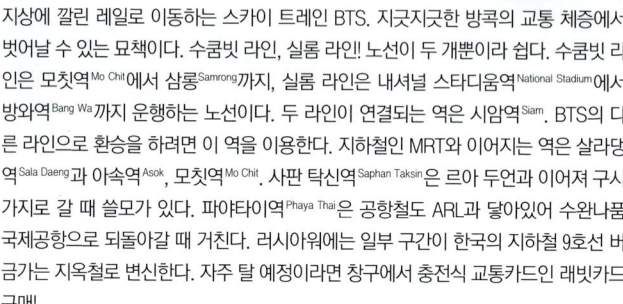

지상에 깔린 레일로 이동하는 스카이 트레인 BTS. 지긋지긋한 방콕의 교통 체증에서 벗어날 수 있는 묘책이다. 수쿰빗 라인, 실롬 라인! 노선이 두 개뿐이라 쉽다. 수쿰빗 라인은 모칫역 Mo Chit에서 삼롱 Samrong까지, 실롬 라인은 내셔널 스타디움역 National Stadium에서 방와역 Bang Wa까지 운행하는 노선이다. 두 라인이 연결되는 역은 시암역 Siam. BTS의 다른 라인으로 환승을 하려면 이 역을 이용한다. 지하철인 MRT와 이어지는 역은 살라댕역 Sala Daeng과 아속역 Asok, 모칫역 Mo Chit. 사판 탁신역 Saphan Taksin은 르아 두언과 이어져 구시가지로 갈 때 쓸모가 있다. 파야타이역 Phaya Thai은 공항철도 ARL과 닿아있어 수완나품 국제공항으로 되돌아갈 때 거친다. 러시아워에는 일부 구간이 한국의 지하철 9호선 버금가는 지옥철로 변신한다. 자주 탈 예정이라면 창구에서 충전식 교통카드인 래빗카드 구매!

BTS 타는 법

A

1, 5, 10밧 짜리 동전을 준비한다. 동전 교환은 BTS역 유인 창구에서 가능하다.

B

자동 발매기 옆 노선도에서 요금을 확인한다. 노선도 내 동그라미 속 숫자가 요금이다.

C

확인한 금액의 숫자 버튼을 누른다.

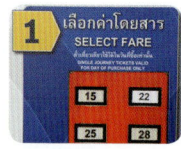

D

동전을 넣고 티켓을 받는다.

Tip 알아두면 유익한 꿀팁

한산한 역은 상관없지만 아속이나 시암처럼 정신이 쏙 빠지는 부산한 역을 수시로 왔다 갔다 한다면 티켓 사는 것도 일이다. 잔돈을 바꾸고 줄 서는 게 귀찮게 여겨진다. 이럴 때 유용한 것, 충전식 교통카드인 래빗카드. BTS역 창구에서 구매하고 우리나라 티머니 카드처럼 원하는 만큼의 금액을 충전해서 쓴다.

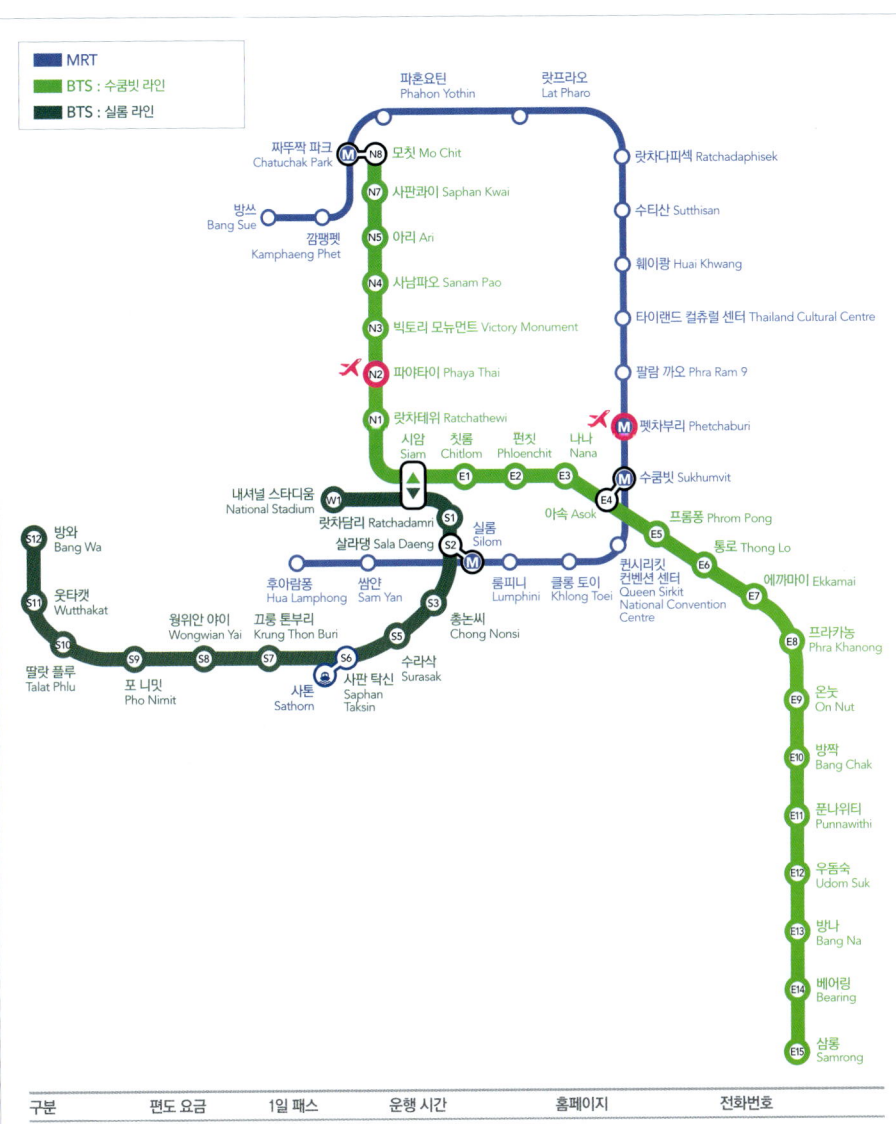

지하철
MRT

지하철 MRT는 현재 1개 노선뿐이다. 구간은 후아람퐁역 Hua Lamphong 부터 방쓰역 Bang Sue 까지. 출퇴근 시간이 아니면 대체로 한가한 편이라 쾌적하게 이용할 수 있으나 주요 여행지와 닿는 역이 많지 않아 이용 빈도가 떨어진다.

곧 MRT 노선이 추가될 예정이다. 기존 종점이었던 방쓰역에서 따오뿐 Tao Poon역이 연장되고, 따오뿐역에서 시작되는 노선이 신설된다. 총 16개의 역이 추가되지만 서부 외곽 지역으로 연결되는 노선이라 외국인 여행자는 이용할 일이 거의 없을 듯.

MRT 타는 법

A
자동 발매기의 터치스크린 화면에서 English 버튼을 꾹 누른다.

B
영어로 표기된 MRT 노선도에서 목적지를 찾아 클릭한다.

C
금액을 투입(지폐도 가능)한다. 동그란 모양의 토큰을 받는다.

03.
택시

방콕의 택시는 비싸지 않아 자주 이용해도 크게 부담이 없다. 서너 명이 함께 움직이면 오히려 BTS보다 저렴한 수준. 택시 타는 방법은 우리나라와 별반 다르지 않다. 미터 요금제로 35밧이 기본요금. 거리에 비례해 2밧씩 추가된다. 빈 택시는 오른쪽 하단에 빨간색 불이 켜진다. 간혹 흥정하려고 드는 택시가 있다. 애당초 말도 섞지 말고 보내버리는 게 바람직하다. 택시를 세워놓고 손님을 찾으려 호객 행위를 일삼는 택시도 마찬가지. 바가지 씌우려는 의도를 품었을 확률이 높다. 되도록 지나가는 택시를 잡아타도록 하자. 태국에서 승차 거부는 빈번한 일이다. 기사가 가고 싶지 않은 길을 가자고 하면 도리도리 고개를 휘저으며 내뺀다. 상처받지 말 것.

택시 타는 법

A
손을 번쩍 들어 승차 의사를 밝힌다.

B
택시가 멈추면 고개를 디밀고 원하는 목적지부터 말한다.

C
거부하지 않으면 탄다. 승차 거부당하면 쿨하게 돌아서서 다른 택시를 향해 손 번쩍!

💡 알아두면 유익한 꿀팁

여행자들이 저지르는 가장 큰 실수. 여행자 사이에서 이름난 목적지를 택시 기사에게 그대로 말하는 것이다. 레스토랑 시로코를 찾아간다고 치자. 택시 기사에게 시로코에 가자고 얘기하면 모를 확률 99%다. 그들은 여행자가 아니다. 일상을 사는 그들에게는 안중에 없는 장소, 모르는 게 당연하다. 이는 우리나라 택시에 올라타 기사에게 이태원의 핫한 클럽 무브에 가자고 얘기하는 격이다. 그러면 택시 기사에게 목적지를 이야기할 때 어떻게 말하면 좋을까? 길Road 이름과 세부 주소Soi를 건네면 길 찾기가 한결 수월하다. 방콕은 도로명 주소가 확고히 자리 잡은 도시다. 주소만 제대로 알려도 목적지 찾기가 원활한 구조.

그랩 택시 이용법

바가지요금 불러대며 흥정하기, 거스름돈 없다며 버티기, 빙빙 돌고 또 돌아가기, 목적지가 아닌 엄한 곳에 내려놓기, 제멋대로 승차 거부하기 등. 언제나 그런 것은 아니지만 방콕의 택시를 이용하다 보면 이런 일이 종종 발생한다. 이런 일을 몇 차례 겪고 나면 택시 타는 게 영 성가시게 느껴진다.

그랩이라고 들어보셨는지? 우버, 한국의 카카오택시와 비슷한 형태의 서비스로 싱가포르, 베트남, 방콕 등 동남아시아에서 성업 중이다. 스마트폰 애플리케이션을 통해 승객과 차량을 이어준다. 승객이 GPS로 출발 위치를 지정하고 목적지를 입력한 다음 그랩 택시를 호출하면 주위에 있던 그랩 차량이 코앞까지 온다. 구글 지도를 참고해 알아서 데려다주니 엄한 곳에 버려질 걱정 없고 위치 설명하느라 애먹을 필요도 없다. 예상 금액을 조회해 볼 수 있고 이동 경로가 기록되어 쓸데없이 돌아가거나 바가지 쓸 염려를 하지 않아도 된다. 여행자에게 아주 유용한 서비스.

04.

툭툭(뚝뚝)

툭툭은 바퀴가 셋 달린 삼륜차다. 운전석 뒷자리에 2~3명이 앉을 수 있다. 때때로 정원이 고무줄처럼 늘어나 너덧 명이 구겨져 타기도 한다. 여행자의 흥미를 유발하는 독특한 교통수단임에는 틀림없지만 무더위와 거리의 매연, 소음 등에 그대로 노출되는 데다 요금도 흥정해야 해서 바가지 쓰기 일쑤. 재미 삼아 한 번은 타볼 만하다. 싸게 방콕 구석구석을 돌아보지 않겠냐며 미소 띤 얼굴로 다가오는 툭툭 기사의 이야기는 믿지 않는 게 좋다. 자칫하면 기념품 숍으로 끌려가 원치 않는 억지 쇼핑을 하게 될 수도 있으니까.

05.

버스

방콕 시내 곳곳을 거미줄처럼 연결하지만 짧은 일정의 방콕 여행자와는 궁합이 맞지 않는다. 노선이 복잡하고 다른 교통수단에 비해 시간이 오래 걸려 효율적이지 않기 때문. 알뜰한 여행을 원하는 장기 여행자에게는 권할만하다. 구글 맵 서비스를 활용하면 출발 지점에서 도착 지점까지 가는 버스 노선을 검색할 수 있다.

버스 타는 법

A
타야 할 버스가 보이면 적극적으로 손짓해 승차 의사를 내비친다.

B
버스가 멈추면 앞문 또는 뒷문으로 승차.

C
차장이 다가오면 내릴 곳을 말하고 요금을 낸다. 구간별, 버스 종류별(일반/에어컨)로 요금이 다르게 책정된다.

06.

오토바이 택시(모떠싸이)

오토바이 뒷좌석에 승객을 태우는 형태다. 여행자보다 현지인이 즐겨 찾는 오토바이 택시. 다소곳하게 치마를 입은 아가씨들도 옆으로 걸터앉아 스스럼없이 탄다. 교통 체증이 심해 방콕 전역이 주차장으로 변하는 시간, 오토바이 택시가 빛을 발한다. 차와 차 사이, 아주 좁은 공간도 비집고 들어갈 수 있어서 급한 순간에 매우 유용하다. 걷기 싫어하는 나 홀로 여행자에게는 훌륭한 아이템. 가격은 거리에 따라 어느 정도 정해져 있지만 외국인에게는 다른 요금이 적용되기도 한다. 타기 전 요금부터 확실히 해둘 것. 주황색 조끼를 입고 거리에 삼삼오오 모여 노닥거리는 아저씨들이 바로 오토바이 택시 기사다. 언뜻 보면 할 일 없어 보이는데 실은 손님을 기다리고 있는 행태.

07.

썽태우

트럭을 고쳤다. 짐 싣는 곳에 지붕을 얹고 의자를 양옆으로 놓아 좌석을 만들었다. 우리나라의 마을버스 같은 포지션. 시내버스가 다니지 않는 구석구석을 훑고 다닌다. 파타야 등 일부 지역에서는 썽태우가 주요 교통수단으로 활용되나 방콕 시내에서 여행자가 탈 일은 거의 없다.

Bangkok
02

믿고 떠나도 좋은
방콕 여행 코스

올드 시티 하이라이트
오래된 도시 산책
쇼핑하기 좋은 날
트렌디한 방콕
낭만 아트 로드
시장 구경

테마별 하루 코스 ❶

배 타고 물길 따라 흐르는 여행,
올드 시티 하이라이트!

처음 방콕 여행을 온 사람들이 찾는 주요 명소만 묶었다. 수상보트 르아 두언을 타고 뱃길을 따라 이동하면서 둘러보면 된다. 방콕하면 떠오르는 대표적인 볼거리와 함께 펼쳐지는 짜오프라야 강 풍경도 마음껏 누리자.

중국인들이 좋아하는 빨간색 가득!
차이나타운(p276)

10밧 짜리 동전 속 그곳,
왓 아룬(p130)

열반에 든 부처가 드러누워 있는
왓 포(p122)

선착장 랏차웡에서 수상 보트(파아팃행) 승차,
왓 아룬 하차 후 도보 1분

크로스 보트 승차,
하차 후 도보 5분

도보 7분

나사 풀고 놀아보세!
카오산 로드(p111)

처음 방콕을 찾은 그대라면,
왕궁 & 왓 프라깨우(p121)

선착장 타 창에서 수상 보트(파아팃행) 승차,
파아팃에서 하차 후 도보 10분

🔍 더 가볼 만한 곳

국립박물관(p125)

빡크롱 꽃시장(p289)

🍲 밥은 어디서 먹지?

- **점심** 딤섬을 무짐하고 저렴하게 먹을 수 있는 **캔톤 하우스**(p293)
- **점심** 게살과 집게발을 얹은 달걀 반죽 국수, **오딘 크랩 누들**(p295)
- **저녁** 끈적한 베트남식 국수, **쿤댕꾸어이짭유안**(p139)
- **저녁** 살가운 주인이 반겨 기분이 좋아지는 곳, **조이 럭 클럽**(p141)

테마별 하루 코스 ❷

방콕에 사는 그들처럼,
오래된 도시 산책

올드 시티를 구석구석, 천천히 걸어서 둘러보는 코스다. 도보여행을 즐긴다면 방콕의 오래된 시간 속을 걷는 여행을 시작해 보자. 조금만 걸어도 땀이 비 오듯이 쏟아지는 시즌엔 패스. 여행길이 고행길이 된다. 12월부터 2월 사이, 쾌적한 날씨일 때 추천하고 싶은 루트.

활기찬 아침,
방람푸 아침 시장(p114)

역대 왕들이 즐겨찾던 사원,
왓 보원니웻(p116)

방콕에 딱 2개 남은 요새,
파쑤멘 요새(p110)

도보 3분 → 도보 7분 → 도보 1분

풀밭에 앉아 여유로운 한때,
산티차이프라칸 공원(p110)

택시 승차

로열 가든으로 설계된 시민공원,
사란롬 공원(p127)

중국색이 짙은 사원,
왓 수탓(p119)

높은 사원 위 전망이 으뜸,
왓 사켓(p118)

유럽풍의 궁전,
두싯 정원(p129)

도보 15분 ← 도보 15분 ← 택시 승차

🔍 더 가볼 만한 곳

부적시장(p126)

두싯 동물원(p128)

🍲 밥은 어디서 먹지?

아침	고깃덩어리 듬뿍, 한국 생각 날 때에는 갈비 국숫집 **나이쏘이**(p138)
아침	시원한 국물 맛에 반했다! 분홍 국수 옌타포 전문, **찌라 옌타포**(p143)
저녁	현지인들도 수십 미터 줄 서서 먹는 팟타이, **팁 싸마이**(p145)

BANGKOK 091

쇼핑 파라다이스 홍콩 뺨친다!
쇼핑하기 좋은 날

테마별 하루 코스 ❸

실내에 머무는 시간이 많아 무더위에 시달릴 걱정은 하지 않아도 된다. 하지만 눈요깃거리와 쇼핑 아이템을 찾아 지나치게 걸으면 다리가 퉁퉁 부어 고달파진다. 카페에서 적당히 쉬어가며 요령을 부리도록. 쇼핑하다 지친 몸을 쉴 수 있게 마사지도 챙기자.

서민을 위한 생활 밀착형 쇼핑몰,
마분콩(p202)

트렌드에 민감한 그대라면,
시암 센터(p203)

'기도빨' 잘 먹히는 곳
에라완 사당(p208)

도보 7분

Ⓐ 시암역에서 BTS(베어링행) 승차, 칫롬역 하차 후 도보 3분
Ⓑ 도보 15분

도보 3분

나올 때는 양손 두둑하게,
센트럴 월드(p206)

도보 3분

깔끔한 야시장에서 쇼핑으로 마무리,
아시아티크(p250)

쇼핑으로 지친 몸, 신의 한수
바와 스파(p322)

이마트 버금가는 대형마트,
빅 씨

펀칫역에서 BTS(모칫행) 승차, 시암역 하차 →
시암역에서 BTS(방와행) 승차, 사판 탁신역 하차 →
아시아티크행 셔틀보트 승차

Ⓐ 칫롬역에서 BTS(베어링행) 승차, 펀칫역 하차 후 도보 10분
Ⓑ 도보 20분 ⓒ 택시 승차

📍 더 가볼 만한 곳

시암 파라곤(p202)

트리무티 사당(p208)

🍲 밥은 어디서 먹지?

이른점심	가격, 맛, 분위기 모두 무난한 태국 음식점, **반 쿤 매**(p216)
이른점심	밥보다 칼로리가 훨씬 높은 애프터눈 티, **해롯 티룸**(p226)
점심	태국의 모든 음식을 총망라하는 푸드 코드, **잇타이**(p220)
점심	갓 구운 크레페로 분위기 있게 한 끼, **크레페스앤코 랑수언**(p222)

서울보다 세련된 방콕,
가장 트렌디한 방콕은 바로 여기!

늦잠을 푹 자고 일어나서 브런치로 여유롭게 하루를 연다. 적어도 1시간 이상, 넉넉하게 2시간 정도 마사지를 받으며 힐링하자. 코스로 엮어놓은 브런치 카페, 마사지숍, 바와 펍, 클럽은 어디까지나 예시일 뿐. 본인의 취향과 예산에 맞는 곳을 택해 일정을 짜면 된다.

통로의 핫한 브런치 카페,
오드리(p174)

힐링을 위한 최고의 선택,
오아시스 스파(p328)

공장 콘셉트 쇼핑몰,
터미널 21(p161)

Ⓐ 통로역에서 BTS(모칫행) 승차,
프롬퐁역에서 도보 20분
Ⓑ 택시 승차

택시 승차

도보 3분

몸이 근질근질하다면 물 좋은 클럽!
데모 또는 펑키 빌라(p191)

루프탑 바에서 칵테일 한 모금,
어보브 일레븐(p190)

쉐라톤 그랑데 수쿰빗의 재즈 바,
리빙룸(p189)

Ⓐ 나나역에서 BTS(베어링행) 승차,
통로역 하차 후 도보 20분
Ⓑ 택시 승차

아속역에서 BTS(모칫행) 승차,
나나역 하차 후 도보 10분

더 가볼 만한 곳

벤자시리 공원(p160)

밥은 어디서 먹지?

- 점심 고급스러운 레스토랑에서 먹는 태국 요리, **반 카니타 @53**(p173)
- 점심 적당한 가격에 맛 좋은 음식, **껫타와**(p177)
- 저녁 어떤 걸 골라도 무난한 맛, **수다**(p180)
- 저녁 한국 사람들이 격하게 좋아하는 푸팟퐁커리, **쏜통 포차나**(p179)

BANGKOK 093

테마별 하루 코스 ❺

깃털처럼 가벼운 주머니로 채우는 유쾌한 문화 충전!

낭만 아트 로드

이제까지 느껴보지 못했던 방콕의 색다른 매력을 발견할 기회. 낭만 아트 로드를 따라 걷는 방콕에는 예술혼이 넘친다. 전시는 수준이 꽤 높은 편. 대부분 무료로 운영하고 있어 예술가들의 아지트 노릇을 한다.

여행의 멋과 여유를 더하는
방콕 아트 앤 컬처 센터 BACC (p201)

태국의 실크산업을 일으킨 장본인,
짐 톰슨 하우스 (p200)

도보 7분

흉내 낼 수 없는 엄청난 스케일,
시암 니라밋 쇼

내셔널 스타디움역에서 BTS(방와행) 승차,
살라댕역 하차 → 실롬역에서 MRT(방쓰행) 승차,
타이랜드 컬처센터역 하차 후 도보 15분 또는 셔틀버스 이용

더 가볼 만한 곳

퀸즈 갤러리 (p117)

국립미술관 (p124)

밥은 어디서 먹지?

점심 　내 마음대로 골라먹는 푸드 코트 **잇타이** (p220)
점심 　태국식 파파야 샐러드 쏨땀과 튀긴 닭 까이텃, **쏨땀 누아** (p217)
점심 　분위기 괜찮고 맛도 무난한 **그레이 하운드 카페** (p218)

24시간이 모자라,
주말엔 시장 구경에 집중!

주말에 가야 진가를 발휘하는 시장들이 있다. 토요일과 일요일은 종일 시장 구경만 해도 시간이 모자랄 정도. 아침 일찍 서둘러 근교의 암파와 수상시장에 갔다가 시내로 돌아와 짜뚜짝 주말시장에 들른다. 해질 무렵에는 현지인들이 아끼는 야시장 딸랏 롯파이로 고고고!

소박한 정취가 흐르는,
암파와 수상 시장(p298)

엄청난 스케일의 주말 시장,
짜뚜짝 시장(p210)

BTS(모칫행) 승차, 모칫역 하차

모칫역에서 BTS(베어링행) 승차, 우돔숙역 하차 → 택시 승차

보면 볼수록 매력적인 빈티지 마켓,
딸랏 롯파이(p164)

더 가볼 만한 곳

짜뚜짝 그린(p211)

알아두면 유용한 꿀팁

이 코스는 목적지 간 이동 시간이 오래 걸린다. 암파와 수상시장은 방콕 근교라 편도만 90분 남짓. 짜뚜짝 주말 시장이 있는 모칫역과 딸랏 롯파이로 갈 때 내려야 하는 우돔숙역은 BTS 지상철 수쿰빗 라인의 극과 극이다.

Bangkok
03

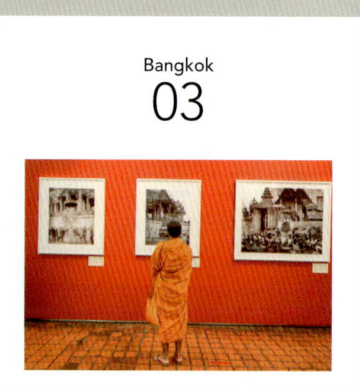

아낌없이
주는
지역 정보

1. 올드 시티
2. 수쿰빗
3. 시암&칫롬&펀칫
4. 실롬&사톤&리버사이드
5. 차이나타운
6. 근교여행

OLDCITY

올드 시티

주머니 가벼운 여행자들이 지내기엔 최적의 장소다.
여행자에게 강렬한, 각별한 기억으로 남는 곳. 저렴하면서
맛있는 서민적인 식당이 가득하고 입장료 없이 갈 수 있는
사원이 수두룩하며 튼튼한 두 다리로 걸어서 도보여행하기
좋다. 시곗바늘이 멈춘 듯 낡고 오래된 풍경이지만 삶에서
풍겨 나오는 생기와 에너지가 넘친다. 어쩌면 여기가 가장
'방콕'다운 방콕일지도. 방콕의 옛 모습이 그대로 서려있는
올드 시티.

OLDCITY
올드 시티

방콕의 구시가지는 옆구리에 강을 끼고 있다. 짜오프라야 강줄기를 따라 과거의 시간들이 살아 숨 쉰다. 나날이 세련된 모습으로 변화하는 수쿰빗이나 실롬 등에 비하면 아주 허름한 동네지만, 옛 멋을 간직한 곳이라 마음이 오래 머문다. 골목길을 돌아설 때마다 황금빛으로 번쩍이는 뾰족한 사원들이 반긴다.
방콕하면 생각나는 대표적인 여행지들이 올드 시티에 복작복작 몰려 있다. 다른 지역에 비해 볼거리가 풍성한 편. 왕궁, 왓 포, 왓 아룬 등 굵직한 곳만 챙겨도 하루가 순식간에 흘러간다. 그동안 바쁜 일상에 쫓기듯 지내왔다면 카오산 로드에서 뒹굴뒹굴하는 것도 색다른 여행법. 한국에서는 엄두도 못 낼, 몸과 마음의 여유에 집중!

뭐 타고 다니지?

마음만 먹으면 대중교통을 이용하지 않는 리얼 도보여행이 가능한 지역이다. 하지만 무더위 속 무리는 금물. 구시가지를 둘러보는 데 유용한 교통수단은 수상보트다. 타 파아팃, 타 창, 타 티엔 등의 선착장에서 내리면 가뿐하게 대표 여행지 섭렵 가능. 선착장에선 멀고 걷기엔 좀 애매하다 싶으면 택시를, 시간은 많은데 주머니가 가벼운 저예산 여행자라면 버스를 타자.

여행자들이 즐겨 찾는 여행지

❶ 맥주 마시며 오가는 사람 구경, **카오산 로드** (p111)

❷ 방콕여행이 처음이라면, **왕궁** (p120)

❸ 거대한 와불상, **왓 포** (p122)

❹ 야경이 훌륭한 강변의 사원, **왓 아룬** (p130)

오늘은 뭐 먹을까?

❶ 줄 서서 먹는 팟타이, **팁 싸마이** (p145)

❷ 싸고 맛있는 고기국수 한 그릇, **나이 쏘이** (p138)

❸ 기분이 좋아지는 유쾌한 가게, **조이 럭 클럽** (p141)

추천 하루 코스

Start! **방람푸 아침 시장**

도보 7분

파쑤멘 요새 (p110)

① 도보 2분 → ② 수상보트 → ③ 도보 5분

왕궁 (p120)

도보 10분

왓 포 (p122)

① 도보 5분 → ② 크로스 보트

왓 아룬 (p130)

① 크로스 보트 → ② 수상보트 → ③ 도보 10분

카오산 로드 (p111)

도보 7분

애드히어 더 서틴스 블루스 바 (p148)

일정 플러스 추천 하루 코스에 사원이 다수 포함되어 일정에 넣지 않았지만, 들를 만한 가치가 충분한 사원이 여럿 있다. 국민의 절대적인 존경을 받았던 푸미폰 국왕이 승려 생활을 한 왓 보원니웻, 고층 빌딩이 없던 시절 산이 없는 방콕에서 최고의 뷰 포인트 노릇을 했던 왓 사켓, 방콕의 여느 사원과 사뭇 다른 양식을 띤 왓 프라운 추천.

OLD CITY

기억에
남는
8장면

1. 오래된 세월이 고스란히 드러나는 나무
2. 할 때는 좀 유치해도 두고두고 기억에 남는 추억
3. 왕궁 리플렛으로 모자를, 그가 태양을 피하는 방법
4. 찡쪽, 북부 고산족이 한 땀 한 땀 정성 들여 만든 물건
5. 꾸밈없는 날 것의 방콕을 만날 수 있는 곳, 올드 시티
6. 사원 입구에 벗어둔 누군가의 신발, 태국은 라인이 대세!
7. 우리가 바로 방콕판 〈섹스 앤 더 시티〉 주인공
8. 밝고 유쾌한 사람들이 격하게 반겨주는 미소의 나라

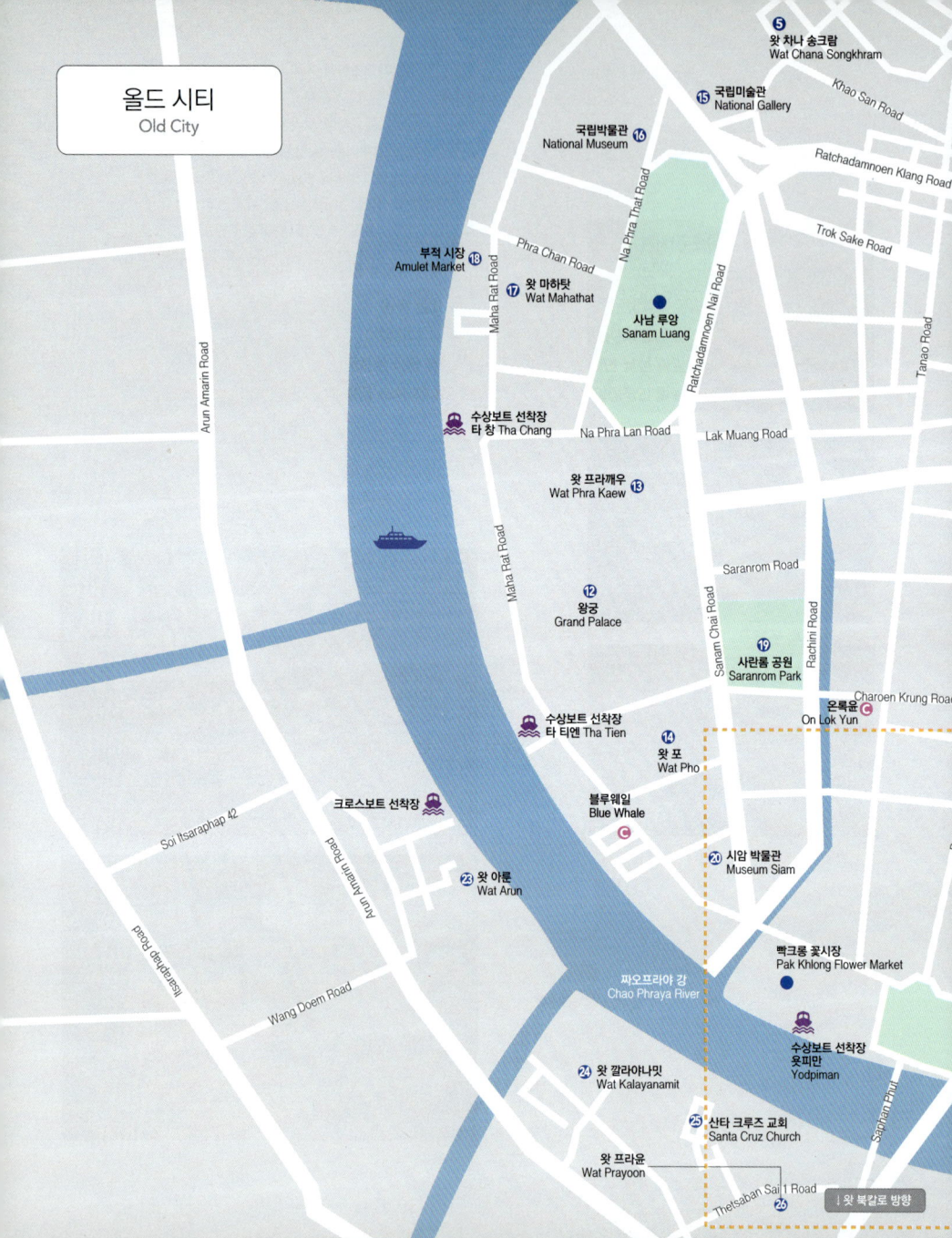

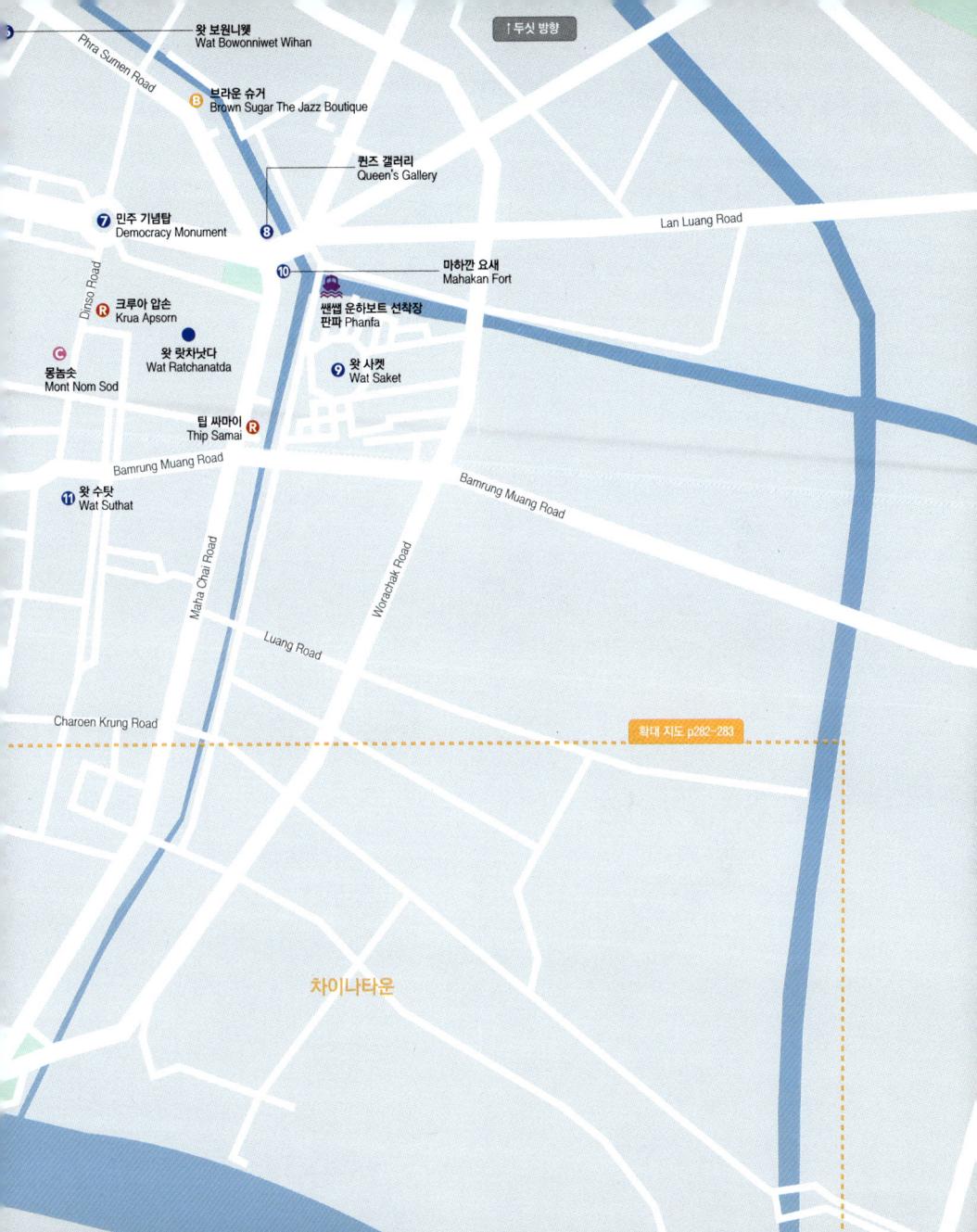

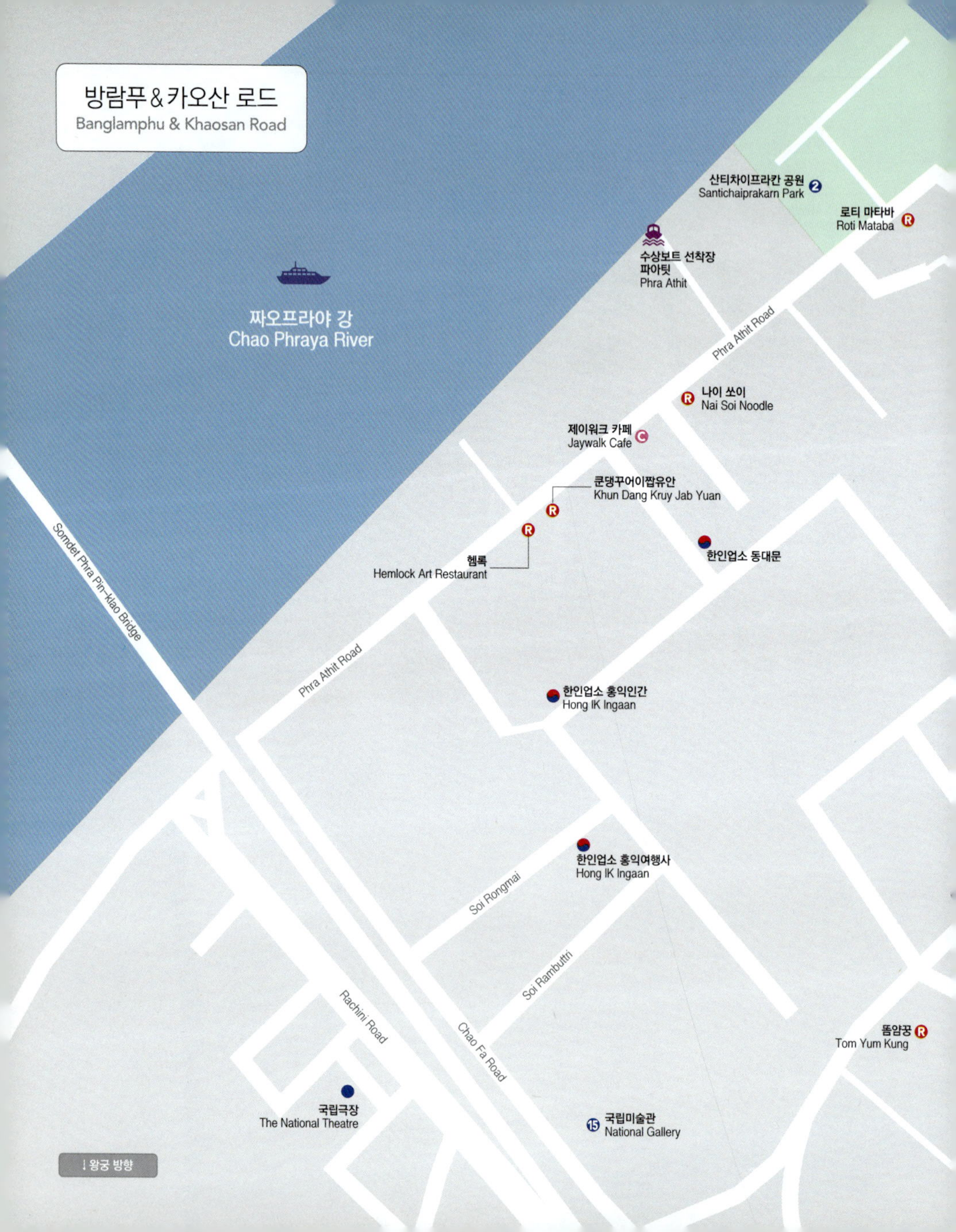
방람푸 & 카오산 로드
Banglamphu & Khaosan Road
짜오프라야 강
Chao Phraya River
산티차이프라칸 공원
Santichaiprakarn Park
2
로티 마타바
Roti Mataba
수상보트 선착장
파아팃
Phra Athit
Phra Athit Road
나이 쏘이
Nai Soi Noodle
제이워크 카페
Jaywalk Cafe
쿤댕꾸어이짭유안
Khun Dang Kruy Jab Yuan
헴록
Hemlock Art Restaurant
한인업소 동대문
Somdet Phra Pin-klao Bridge
Phra Athit Road
한인업소 홍익인간
Hong IK Ingaan
한인업소 홍익여행사
Hong IK Ingaan
Soi Rongmai
Soi Rambuttri
Rachini Road
Chao Fa Road
똠얌꿍
Tom Yum Kung
국립극장
The National Theatre
15
국립미술관
National Gallery
↓왕궁 방향

주요 선착장 노선도

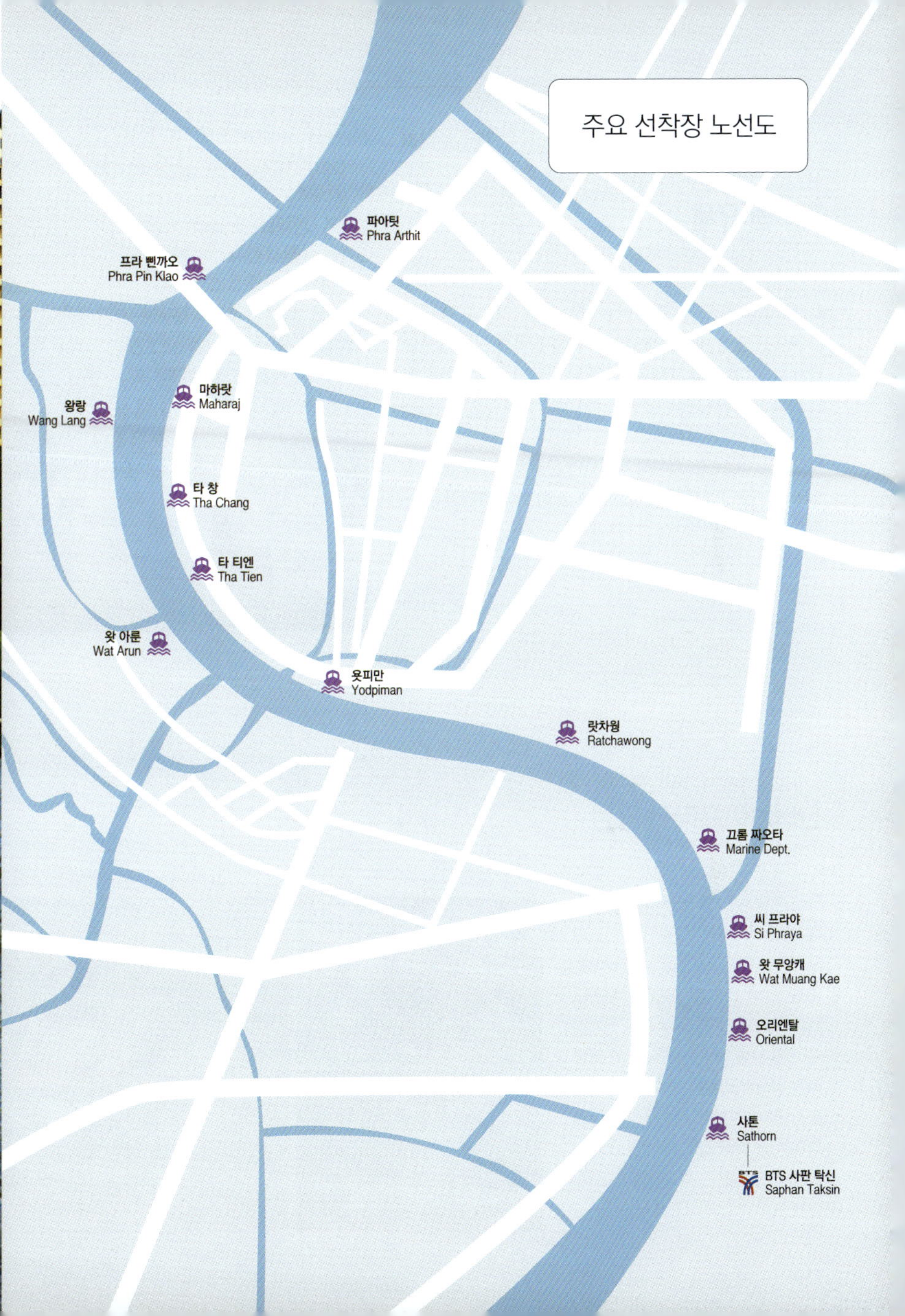

- 파아팃 Phra Arthit
- 프라 삔까오 Phra Pin Klao
- 마하랏 Maharaj
- 왕랑 Wang Lang
- 타 창 Tha Chang
- 타 티엔 Tha Tien
- 왓 아룬 Wat Arun
- 욧피만 Yodpiman
- 랏차웡 Ratchawong
- 끄롬 짜오타 Marine Dept.
- 씨 프라야 Si Phraya
- 왓 무앙캐 Wat Muang Kae
- 오리엔탈 Oriental
- 사톤 Sathorn
- BTS 사판 탁신 Saphan Taksin

Old City **Spot ❶**	

어스름한 밤에 보면 더 예쁘다,
파쑤멘 요새
Phra Sumen Fort

Address	Phra Athit Road
Access	수상보트 선착장 파아팃에서 도보 2분

시간을 거슬러 올라간 듯 보이는 하얀 건물, 18세기에 지어진 파쑤멘 요새다. 짜오프라야 강을 통해 침략해 오는 적군을 막기 위해 1783년에 지었다. 오랫동안 도심의 망루 노릇을 했던 건축물. 당시 13개의 다른 요새와 쌓아 올렸지만 남아있는 건 마하깐 요새와 파쑤멘 요새, 둘 뿐이다. 낮보다 밤이 더 사랑스럽다. 어스름이 서서히 다가오면 은은한 주황색 불이 밝혀져 시선을 끈다. 카오산 로드에서 술 한 잔 홀짝인 후 얼큰하게 취한 눈으로 바라보면 더 예쁘다.

Old City **Spot ❷**	

Address	Phra Athit Road
Open	AM 05:00 ~ PM 10:00
Access	수상보트 선착장 파아팃에서 도보 3분

여유가 사무치게 그립다면,
산티차이프라칸 공원
Santichaiprakarn Park

파쑤멘 요새를 둘러싼 작은 공원이다. 공원 가장자리로 걸어나가면 짜오프라야 강과 닿아있다. 한낮에는 100년도 더 된 나무 그늘 아래서 더위를 식히고, 노을 질 무렵엔 벤치에 우두커니 앉아 라마 8세 다리와 어우러진 강을 바라본다. 여행은 딱히 뭘 하지 않아도 즐겁다는 사실을 일깨워주는 곳. 아무것도 하지 않을 자유를 즐기고 있으면 옆자리에 잊고 지냈던 여유가 함께 하고 있다.

Old City Spot ❸

Address	Khaosan Road
Access	수상보트 선착장 파아팃에서 도보 10분

밤빛 지지 않는 거리,
카오산 로드
Khaosan Road

<u>Must See</u> 카오산 로드에 처음 발 디뎠을 때를 잊지 못한다. 강렬하고 신선했다. 버티듯 견디듯 일상을 살아내는 사람들 속에 파묻혀 살던 내게 이 거리는 적잖은 충격을 안겨 주었다. 머리 위로 한참 올라오는 수십 리터짜리 배낭을 짊어진 외국인 여행자를 곁눈질하며 '저 속에는 도대체 뭐가 들었을까?' 호기심 어린 눈으로 바라보았던 기억이 난다. 카오산 로드는 훈훈한 물가, 라오스나 캄보디아 등으로 건너가기 쉬운 입지 조건. 배낭 여행자에게 천국이라 불릴만한 이유가 충분하다.

해가 저물고 날이 어두워지면 거리에 활기가 돌기 시작한다. 음악 소리가 점점 커지고 덩달아 사람들의 목소리도 우렁차진다. 어디선가 사람들이 기어 나와 흥에 겨운 어깨를 들썩거리며 거리로 쏟아진다. 300m 남짓한 이 길에 수많은 인생이 오간다. 짧은 거리지만 그곳에 두둥실 떠다니는 이야기만큼은 헤아릴 수 없을 만큼 많다. 국적, 나이, 여행을 떠난 이유도 다양한 여행자들이 오늘도 그곳에 머문다. 자유로운 공기를 한껏 들이마시며.

카오산 로드, To do List

방콕여행 간다고 하면 누구나 '여기만큼은 꼭 가봐야지!' 하고, 첫손에 꼽는 데가 있다.
바로 카오산 로드. 그토록 바라고 바랐던 배낭 여행자의 베이스캠프에 도착!
이제 여기서 뭐 하고 놀면 좋을까?

1. 깊어가는 밤! 최고의 야식, 팟타이
거리 노점에서 재빠른 손놀림으로 만들어주는 팟타이. 볶은 쌀국수다. 입맛에 따라 달걀, 치킨, 새우를 넣어 먹는다. 스프링롤까지 더하면 치맥 부럽지 않은 야식거리.

2. 길 위에서 시원하게, 맥주 한 잔
궁둥이를 붙이고 마셔도 되고 손에 들고 돌아다니면서 마셔도 좋다. 밤에만 마시나? 낮에 마셔도 된다. 여기는 카오산 로드니까. 끈적끈적 무더운 날씨에는 낮맥이 진리!

3. 여독을 말끔하게 씻어주는, 길거리 마사지
종일 돌아다녀서 종아리와 발바닥이 아프다고? 마사지로 여행의 피로를 날려버리자. 카오산 로드 길거리표 발 마사지는 1시간에 250바트.

4. 야밤의 잔재미, 라이브 음악
술에 취해 진상 짓 말고 음악에 취하도록. 카오산 로드엔 라이브 공연을 겸하는 레스토랑 & 바가 적지 않다. 잔잔한 통기타 연주부터 과격한 록 음악까지. 선택의 폭이 넓다.

5. 문신, 해보고 싶긴 한데 부담스럽다? 헤나
문신은 한 번 하면 안 지워지기 때문에 고민에 고민을 거듭해야 한다. 재미로 했다가는 맘고생으로 가는 지름길. 헤나는 2주 정도 지나면 말끔하게 지워진다. 부담 없이 도전!

6. 당 떨어졌다 싶으면, 코코넛 아이스크림
코코넛을 반으로 쪼개 과육을 파내고 그릇 삼아 아이스크림을 퍼준다. 둥글게 말아 서너 덩어리 넣고 땅콩을 솔솔 뿌려 마무리.

7. 객기는 부리지 말고 보기만! 벌레튀김
닥치는 대로 다 튀겼다. 거미도 튀기고 개구리도 튀기고 전갈까지 바삭하게. 식용으로 팔기도 하지만 10바트를 내고 사진 찍는 사람이 더 많다. 먹을 거 많은데 뭐 굳이 벌레까지.

8. 방콕 무드 확 살려주는 옷으로 변신, 티셔츠 장만
모든 물건이 다른 시장에 비해 약간 비싼 수준이라, 쇼핑하기엔 적절하지 않지만 티셔츠 한 장쯤이야! 뻔하지만 I ♡ Bangkok 이런 거.

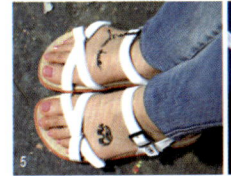

9. 이분과 함께 기념사진 필수, 맥도날드 아저씨
태국의 맥도날드 아저씨는 포즈가 이렇다. 태국식 인사법 와 이 자세. 두 손을 가지런히 모아 공손한 태도로 인사를 건네며 사진 한 장 찰칵. 남는 건 역시 사진뿐이다.

10. 사실 이게 가장 재미있다, 사람 구경
길 위에 펼쳐진 의자에 궁둥이를 붙이고 테이블에 턱을 고인 채 사람 구경을! 아무것도 안 하고 눈동자만 굴려도 흥미진진한 곳이다. 희한하고 괴상한, 일명 '돌아이' 다수.

Old City Spot ❹

Address	Kraisi Road
Open	AM 07:00 ~ AM 08:30(월요일 휴무)
Access	수상보트 선착장 파아팃에서 도보 10분

짧지만 긴 여운,
방람푸 아침 시장
Banglamphu Morning Market

카오산 로드에서 세 블록 떨어진 서민적인 시장. 근방에 묵으면 씻는 걸 뒷전으로 미루고 눈곱도 안 뗀 채 시장부터 다녀온다. 아침 시장은 옷 따위를 파는 시장통의 상점이 문을 열기 전, 동틀 때 맞춰 일찌감치 섰다가 흔적도 없이 사라진다. 마치 신기루처럼. 아침엔 채소나 과일, 생선, 고기 등의 농수산물을 내놓는다. 아침 시간 특유의 생기발랄한 에너지가 넘친다. 주변 절에서 나온 스님들의 탁발 행렬이 이어지는 곳이니 서두른다면 분명 이채로운 풍경을 만날 것.

Old City Spot ❺

Address	77 Chakrapong Road
Tel	089-479-7303
Open	AM 05:00 ~ AM 12:00
Access	수상보트 선착장 파아팃에서 도보 10분
Web	www.watchanasongkram.com

선착장으로 가는 지름길,
왓 차나 송크람
Wat Chana Songkhram

태국 사람들의 기도 소리가 끊이지 않는 아담한 사원이다. 카오산 로드 맞은편에 있어서 오가며 수시로 마주치는 사원. 여행자에게도 쓰임새가 꽤 다양해 눈여겨 봐두면 유익하다. 사원을 가로지르면 파아팃 선착장으로 가는 지름길이다. 아침 6시부터 저녁 6시까지 길이 열려있다. 카오산 로드를 찾아갈 때 이 사원 이름을 외치곤 했었다. 카오산 로드를 잘 못 알아듣고 헤매는 운전기사를 만났을 때 '왓 차나 송크람'을 외쳐라. 대번에 알아먹을 테니까.

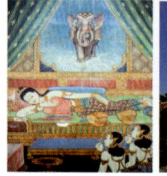

Tattoo

방콕에서 타투를 하겠다고요?

몸에 글씨나 그림, 무늬 등을 새기는 타투, 문신이다.
바늘로 콕콕 찌르면서 마치 재봉질하는 것처럼 진피층에 잉크를 심는다.
한 번 하면 사라지지 않는다. 신중 또 신중해야 한다.

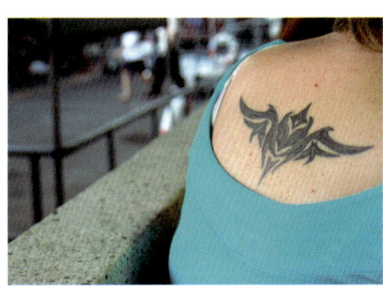

문신은 인간의 장식 욕구다. 알프스에서 발견된 수천 년 전 냉동 미라 외치의 몸엔 수십 개의 문신이 있었다. 로마에서는 노예의 도망을 막기 위해 문신을 새겼다. 뉴질랜드 마오리족의 얼굴 문신은 혈통을 나타냈다. 이유는 제각각이었지만 문신은 문화로써 존재해왔다.

우리나라에서 문신은 음침한 구석이 있는 불량한 것으로 여겨진다. 최근엔 타투가 스타들의 패션 코드로 주목받지만 여전히 가자미눈으로 흘겨보는 이가 적지 않다. 공자는 신체발부 수지부모라 하였다. 부모에게 받은 걸 상하지 않도록 하는 게 효의 시작, 문신은 금기였다.

방콕에 간 김에 문신을 하겠다는 사람이 간혹 있다. 거리에 즐비한 타투숍의 호객행위에 이끌려 충동적으로 문신을 하는 사람도 있다. 개인의 선택이지만 한국에 발붙이고 살 거라면 곰곰이 생각해볼 일이다. 한 번 하고 나면 지우기 쉽지 않으니 신중을 기할 필요가 있다.

Old City Spot ❻

왕실과 연이 깊은 사원,
왓 보원니웻
Wat Bowonniwet wihan

Address	Phra Sumen Road
Tel	02-281-2831
Open	AM 08:00 ~ PM 05:00
Access	수상보트 선착장 파아팃에서 도보 15분

대부분의 태국 남자들은 일생의 한 번쯤 단기 출가해 절에 들어간다. 국민의 절대적인 존경을 받고 있는 라마 9세 푸미폰 아둔야뎃 국왕도 왕이 되기 전 왓 보원니웻에서 승려 생활을 했다. 1826년에 지은 왓 보원니웻은 왕실과 깊은 연이 닿아있는 사원이다. 라마 4세가 왕이 되기 전 여기서 오랫동안 승려로 지냈고 라마 6세와 7세도 이곳을 거쳐 갔다. 태국 사람들에게는 아주 의미 있는 사원이라 모르는 사람이 드물 정도. 50m 높이, 하늘을 향해 뾰족하게 솟은 황금빛 탑이 위엄차다. 휘황찬란한 금빛 불탑 안에는 귀한 유물을 보관하고 있다. 카오산 로드에서 산책 삼아 느긋하게 걸어도 5분이면 도착한다. 여행자들은 이곳을 무심코 지나치곤 하지만 그냥 넘기기엔 아쉬운 곳. 신발을 벗고 사원 안에 들어가 지친 몸과 마음을 보듬어주자.

🅣🅘🅟 알아두면 유용한 꿀팁
태국의 승려는 여자들과 신체 접촉 절대 불가다. 거리를 걷다가도 스치지 않도록 각별히 신경 써야 한다. 기차에 노약자 배려석처럼 승려를 위한 좌석이 따로 마련되어 있으니 궁둥이를 붙이지 말 것. 혹시 함께 사진을 찍을 기회가 생기더라도 바짝 붙는 친한 척은 금지다.

| Old City Spot ❼ | | Address | Ratchadamnoen Klang Road |
| | | Access | 수상보트 선착장 파아팃에서 도보 20분 |

헌법 제정을 기념하는 건축물,
민주기념탑
Democracy Monument

1932년, 태국은 절대 왕정에서 입헌군주제로 정치 체제를 바꾸었다. 태국에 헌법이 제정된 걸 기념해 세운 민주기념탑. 가운데 있는 탑 안에 헌법의 사본을 보관한다. 24m가량 되는 네 개의 탑이 주위를 둘러싸고 있다. 이탈리아 작가의 작품. 솔직히 이걸 보겠다고 일부러 찾아갈 필요는 없다. 올드 시티를 돌아다니다 보면 저절로 보게 되어있다. 지나칠 때 '아, 이게 그거였구나!' 정도로 짚고 넘어가면 충분하다.

Old City Spot ❽		Address	101 Ratchadamnoen Klang Road
		Tel	02-281-5360
		Open	AM 10:00 ~ PM 07:00(수요일 휴무)
		Access	쌘쌥 운하보트 선착장 판파에서 도보 3분
		Web	www.queengallery.org
		Admission	30B

왕비가 후원하는 갤러리,
퀸즈 갤러리
Queen's Gallery

라마 9세의 아내, 시리킷 왕비의 후원으로 2003년 8월에 문을 열었다. 세련되고 현대적인 건물 안으로 들어가면 그림, 조각 등을 전시한 널찍한 갤러리가 나온다. 도심 속 미술관 산책을 즐기며 여유를 만끽할 수 있는 최적의 장소. 시간에 쫓기지 않고 쉬어가는 여행을 즐길 줄 안다면 올드 시티 도보 루트에 끼워 넣을만하다. 어떤 전시를 만날지는 본인의 운. 홈페이지에 접속하면 현재 진행 중인 전시 내용을 미리 확인할 수 있다.

Old City Spot ❼

Address	Soi Chakkraphatdiphong, Lanluang Road
Tel	02-621-2280
Open	AM 07:30 ~ PM 05:30
Access	쌘쌥 운하보트 선착장 판파에서 도보 5분
Admission	50B

한때 방콕 최고의 뷰 포인트,
왓 사켓
Wat Saket

Must See 사방이 산과 바다로 둘러싸인 우리나라와는 다르게 평평한 평지로 다져진 땅 방콕에는 산이 없었다. 어느 날, 뜬금없이 산 하나가 불쑥 솟았다. 지각 변동이 생긴 것도 아닌데 80여 미터의 산이 만들어졌다. 원래 이곳에는 아주 큰 탑을 세울 작정이었다. 하지만 방콕의 지반이 약했던 탓에 탑을 짓는 도중에 와르르 무너져 내리고 말았다. 이후 무너진 흙더미와 벽돌이 방치된 채 남아있었고 그 자리에 잡초가 무성하게 자라면서 산처럼 굳어졌다. 사람들은 그것을 가리켜 푸카오텅, 즉 황금산이라 불렀다.

황금산 위에는 왓 사켓이라는 금빛 사원이 올라앉아 있다. 올라가는 길에는 빙글빙글 나선형으로 이어지는 계단 때문에 숨을 몰아쉬게 되지만, 올라가고 나면 뿌듯함을 감출 수 없다. 신선한 공기와 산뜻한 바람이 이마에 송골송골 맺혔던 땀방울을 훑어간다. 수십 년 전 방콕에 높은 빌딩이 서기 전에는 방콕 최고의 뷰를 자랑했던 왓 사켓. 최고의 자리는 내주었지만 주변에 고층 건물이 없어 여전히 멋진 전망을 뽐낸다.

💡 **Tip 알아두면 유용한 꿀팁**

왓 사켓 근처에 라마 3세가 그의 어머니를 위해 지은 왓 랏차나닷다 Wat Ratchanatda, 37개 뾰족한 금속의 탑으로 이루어진 로하 프라삿 Loha Prasat 이 있다. 왓 사켓까지 갔다면 여기도 잊지 말자.

Old City Spot ⑩	
Address	Ratchadamnoen Klang Road
Access	쌘쌥 운하보트 선착장 판파에서 도보 2분

방콕에 딱 두 개 남은 요새 중 하나,
마하깐 요새
Mahakan Fort

방콕에 남아있는 두 개의 요새 중 하나다. 넓이 38m, 높이 4.9m. 날렵한 느낌을 지닌 팔각형의 하얀 요새다. 요새와 함께 세웠던 도시 성벽의 일부분이 마하차이 로드를 따라 200m쯤 남아있다. 내부에는 들어갈 수 없다. 외관을 살짝 둘러보는 게 전부. 지나가다가 마하깐 요새를 발견한 여행자가 '이건 뭐지?'하고 의문을 품을까 봐 몇 자 적었지만, 여행자에게 그리 흥미로운 볼거리는 아니다. 왓 사켓에서 멀지 않다.

Old City Spot ⑪	
Address	Bamrung Mueang Road
Tel	02-224-9845
Open	AM 08:30 ~ PM 08:30
Access	쌘쌥 운하보트 선착장 판파에서 도보 15분
Admission	20B

구석구석 볼거리가 풍성한 사원,
왓 수탓
Wat Suthat Thep Wararam

라마 1세가 수코타이에서 만든 귀한 불상을 모시기 위해 짓기 시작해 라마 3세 때 완공됐다. 주요 볼거리는 본당의 문과 세밀한 벽화, 표정도 포즈도 제각각인 가장자리 156개의 불상, 중국 스타일의 8층 석탑 등이다. 사원 앞 싸오 칭 차 Sao Ching Cha 는 힌두교의 신인 시바가 지상에 내려오는 걸 반기기 위해 그네를 탔던 곳이라고 한다. 한때 남정네들이 그네를 타고 높이 매달아둔 주머니를 채오는 시합을 벌이기도 했으나, 사고가 잦아 금지되었다.

Old City Spot ❷

옛날 왕들의 거처,
왕궁
Grand Palace

Address	Na Phra Lan Road
Tel	02-623-5500
Open	AM 08:30 ~ PM 03:30
Access	수상보트 선착장 타 창에서 도보 5분
Web	www.palaces.thai.net
Admission	500B(왓 프라깨우, 위만멕 궁전 입장권 포함)

1782년, 톤부리 왕조가 몰락하고 짜끄리 왕조가 시작될 무렵. 라마 1세가 수도를 이쪽으로 옮기면서 지은 궁전이다. 태국 전통 건축물에 서양의 건축 기법을 더했다. 한때 국왕과 그의 가족이 머무는 곳이었으나 라마 8세가 왕궁에서 살해되는 사건이 일어난 후 라마 9세는 거처를 옮겼다. 거주지는 아니지만 지금도 나라의 중요한 행사를 왕궁에서 치르곤 한다. 대다수의 여행자는 왕실 사원인 왓 프라깨우의 화려한 외관에 매료되어 오랜 시간을 보낸 뒤 왕궁을 찾는다. 장시간 뜨거운 볕과 싸운 다음 기운이 쭉 빠진 채로 도착한 왕궁. 스치다시피 지나치는 게 보통이다. 왕궁에서 가장 주목받는 건 황당하게도 보초 서는 근위병인 듯. 마네킹처럼 미동 없이 꼼짝 않고 서 있는 근위병 옆에 찰싹 달라붙어 사진을 찍는다. 본인 사진 찍는 걸 즐기는 자라면 절대 지나칠 수 없는 지점이다. 뜻밖에 왕궁 최고의 포토존.

💡 **Tip 알아두면 유용한 꿀팁**

드레스 코드를 지키지 않으면 왕궁 입구에서 제지를 당한다. 남자는 샌들, 민소매, 반바지 불가. 여자는 속이 비치는 시스루룩이나 배꼽티, 민소매, 미니스커트 등 노출이 심한 옷을 삼가야 한다. 복장 불량으로 입장하지 못하게 되면 임시로 입을 옷을 빌려 입으면 된다. 옷뿐 아니라 신발도 빌려준다. 그러나! 전 세계 사람들의 발냄새가 배어있는 신발, 땀 냄새가 흥건한 바지를 입고 싶은가? 결사반대다. 이왕이면 복장 규정에 맞춰 입고 방문하도록.

Old City Spot ⑪

Address	Na Phra Lan Road
Tel	02-623-5500
Open	AM 08:30 ~ PM 03:30
Access	수상보트 선착장 타 창에서 도보 5분
Web	www.palaces.thai.net
Admission	500B(왕궁, 위만멕 궁전 입장권 포함)

태국에서 가장 애지중지하는 에메랄드 불상이 있는 곳,
왓 프라깨우
Wat Phra Kaew

<u>Must See</u> 여행자의 흥미는 왕궁보다 화려하고 아름다운 건축물이 자리한 사원 쪽으로 쏠려 있다. 태국 종교 건축의 정수! 비싼 입장료 내고 들어가서 놓치지 말아야 할 것들, 요점만 간단히 정리해 봤다. 수많은 인파에 이리저리 치여도 이것만큼은 꼭 보고 나와야 한다!

회랑의 벽화
힌두교 대서사시 〈라마야나〉을 아시는지. 힌두교의 신 비슈누와 그의 아내 시타, 무시무시한 악마 라바나, 비슈누를 도와 라바나를 물리치는 원숭이신 하누만이 등장하는 이야기다. 딱 한 단어로 요약하면 권선징악. 이 이야기를 태국식으로 각색한 〈라마끼안〉의 스토리를 세밀화로 그렸다. 여행 전 〈라마야나〉를 읽고 간다면 그림이 더욱 흥미진진할 것.

왓 프라깨우 본당의 에메랄드 불상
나라에서 가장 귀하게 여기는 에메랄드 불상이 여기 있다. 높이가 66cm 남짓으로 이름난 불상치고는 아주 아담한 크기. 은은한 녹색을 띠는 옥으로 만들어졌다. 매년 3월과 7월, 11월, 계절이 바뀔 때마다 국왕이 불상의 옷을 손수 갈아입힐 만큼 애지중지하는 귀한 몸이다. 불상이 나라의 번영을 가져다준다고 철석같이 믿기 때문. 라오스에서 전리품으로 가져온 것이라 반환 요구를 받고 있지만 태국은 아랑곳하지 않고 국보 1호로 지정해 왕실 사원에 고이 모셔두고 있다.

프라 씨 라따나 쩨디와 프라 몬돕
입구에 들어서자마자 보이는 황금색 탑이 프라 씨 라따나 쩨디^{Phra Si Ratana Chedi}다. 왕궁 방문을 기념해 남기는 인증샷에 단골로 등장하는 탑. 스리랑카 식으로 지은 탑 안에는 부처의 뼈 일부가 안치되어 있다. 바로 옆 정교하고 세밀한 건축물은 왕실의 도서관인 프라 몬돕^{Phra Mondop}. 내부는 공개하지 않는다.

방콕에서 제일 크고 오래된 사원,
왓 포
Wat Pho

Address	2 Sanamchai Road
Tel	02-226-0335
Open	AM 08:00 ~ PM 06:00
Access	수상보트 선착장 타 티엔에서 도보 5분
Web	www.watpho.com
Admission	200B

<u>Must See</u> 방콕에서 가장 크고 오래된 사원이다. 16세기에 지어진 아유타야 양식의 사원. 'Wat Phra Chetuphon Vimolmangklararm Rajwaramahaviharn'이라는 긴 이름을 가졌지만 명 짧은 사람은 숨넘어갈 수도 있으니 간단히 줄여서 왓 포라고 부른다. 긴 이름은 알아서 읽어보시길. 왓 포는 왕궁과 함께 방콕을 찾은 여행자들이 빼놓지 않고 들르는 명소다. 거대한 와불로 이름나 있다.

머리에 손을 받치고 다리를 쭉 뻗은 채 드러누운 와불은 길이가 무려 46m, 높이가 15m에 이른다. 해탈의 경지에 다다른 부처의 모습을 그렸다. 자개로 만든 발바닥은 인간이 겪는 108가지 번뇌를 세밀하게 묘사했다. 왓 포에서 꼭 챙겨야 할 볼거리는 사원 입구의 모자이크 장식, 황금색으로 칠해진 와불상, 도자기 조각으로 치장한 탑 등. 개인적으로 강력하게 추천하고 싶은 볼거리는 왓 포를 제집처럼 자유로이 누비고 있는 귀여운 새끼 고양이들이다.

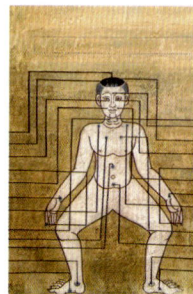

Tip 알아두면 유용한 꿀팁

혈자리만 골라서 꾹꾹, 제대로 짚는 검증된 안마사의 손길을 겪어보고 싶다면 왓 포 타이 전통 마사지 스쿨 Wat Pho Thai Traditional Massage School에 몸을 맡겨보자. 타이 마사지와 풋 마사지가 1시간에 420밧 선. 마사지 배우는 데 관심이 있다면 교육에 참여해도 좋다. 자세한 정보는 홈페이지 www.watpomassage.com에서.

1. 밥 먹냥
방콕에서 지내는 동안 언제나 고양이가 사료를 가지고 다니며 배고픈 아이들이
보이면 꺼내 먹이곤 했다. 먹는 것만 봐도 배가 부른 기분, 부모 맘이 이런 걸까?

2. 잠만 자냥
어젯밤 잠을 설쳤는지 곤히 잠든 고양이. 인기척도 못 느끼고 쿨쿨 낮잠을 잤다.
누가 업어가도 모르게 곯아떨어졌다. 이 녀석, 먹고사는 게 쉽지 않지? 잘 자렴!

3. 요괴냥
평소 귀엽고 깜찍한 외모지만 하품을 늘어지게 할 때면 180도 달라진다.
순식간에 요괴로 변신. 입을 쩍 벌려가며 주체할 수 없이 쏟아지는 졸음을 참고 있다.

4. 도도하냥
한자리 차지하고 앉아 비킬 생각을 하지 않았다.
방콕에서 만난 고양이들은 대체로 대담하고 거침없이 행동했다.
도도하고 위풍당당, 사자 같은 위엄의 고양이.

5. 배고프냥
두둑하게 먹은 뒤라 배가 산만해졌지만 아직도 부족한 모양이다.
식탁 위의 먹을 것에서 좀처럼 눈을 떼지 못했던 비만 고양이.
건강을 위해 소식하는 게 좋겠다.

고양이는 해치지 않아요!

우리나라에서는 홀대당하기 일쑤인 길고양이.
국민 대다수가 불교도인 태국 사람들은 고귀한 생명,
고양이를 업신여기지 않는다.
고양이가 사람을 해치지 않듯
사람도 고양이를 해치지 않는다.
골목길, 사람과 고양이가 오손도손 어우러져 사는
풍경은 대단히 흐뭇했다.

6. 기운 없냥
웬만해서는 명랑해 보이는 고양이지만, 고양이에게도 분명 우울한 날이 있을 것이다.
사는 게 뜻대로 되지 않고 무기력해져서 아무것도 하기 싫은 그런 날.

7. 거기서 뭐하냥?
우리나라였다면 호되게 혼나고도 남았다.
손님을 기다리는 포멜로 사이에 몸을 누이고 있다니!
방콕에서는 그 누구도 이 고양이를 끌어내거나 나무라지 않았다.

Old City Spot ⑤

Address	Chao Fa Road
Tel	02-282-2639
Open	AM 09:00 ~ PM 03:30
Access	수상보트 선착장 파아팃에서 도보 10분
Admission	200B(월요일, 화요일 휴무)

입장료와 기대에는 못 미치는 수준,
국립미술관
National Gallery

1900년대 초기에 지은 우아한 건물에 자리 잡은 국립미술관. 어쩐지 기대감에 부풀게 만드는 외관과 카오산 로드에서 멀지 않은 입지 때문에 여행자가 꽤 드나든다. 하지만 전시 수준은 기대에도, 과한 입장료에도 못 미쳐 뭇매를 맞는다. 무더위 속에서 잠시 더위를 피할 수 있었다는 점을 최고의 장점으로 꼽는 사람이 있을 정도. 외국인 입장료가 무려 200밧으로 태국의 물가 수준을 감안하면 비싼 편이다.

주로 태국 문헌이나 불교와 연관된 소재의 그림, 조각을 전시한다. 라마 9세, 푸미폰 국왕이 그린 유화도 몇 점 있다. 안뜰에서는 특별전을 연다. 현대적이고 신선한 느낌이어서 케케묵은 상설 전시보다는 볼만하다. 태국 미술사에 별 관심없는 외국인에게는 별다른 감흥을 주지 못한다. 냉정히 말해 '국립'이라는 이름이 과분하다는 데 어느 정도 공감!

Old City
Spot ⑮

태국의 역사를 한눈에 보여주는,
국립박물관
Bangkok National Museum

Address	Na Phra That Road
Tel	02-224-1333
Open	AM 09:00 ~ PM 03:30
Access	수상보트 선착장 타 창에서 도보 7분
Admission	200B(월요일, 화요일 휴무)

1874년, 라마 5세가 아버지의 유물을 전시하면서 박물관이 되었다. 방콕의 국립박물관은 동남아시아에서 가장 크다. 나라의 예산으로 세우고 관리하는 박물관답게 전시의 규모가 크고 전시품도 많다. 선사시대부터 수코타이, 아유타야, 랏따나꼬신, 현재에 이르기까지 방대한 시대의 유물을 선보인다. 왓 프라깨우의 에메랄드 불상 다음으로 보배롭게 여기는 불상을 안치한 낫 **무나이싸완** Wat Buddhaisawan도 놓치지 말 것.
옛 궁전에 박물관이 들어서 대체로 쾌적하나, 일부 전시관은 관람 환경이 썩 좋지 않다. 창고에 물건 처박아두듯 산만하게 쌓아놓은 전시품은 빛을 발하지 못해 아쉽다. 맘 편히 느긋하게 둘러보려면 3시 전에는 도착하는 게 좋다. 문 닫을 시간이 임박해 방문하면 시간에 쫓겨 제대로 보지도 못한 채 물러나야 하는 수가 있다. 매표 마감은 3시 30분. 야금야금 정리하다가 4시가 되면 완전히 문을 닫는다. 수요일과 목요일, 9시 30분에는 영어 가이드 투어를 실시한다.

🛈 알아두면 유용한 꿀팁
타 창에서 국립박물관까지 걸어가는 길, 잔디가 깔린 타원형의 너른 광장이 보인다. 사남 루앙 Sanam Luang이다. 나라에 중요한 행사를 여는 장소. 평소엔 시민들에게 열려있는 공원 같은 용도로 개방되어 있지만 공터에 가까운 면모를 보인다.

Address	3 Maha Rat Road
Tel	02-222-6011
Open	AM 09:00 ~ PM 05:00
Access	수상보트 선착장 타 창에서 도보 5분

불교 연구의 중심,
왓 마하탓
Wat Mahathat

아유타야 시대에 지은 뒤 라마 1세 때부터 라마 5세 때까지, 수 세기에 걸쳐 사원을 고쳤다. 라마 4세가 수행했던 곳으로 왕실과도 연이 있다. 규모는 큰데 기교를 부린 흔적은 없다. 화려하고 정교한 맛이 있는 다른 사원에 비하면 생김새가 수수하고 거칠다. 여행자에게는 큰 흥미를 끌지 못하지만, 불교 연구에 중요한 의의를 갖는다. 명상 센터와 수많은 승려들이 공부하는 불교 대학으로 널리 알려져 있다.

Address	Maha Rat Road
Open	AM 07:00 ~ PM 05:00
Access	수상보트 선착장 타 창에서 도보 5분

액운 쫓고 행운 부르고!
부적 시장
Amulet Market

벼룩시장처럼 물건을 조금씩 가져와 보자기 위에 펼쳐놓고 파는 사람들이 널렸다. 불교와 관련된 용품이 많은데 그중에서도 손톱만 한 크기의 돌 같은 걸 내놓은 이가 대부분. 손님들은 그 앞에 쪼그리고 앉아 돋보기를 한쪽 눈에 대고 오만상 찌푸려가며 유심히 살핀다. 부적 기능이 있다고 믿는 작은 조각들. 스님의 형상도 있고 불상도 있다. 혹시 사려거든, 모양에 따라 의미가 제각각이라니 유심히 들여다보고 신중하게 구입해야 한다. 그들처럼.

Address	Rachini Road
Tel	02-221-0195
Open	AM 05:00 ~ PM 09:00
Access	수상보트 선착장 타 티엔에서 도보 10분

배짱 좋은 청설모가 반겨주는,
사란롬 공원
Saranrom Park

궁전의 일부로 설계되었지만 지금은 그냥 동네 공원이다. 우거진 수풀 속, 작은 연못이 있다. 공원에는 청설모 따위의 작은 동물들이 산다. 사람과 오랜 시간 함께 지내온 탓인지 배짱이 두둑했다. 손을 뻗어 길쭉하게 자른 망고를 내밀었더니 나무 기둥을 타고 쪼르르 내려와 잽싸게 낚아채 가지고 가 갉아 먹었다. 동물이 자연과 더불어 사는 풍경에 흐뭇한 미소 짓게 되는 곳. 주말, 책 한 권 들고나가 평화로움에 파묻히기 좋다.

Address	Maharat Road
Tel	02-225-2777
Open	AM 10:00 ~ PM 06:00(월요일 휴무)
Access	수상보트 선착장 타 티엔에서 도보 7분
Web	www.museumsiam.com

사악한 입장료가 너무해,
시암 박물관
Museum of Siam

생긴 지 몇 년 안 된 박물관이라 쾌적하다. 으리으리한 외관은 유럽의 어느 대저택 같다. 태국의 역사와 문화, 종교에 이르기까지 두루 담았다. 유리 안에 유물만 수두룩 진열해 놓은 따분한 박물관과 다르게, 흥미로운 디스플레이로 눈길을 끈다. 하지만 투자한 돈을 여행자에게 뽑겠다는 야망을 가진 듯하다. 입장료가 매우 사악한 수준. 무려 200밧이다. 열렬한 역사학도가 아니라면 패스하는 것도 좋다.

Old City
Dusit
Spot ⑪

방콕 시내의 한적한 동물원,
두싯 동물원
Dusit Zoo

Address	71 Rama 5 Road
Tel	02-281-2000
Open	AM 08:00 ~ PM 06:00
Access	택시 또는 툭툭 승차
Web	www.dusitzoo.org
Admission	150B

두싯 동물원은 아주 작고 오래된 동물원이다. 에버랜드처럼 화려하거나 서울랜드의 동물원처럼 동물이 아주 많은 건 아니다. 규모는 크지 않지만 공원처럼 자연 속에 꾸며져 있어 나들이 삼아 거닐기 알맞다. 두싯 동물원은 오래전 식물원이었으나 지금은 방콕 시민에게 소소한 즐거움을 주는 시내의 한적한 동물원이다.

한낮의 볕이 뜨거웠는지 동물들은 대체로 지쳐서 축 늘어진 모습이었다. 심드렁한 표정으로 드러누운 사자, 물속에서 나오고 싶지 않다는 듯 줄곧 잠수하고 있는 하마, 불쾌지수가 최고조에 달했는지 별다른 이유 없이 하얀 이를 드러내며 사람을 위협하는 깡패 인상의 긴팔원숭이. 가장 안쓰러운 건 극지방에서 극한의 더위 속으로 끌려온 펭귄이었다. 해외여행 중 동물원을 방문하다니, 색달랐다. 가방에 도시락은 담겨있지 않았지만 마음만은 어릴 적 김밥 도시락과 과자 몇 봉지 업고 떠나는 소풍 같았다.

🔴 Tip 알아두면 유용한 꿀팁
여기도 룸피니 공원처럼 물왕도마뱀이 자유다. 몹시 무섭게 보이지만, 우락부락한 생김새에 비하면 아주 온순한 편. 사람에게 달려들지 않으니 크게 걱정하지 않아도 된다. 그래도 적당한 거리는 필수.

Old City
Dusit
Spot❷

왕이 살았던 유럽풍 아름다운 건축물과 정원,
두싯 궁전 공원
Dusit Palace Park

태국의 왕이 살았던 궁전과 너른 정원이 보기 좋게 어우러졌다. 공원 내 궁전과 박물관이 여럿 있다. 라마 9세 사진 박물관 등 별별 박물관이 다 있지만 일일이 뜯어보자면 하루를 옴팡 쏟아야 한다. 여행자는 굵직한 볼거리로 꼽히는 궁전 두 곳만 챙겨도 흡족하다.

위만멕 궁전
Vimanmek Mansion

오랜 기간은 아니지만 라마 5세와 그의 가족이 지냈던 공간이나. 세계에서 가상 큰 티크 목소 건불. 왕이 쓰던 침실, 복실, 응접실, 집무실 등과 함께 소장하고 있는 왕실 용품을 공개한다. 왕실 사람들이 거주했던 신성한 장소인 만큼 복장에 각별히 신경 써야 한다. 무릎 위로 올라가는 미니스커트, 반바지, 민소매 등이 적발 대상. 카메라와 가방도 맡겨야 한다.

아난따 싸마콤 궁전
Ananta Samakhom Throne Hall

유럽에 다녀온 후 유럽풍의 건축물에 매료된 라마 5세가 짓기 시작. 건물과 정원만 보고 있노라면 유럽 어디께 와 있는 것 같다. 이탈리아에서 온 건축가가 이탈리아 대리석을 수입해 한 땀 한 땀 정교하게 지었다. 국회의사당으로 이용했던 건물. 태국 역사 또는 태국 왕실에 지대한 관심을 둔 게 아니라면 이걸로 두싯 궁전 공원 관람은 깔끔하게 마무리!

Address	Rajvithi Road
Tel	02-628-6300
Open	AM 09:00 ~ PM 03:15
Access	택시 또는 툭툭 승차
Web	www.vimanmek.com
Admission	100B (왕궁 입장권 있으면 무료)

Address	Uthong Nai Road
Tel	02-283-9411
Open	AM 10:00 ~ PM 05:00
Access	택시 또는 툭툭 승차
Admission	150B

Old City Thonburi Spot 29

보랏빛으로 물든 황혼에 단단히 반했다!
왓 아룬
Wat Arun

Address	Arun Amarin Road
Tel	02-891-2978
Open	AM 08:30 ~ PM 05:00
Access	수상보트 선착장 왓 아룬에서 도보 1분
Web	www.watarun.org
Admission	50B

<u>Must See</u> 타 티엔에서 강 건너편으로 향하는 배에 몸을 실었다. 뱃삯은 단돈 4밧. 선착장에 내리자 바로 사원 입구가 나왔다. 왓 아룬은 톤부리 왕국의 왕실 사원이다. 짜오프라야 강 서쪽, 톤부리 지역을 대표하는 볼거리. 방콕에서 수많은 사원을 헤집고 다녔지만 이토록 정교하고 아름다운 사원은 드물었다.

사원 앞에 잠시 멈췄다. 고개를 한참 젖혀 최고 86m에 달하는 탑을 올려다봤다. 중국에서부터 먼 길을 여행한 작은 도자기 조각으로 장식된 탑이 햇빛에 반짝였다. 가운데 우뚝한 탑은 고대 인도의 우주관에서 세계의 중심이라 믿었던 상상 속의 수미산을 상징한다.

왓 아룬의 모습을 제대로 보려면 강 건너편 공원으로 가야 한다. 이왕이면 해질 무렵에. 찰방찰방 너울거리는 강 너머, 왓 아룬을 보랏빛으로 물들이는 황혼에 단단히 반하고 만다. 짤랑짤랑 동전이 가득 담긴 주머니를 바닥까지 훑어 10밧 짜리 동전을 꺼내보자. 동전에 볼록하게 새겨진 사원, 바로 왓 아룬이다.

Old City
Thonburi
Spot ❹

눈길 끄는 강변의 사원,
왓 깔라야나밋
Wat Kalayanamit

Address	Soi Wat Kanlaya, Thetsaban Sai 1 Road
Tel	02-466-4643
Open	AM 07:00 ~ PM 05:00
Access	수상보트 선착장 라치니에서 크로스 보트 승차, 하차 후 도보 1분

짜오프라야 강을 따라 뱃놀이할 때 눈에 띄는 사원 중 하나다. 근처 왓 아룬이 여행자로 붐비는 것과 다르게 현지인이 압도적이다. 중국과의 무역이 절정에 달해있던 1820년대에 지었다. 내부에 엄청난 크기의 불상이 놓여있다. 중국인을 닮은 조각상과 탑 등 사원 전반에서 중국의 흔적이 묻어난다. 이웃한 가까운 곳에 관광화되지 않은 진짜 차이나타운이 있어 화교들이 수시로 드나든다. 강 건너 라치니 선착장에서 크로스 보트를 타고 간다.

Old City
Thonburi
Spot ❺

불교의 나라 태국에서 만난 교회,
산타 크루즈 교회
Santa Cruz Church

Address	Soi Kudi Chin 1, Thetsaban Sai 1 Road
Tel	02-472-0153
Open	AM 05:00 ~ AM 07:00, PM 05:00 ~ PM 07:30
Access	수상보트 선착장 라치니에서 크로스 보트 승차, 하차 후 도보 5분

불교의 나라에 놓인 유럽풍의 교회라 도드라진다. 부드러운 크림색의 외관, 방콕에 둥지를 튼 포르투갈 사람들이 지은 가톨릭 교회다. 내부에는 실내가 어두울 때 더 빛을 발하는 스테인드글라스가 있는데 예배 시간에만 교회 안을 방문할 수 있어 시간 맞추기가 쉽지 않다. 태국 사람들은 왓 쿠디친 Kudi Chin이라고 부른다. 옆에 학교가 딸려있다. 등하교 시간이 아니면 한적하다.

Old City
Thonburi
Spot ❻

독특한 스타일의 하얀 탑,
왓 프라윤
Wat Prayurawongsawas Woravihara ^{Wat Prayoon}

Address	Thetsaban Sai 1 Road
Tel	02-465-5592
Open	AM 09:00 ~ PM 04:30
Access	수상보트 선착장 라치니에서 크로스 보트 승차, 하차 후 도보 15분

개성이 넘치는 독특한 사원이지만 워낙 유명한 왓 아룬의 그늘에 가려 상대적으로 주목받지 못하고 있다. 라마 3세 때 올린 사원인데 형식을 파괴한 독특한 양식이 꽤 신선하다. 가운데 웅장한 탑이 하나 있고 그 둘레를 18개의 작은 탑이 에워쌌다. 탑의 배치가 태국의 전형적인 사원과 사뭇 다른 모습. 탑 옆에 아담한 박물관이 자리한다. 2006년 복원 공사 중에 탑 아래서 발견된 불상과 부적 등의 유물이 보관돼있다. 여느 사원과 달리 왓 프라윤은 안쪽까지 들어가 볼 수 있다. 박물관 안쪽으로 가면 내부로 통하는 문이 나있으니 궁금하면 들어가 볼 것. 사원 한편에는 인공적으로 조성한 연못에 미니어처 탑을 놓은 묘한 분위기의 쉼터가 있다. 불교에서 신성하게 여기는 거북이가 산다.

🌶 알아두면 유용한 꿀팁
톤부리 쪽은 상대적으로 여행자가 적고 한산해 자전거 투어에 알맞다. 해가 뜨거울 때를 살짝 빗겨 자전거를 타고 여행하면 좋다. 유명한 동네 빵집, 중국식 사당인 쿠안 안 캥 사당 ^{Kuan An Keng Shrine}, 왓 깔야뜨라밋 등을 묶어 자전거 투어를 진행하는 현지 여행사도 있다. 예약은 www.covankessel.com에서.

Old City Thonburi Spot ⑦

| Address | Soi Chaoren Nakhon 63, Chaoren Nakhon Road |
| Access | BTS 끄룽 톤부리역이나 실롬역에서 택시 승차 |

드라마 〈개와 늑대의 시간〉 속 그곳
왓 북칼로
Wat Bukkhalo

왓 북칼로를 찾은 건 한 편의 드라마 때문이었다. 2007년에 방영한 남상미, 이준기 주연의 드라마 〈개와 늑대의 시간〉. 1화에 등장했던 사원이 바로 여기다. 왓 북칼로. 주인공의 돌아가신 아버지를 모신 사원으로 비친다. 구조가 독특했다. 사원이 너른 옥상에 있어 짜오프라야 강이 훤히 내려다보였고 멀찌감치 다리가 놓여 있었다. 서정적인 빛깔의 구름 낀 하늘과 어우러진 강렬한 색의 사원이 참 인상 깊었다.

왓 북칼로는 해 질 녘에 가면 더욱 멋스럽다. 프랑스에서 개와 늑대의 시간이라고 부르는 그 시간 말이다. 노을이 타고 모든 게 붉게 물들어 저 언덕 너머로 다가오는 실루엣이 내가 기르던 개인지, 나를 해치려는 늑대인지 분간할 수 없는 때. 낮도 밤도 아닌 모호한 시간의 경계에 걸쳐진 사원 풍경을 바라보고 있으면 감탄사가 절로 나온다.

🔴 알아두면 유용한 꿀팁
톤부리 아래쪽에 있는 사원이다. 동떨어져 있는 애매한 위치. 톤부리 또는 실롬 등의 일정과 묶어서 다녀오자.

OLDCITY

Cost 인당 100밧 이내 B | 100~1,000밧 BB | 1,000밧 이상 BBB

RESTAURANT

CAFE

PUB & BAR

갈비탕 맛 나는 고기 국수,
나이쏘이
Nai Soi Noodle

Must Eat 한국인 사이에서 특히 이름난 국숫집, 나이쏘이. 간판에 한글로 "나이쏘이"라고 적혀 있어 찾기 어렵지 않다. 카오산 로드에서 가까워 한국인이 수시로 들락날락하는 집. 직원이 주문과 계산에 필요한 생존 한국어를 암기해 한국인으로 추정되면 한국말로 "갈비국수?"라고 묻는다. 이 가게가 유명한 이유는 한국인의 입맛에 딱 맞는 갈비국수 때문. 40년 넘게 국수를 말아왔다.

식당 한편에 놓인 커다란 솥에서 고기를 푹 삶고 뭉근하게 끓여 국물을 낸다. 살짝 투명한 쌀국수 위에 두툼한 고기가 수북하게 얹어져 있다. 국수 양은 적은 편이지만 고기는 섭섭하지 않게 준다. 나옴과 동시에 군침이 가득 퍼진다. 진한 국물은 고향의 맛. 갈비탕을 연상케 한다. 돌도 씹어먹을 만큼 먹성 좋은 대식가 혹은 굶주린 상태라면 면이 많은 곱빼기 추천. 국수는 100밧이다. 재료가 떨어지면 일찌감치 셔터를 내린다. 〈짠내투어〉의 박나래 코스에 소개된 그 집.

Tip 알아두면 유용한 꿀팁
태국 특유의 향신료에 입을 못 댄다면 단골 삼아도 좋을 만한 집이다. 칼칼한 국물을 선호하는 사람은 식탁 위에 놓인 고춧가루를 팍팍 넣어 먹어도 괜찮다.

Address	100/2 Phra Athit Road
Tel	086-982-9042
Open	AM 08:00 ~ PM 04:00
Access	수상보트 선착장 파아팃에서 도보 2분
Cost	B

끈적끈적 베트남식 쫀득한 국수 한 그릇,

쿤댕꾸어이짭유안
Khun Dang Kruy Jab Yuan

<u>Must Eat</u> 카오산 로드 인근, 국수계의 양대 산맥. 나이쏘이의 갈비국수와 함께 한국인에게 열렬한 지지를 얻고 있는 국숫집이다. 가게 안의 의자, 테이블 심지어 벽에 걸린 액자 배경까지 산뜻한 연둣빛이라 눈에 띈다. 우리나라 사람들뿐 아니라 현지인도 문턱이 닳도록 드나드는 곳. 끈적끈적 차진 느낌의 면으로 만든 베트남식 국수를 판다.
일명 끈적국수, 쫀득국수라는 별명으로 불린다. 국수 위에는 돼지고기로 만든 햄 몇 조각, 양파 등을 올렸다. 후추 맛이 짙게 나는 시원한 국물은 아주 익숙해 입에 착 감긴다. 달걀을 추가해야 제맛이다. 돼지고기를 넣은 샐러드도 인기 품목.
호객에 남다른 재능이 있는 주인아저씨의 유쾌함에 한 번 더 반하게 되는 집. 베트남식 국수가 45밧. 달걀을 넣으면 7밧 추가.

Address	68 Phra Athit Road
Tel	085-246-0111
Open	AM 11:00 ~ PM 09:00(일요일 휴무)
Access	수상보트 선착장 파아팃에서 도보 3분
Cost	B

카오산 근처에 이런 데가 있었어?
헴록
Hemlock Art Restaurant

주변 거리 풍경과 조금 동떨어진 우아함을 지닌 레스토랑. 길쭉하고 날씬한 유리문을 열고 들어가면 하얀 테이블이 놓인 아담한 가게가 모습을 드러낸다. 미니멀한 인테리어의 갤러리 같은 내부. 고급스러워 보이지만 가격은 착한 편이다. 파스타를 내와야 어울릴 것 같은데 뜻밖에 다양한 태국 요리를 낸다. 애피타이저로 신선한 잎에 채 썬 망고, 건새우, 땅콩을 싸먹는 미양 마무앙 Miang Mamuang(85밧) 추천. 커플을 위한 식사 장소로 알맞다.

Address	56 Phra Athit Road
Tel	02-282 7507
Open	PM 05:00 ~ AM 12:00
Access	수상보트 선착장 파아팃에서 도보 3분
Cost	BB

홍콩여행에서 만날 법한 메뉴들,
홍콩 누들
Hongkong Noodle

두툼한 메뉴판을 펼치면 홍콩여행에서 만날 법한 메뉴들이 빼곡하다. 입구에 두어 마리 매달려 있는 오리고기, 갖가지 면 요리를 주로 낸다. 딤섬 종류도 꽤 여러 가지. 큼지막한 새우를 넣어 빚은 완탕이 든 메뉴를 고르면 웬만해선 합격점이다. 날도 더운데 태국 음식이 입맛에 안 맞아서 고생 중이라고? 홍콩 누들에서 기력을 되찾자. 파아팃 로드와 짜크라퐁 로드가 만나는 지점, 귀퉁이에 있다.

Address	Phra Athit Road
Tel	02-629-1323
Open	AM 09:00 ~ PM 09:00
Access	수상보트 선착장 파아팃에서 도보 7분
Web	www.hkn.co.th
Cost	BB

로티 마타바
Roti Mataba

1943년에 오픈한 로티 가게,

로티 마타바는 방람푸에서 오랫동안 영업해온 식당이다. 파 쑤멘 요새 길 건너편에 있다. 이름처럼 로티와 마타바를 판 다. 로티는 인도인이 즐겨 먹는 간식. 바나나, 초콜릿, 치즈 등 취향껏 토핑을 얹어 먹는다. 아주 달다. 겉은 호떡, 속은 고로케를 닮은 마타바는 식사보다 간식이나 야식으로 권하 고 싶은 메뉴. 끼니를 때우려면 현지인이 주로 찾는 인도식 볶음밥 치킨 비리야니를 주문하자. 머리 위에 떠있는 간판이 작아 매의 눈으로 살펴야 보인다.

Address	136 Phra Sumen Road
Tel	02-282-2119
Open	AM 09:00 ~ PM 10:00
Access	수상보트 선착장 파아팃에서 도보 3분
Cost	B

조이 럭 클럽
Joy Luck Club

귀여운 곰돌이 모양의 밥, 사랑스러운 식당!

이 식당을 찾아가게 된 건 순전히 사진 한 장 때문이었다. 하 얀 접시에 선뜻 잡아먹기 어려운 곰돌이 한 마리가 누워 있 었다. 밥이었다. 식당 안은 귀여운 곰 모양의 밥만큼이나 아 기자기하고 깜찍하다. 친한 친구의 집에 초대받은 것 같은 편안한 느낌. '이걸 어떻게 먹어!'라는 말을 연발했지만 곰은 닭고기 캐슈넛 볶음과 함께 순식간에 뱃속으로 실종됐다. 주 인장이 아주 싹싹하고 상냥하다. 양이 적지 않은지, 맛은 어 땠는지 세심하게 살피는 진심 어린 서비스에 감동! 여기 다녀 오면 기분이 좋아진다. 가볍게 맥주 한 잔 해도 좋은 곳.

Address	18 Phra Sumen Road
Tel	02-629-3112
Open	AM 11:00 ~ AM 12:00
Access	수상보트 선착장 파아팃에서 도보 3분
Cost	BB

탱글탱글한 새우를 넣어 빚은 완탕 국수,
푸아끼
Pua Kee Restaurant

3대째, 화교가 운영한다. 메뉴판을 펼치면 생각보다 음식 종류가 많아도 너무 많아서 머리 아파질 수 있다. 웬만하면 벽에 붙어있는 사진 중 하나를 고르는 게 속 편하다. 어묵 국수도 맛있지만 탱글탱글한 새우를 넣어 빚은 완탕 국수도 무난하다. 양쪽 다 시원한 국물 맛이 일품. 저녁때 가면 완탕이 떨어질 수 있다. 맛집의 정석답게 재료가 떨어지면 시간과 상관없이 문을 닫는다. 따라서 이왕이면 일찌감치 들르는 것도 깨알 팁!

카오산 로드의 어수선함을 잠시 벗어나고 싶다면,
똠얌꿍
Tom Yum Kung

카오산 로드에 있지만 안쪽에 위치해 조용한 편이다. 리모델링한 지 오래되지 않아 쾌적하다. 카오산 일대에서 깔끔한 식당을 찾고 있다면 똠얌꿍 추천. 일일이 헤아릴 수 없을 만큼 다채로운 태국 음식을 내는데 100바트로도 너끈히 한 끼를 해결할 수 있는 주변 식당들에 비하면 가격대가 높다. 맛은 그럭저럭 괜찮지만 서비스가 들쭉날쭉해 말이 많은 식당.

Address	28 Phra Sumen Road
Tel	02-281-4673
Open	AM 09:00 ~ PM 05:00(일요일 휴무)
Access	수상보트 선착장 파아팃에서 도보 3분
Cost	B

Address	9 Khaosan Road
Tel	02-629-2772
Open	AM 11:00 ~ AM 02:00
Access	수상보트 선착장 파아팃에서 도보 10분
Cost	BB

호기심 대폭발! 분홍 국수,
찌라 옌타포
Jira Yentafo

입구가 좁은 데다 햇빛이 들어오면 파란색 천막으로 간판을 가려 놓아 눈에 잘 띄지 않는다. 간판이 보인다 한들 태국어로 쓰여있어 지나칠 확률이 높다. 가게 앞에 진열해 놓은 어묵을 보고 찾도록. 좁은 가게 안을 들여다보면 현지인으로 빼곡하다. 탱탱한 어묵을 실하게 올린 국수를 판다. 쌀국수의 두께와 국물 유무를 선택하면 되는데, 그리 고심할 필요는 없다. 뭘 시키든 다 맛있으니까.

다른 사람들은 뭐 먹고 있나 곁눈질하면 호기심 대폭발을 일으키는 희한한 국수가 보인다. 핑크빛 쌀국수, 옌타포다. 새하얀 면과 어묵까지 순식간에 물들이는 분홍색 국물 때문에 분홍 국수라는 어여쁜 별명을 가졌다. 불량식품을 떠올리게 하는 놀라운 빛깔, 비주얼 쇼크다. 붉은 콩을 발효시켜 만든 빨간 장을 넣었다. 국물이 칼칼하고 얼큰해 해장용으로도 알맞다. 전날 카오산 로드에서 부어라 마셔라 했다면 볼 것도 없다. 무조건 옌타포. 작은 사이즈가 60밧이다.

🍲 알아두면 유용한 꿀팁
찌라 옌타포 바로 옆. 좁은 골목길로 들어가면 국수 가게가 숨어있다. 여긴 오리 국숫집. 진한 국물에 담백한 훈제 오리를 듬뿍 올렸다.

Address	121 Chakrapong Road
Tel	02-228-2496
Open	AM 08:00 ~ PM 03:30
Access	수상보트 선착장 파아팃에서 도보 10분
Web	www.facebook.com/jirayentafo
Cost	B

믿고 한 번 잡숴봐,
쇼샤나
Shoshana

'방콕까지 가서 웬 이스라엘 음식?'이라고 구시렁거리고 있는 당신. 일단 맛을 한 번 보시라. 그런 말 쏙 들어갈 테니. 갓 구워 따끈따끈한 피타 브레드의 배를 갈라 병아리콩을 으깨 만든 고소한 후무스를 바르고 고기와 채소를 잔뜩 곁들여 먹으면 담백하니 맛있다. 병아리콩을 동그랗게 빚어 기름에 튀긴 팔라펠도 도전해볼 만한 음식. 홈페이지에 접속하면 메뉴판을 미리 볼 수 있다. 태국 음식이 안 맞는 사람에게 뜻밖의 대안이 될 수 있다.

Address	86 Chakrapong Road
Tel	02-282-9948
Open	AM 10:00 ~ PM 11:30
Access	수상보트 선착장 파아팃에서 도보 10분
Web	www.ShoshanaRestaurant.com
Cost	BB

맛으로 인정받은 식당
크루아 압손
Krua Apsorn

현지인에게 맛으로 소문난 식당. 국내외 거의 모든 가이드북에 소개되었고 방송 프로그램에도 단골로 등장한다. 태국 왕실 가족을 포함해 많은 비평가가 엄지를 치켜세운 곳. 쌈쎈 로드에도 지점이 있지만 여행자가 접근하기엔 민주기념탑 근처인 이 지점이 낫다. 게살 오믈렛과 옐로우 커리를 넣어 볶은 게 커리 볶음이 인기. 부드럽고 달콤한 게살을 발라 듬뿍 넣었다. 미쉐린 가이드 2018에 빕 구르망 Bib Gourmand 으로 이름을 올렸다. 좋은 식재료, 가치 있는 요리.

Address	169 Dinso Road
Tel	02-685-4531
Open	AM 10:30 ~ PM 08:00(일요일 휴무)
Access	수상보트 선착장 파아팃에서 도보 25분
Cost	BB

팟타이계의 절대 강자, 도대체 어떤 맛이길래?

팁 싸마이
Thip Samai

Must Eat 1966년부터 운영해온 오래된 팟타이 집. 팟타이는 태국식 볶음 국수다. 로컬들도 인정하는 맛집 중의 맛집, 현지인 사이에서도 명성이 자자하다. 저녁 5시, 가게 문을 엶과 동시에 줄을 서기 시작해 문을 닫을 때까지 손님이 끊이지 않는다. 로컬 식당 치고는 가게 안이 큰 편이고 꽤 넓은 인도까지 테이블이 점령한 상태지만 빈자리를 찾아보기 어렵다. 중국요리 할 때 쓰이는 오목하고 묵직한 냄비에서 쉴 새 없이 팟타이를 볶아 낸다. 팟타이를 얇게 부친 달걀지단으로 감싼 슈퍼브 팟타이 Superb Pad Thai (90밧)가 맛있다. 건장한 현지인 남자 중에서는 한 그릇을 뚝딱 해치우고 난 뒤 한 그릇 추가를 외치는 사람도 적지 않다.

팟타이와 함께 놓치면 안 되는 음료, 오렌지 주스다. 테이블마다 오렌지 주스가 놓이지 않은 곳이 없다. 알갱이가 씹히는 음료 쌕쌕처럼 과육이 들어 있는 오렌지 주스는 팟타이보다 더 비싼 가격임에도 불티나게 팔린다.

🔖 알아두면 유용한 꿀팁
왓 사켓과 가깝다. 여행자가 단지 먹으러 가기엔 좀 애매한 위치다. 민주기념탑에서 걸어가면 도보 10분. 걷는 걸 즐기지 않는다면 택시 이동을 권장한다.

Address	313 Maha Chai Road
Tel	02-221-6280
Open	PM 05:00 ~ AM 03:00
Access	수상보트 선착장 파아팃에서 도보 30분
Cost	B

제철 과일을 듬뿍 얹은 팬케이크,
제이워크 카페
Jaywalk Cafe

달콤한 팬케이크에 주력한다. 두툼하게 구운 팬케이크 위에 갖가지 과일, 아이스크림 등 토핑을 얹어 낸다. 여름엔 달콤한 망고를 소복하게 올린 망고탱고 팬케이크, 겨울 시즌엔 스트로베리 크림치즈 팬케이크 등. 팬케이크는 모두 150밧이다. 간단히 차 한 잔 해도 좋지만 공간이 그리 넓지 않아 오래 머물만한 곳은 못 된다. 월요일부터 목요일까지는 오후 6시까지, 일찌감치 문을 닫는다. 주말에는 늦은 9시까지.

Address	90 Phra Athit Road
Tel	086-061-7000
Open	AM 08:00 ~ PM 06:00(월 ~ 목), AM 08:00 ~ PM 09:00(금 ~ 일, 화요일 휴무)
Access	수상보트 선착장 파아팃에서 도보 2분
Web	www.facebook.com/jaywalkcafe
Cost	BB

다디단 태국식 토스트와 신선한 우유 한 컵,
몽놈솟
Mont Nom Sod

1964년에 개업한 몽놈솟. 코코넛 커스터드 토스트와 따듯한 우유를 팔면서 대박 난 가게다. 두툼하고 부들부들한 식빵 위에 크림을 바르고 신선한 우유와 함께 즐긴다. 설탕, 연유, 초콜릿, 코코넛 커스터드, 딸기 잼, 녹차 잼 등의 크림 중 취향껏 고르면 된다. 공통점은 몽땅 다 달다는 점. 단 맛에 길 들여진 혀라면 모를까 한국 사람들이 먹기엔 달아도 너무 달다. 한 번은 찾아가 볼 만하다. 민주기념탑에서 도보 3분 거리. 마분콩에도 지점이 있다.

Address	160/1 Dinsor Road
Tel	02-224-1147
Open	PM 02:00 ~ PM 11:00
Access	수상보트 선착장 파아팃에서 도보 25분
Web	www.mont-nomsod.com
Cost	B

서양식 아침 식사,
온 록 윤
On Lok Yun

홍콩 영화에나 등장할 법한 오래된 느낌의 가게다. 차이나타운에서 멀지 않고 생긴 건 딱 중국집인데 메뉴는 뜻밖에 서양식 아침 식사. 달걀과 베이컨, 햄과 소시지를 한 접시 먹고 버터와 설탕으로 맛을 낸 빵을 곁들이면 아침이 든든하다. 카야 잼에 찍어 먹는 빵도 별미. 프렌치토스트도 있다. 부러 찾아갈 만큼 엄청나게 맛있는 건 아니지만, 오묘한 분위기 때문에 자꾸 생각나는 집.

구시가지에 숨겨진 카페,
블루 웨일
Blue Whale

낡은 상점가였던 골목, 방콕 구시가지에 숨겨진 카페 블루 웨일. 수족관에 들어선 듯 푸른 기운으로 가득하다. 물고기 비늘 모양의 타일로 덮인 벽이 인상적이다. 이곳의 시그니처 메뉴는 나비 완두콩 꽃의 추출물과 우유를 섞어 만든 버터플라이 피 라떼 Butterfly pea Latte. 우아한 모양새의 라떼 아트도 수준급이다. 팬케이크와 오믈렛, 오픈 토스트 등 브런치도 메뉴도 다양하다. 왕궁이나 왓 포에 갔다가 들르면 딱!

Address	72 Charoen Krung Road
Tel	02-223-9621
Open	AM 06:00 ~ PM 04:00
Access	수상보트 선착장 타 티엔에서 도보 15분
Cost	BB

Address	392/37 Maha Rat Road
Tel	096-997-4962
Open	AM 10:00 ~ PM 08:00
Access	수상보트 선착장 티엔에서 도보 5분
Web	www.facebook.com/bluewhalebkk
Cost	BB

재즈에 물드는 올드 시티의 밤
브라운 슈거
Brown Sugar The Jazz Boutique

<u>Must Try</u> 공연은 보통 8시쯤 시작해 다음 날 1시까지 계속된다. 흥이 넘치는 불타는 금요일, 쉬이 잠을 이룰 수 없는 광란의 토요일에는 새벽 2시까지 생생한 라이브 음악이 이어지기도 한다. 올드 시티의 나이트 라이프를 확실하게 책임져 주는 브라운 슈거. 이곳의 최고 매력은 편안함이다. 대중적이며 만만하다. 테이블 밑 발이 까딱까딱 움직이면 움직이는 대로, 그냥 즐기면 된다. 깊어가는 밤, 가볍게 맥주나 칵테일 한 잔 기울이며 재즈 선율에 젖어들기 좋다.

Address	469 Phrasumen Road
Tel	089-499-1378
Open	PM 05:00 ~ AM 01:00(화~목, 일)
	PM 05:00 ~ AM 02:00(금~토, 월요일 휴무)
Access	수상보트 선착장 파아팟에서 도보 20분
Web	www.brownsugarbangkok.com
Cost	BB

작지만 핫한 블루스 바,
애드히어 더 서틴스 블루스 바
Adhere the 13th blues bar

마음 같아선 만날 가서 '죽순이'로 활동하고 싶었다. 작지만 핫한 블루스 바. 초저녁에 문을 열지만 줄곧 한적함을 유지하다 공연이 시작되는 9시부터 북적거리기 시작한다. 주로 태국 로컬 뮤지션이 공연한다. 때때로 방콕 거주 외국인이 무대에 오르기도. 뮤지션의 거친 숨소리가 들려오는, 알알이 맺힌 땀방울까지 보이는 좁은 공간. 사람들의 열띤 환호와 함께 분위기가 무르익어간다. 거리에 쏟아져 나온 사람들이 스탠딩으로 공연을 즐긴다.

Address	13 Samsen Road
Tel	089-769-4613
Open	PM 06:00 ~ AM 12:00
Access	수상보트 선착장 파아팟에서 도보 10분
Web	www.facebook.com/adhere13thbluesbar
Cost	BB

맥주 한 잔 하실래요?
몰리 바
Molly Bar

가볍게 술 한 잔을 기울이려 한다면 정신사나운 카오산 로드보다 라이브 음악이 흐르는 람부뜨리 로드가 낫다. 람부뜨리 로드를 오가는 희한한 사람들을 놓치고 싶지 않다면 야외 테이블 선택. 몰리 바의 어둑어둑한 실내에서는 라이브 음악을 연주해 술맛을 돋운다. 분위기는 훌륭하나 칵테일 맛이 기대 이하라는 건 함정. 라이브 연주하는 공간을 선호한다면 근처의 브릭 바, 물리간스 아이리시 바 등도 들를만하다.

Address	108 Soi Rambuttri, Chakkraphong Road
Tel	02-629-4074
Open	PM 06:00 ~ AM 02:00
Access	수상보트 선착장 파야팃에서 도보 15분
Cost	BB

365일 문을 닫지 않는 가게,
사왓디 테라스
Sawasdee Terrace

365일 문 닫지 않는 부지런한 가게. 존재감이 미미한 사왓디 게스트하우스에서 운영하지만 카오산 로드로 가는 길목, 위치가 좋아 언제나 손님이 들끓는다. 끼니 때는 식사 장소, 밤에는 펍으로 변신. 별다른 일 없을 때 멍하니 앉아 커피 한 모금 마셔도 좋다. 묘한 인상을 풍기는 독특한 조형물이 테이블 사이에 쪼그리고 앉아 있다. 밤이 되면 테이블마다 촛불을 밝혀 은근히 낭만적인 무드를 연출한다. 3차로 가기 좋은 집.

Address	147 Soi Rambuttri, Chakkraphong Road
Tel	02-281-8138
Open	24 Hour
Access	수상보트 선착장 파야팃에서 도보 10분
Cost	BB

수쿰빗

사람들의 기억 속 방콕은 한없이 후줄근한 곳이다. 지저분하고 너저분하며 세련됨과는 안드로메다 거리쯤. 그런 줄 안다. 방콕은 생각보다 넓다. 그리고 다채롭다. 지금 가장 핫한 도시, 방콕의 수쿰빗을 제대로 둘러보지 못해 벌어진 일이라고 생각한다. 진짜 방콕을 보여줄 수쿰빗에 발 들여보고 이야기하자. 신사동 가로수길보다 맛있고 멋있는 브런치, 홍대 앞 카페보다 독특한 개성으로 똘똘 뭉친 신상 카페, 알음알음 소문 듣고 찾아가는 럭셔리 마사지숍까지. 당신이 알고 있었던 그 방콕은 깨끗하게 잊어도 좋다.

SUKHUMVIT
수쿰빗

수쿰빗은 나나부터 방짝까지 이르는 광범위한 지역이다. 먹고 쉬기 알맞은 환경. 맛과 멋을 동시에 잡은 레스토랑이 즐비하다. 오아시스 스파, 디바나 스파, 아시아 허브 어소시에이션 등 수준급 마사지 숍들이 수쿰빗에 둥지를 틀었다. 푹 자도 풀리지 않는 피로, 기분 전환에 그만인 아로마 향에 흠뻑 취해 마사지를 받고 나면 몸이 한결 가벼워진다.

볼거리는 많지 않지만 트렌디한 레스토랑과 카페, 고급스러운 마사지 숍이 많아서 여자들이 선호하는 지역. 가만 생각해보니 유흥가가 넘쳐나 남정네들도 즐겨 찾는다. 주로 밤에!

추천 하루 코스

Start!
터미널 21 (p161)

BTS 또는 택시

엠쿼티어 (p158)

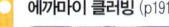
에까마이 클러빙 (p191)

택시 또는 픽업 요청

오아시스 스파 (p328)

택시

어보브 일레븐 (p190)

택시

뭐 타고 다니지?

역에서 멀지 않은 여행지는 BTS가 최고. 수쿰빗 대로에서 실핏줄처럼 뻗어나가는 골목길을 따라 10분 이상 걸어야 한다면 애당초 택시를 타는 편이 낫다.
방대한 지역이라 도보로 버거운 수쿰빗 내 이동은 BTS 혹은 택시, 나홀로 여행자라면 오토바이 택시 등을 적절하게 골라 타자.

여행자들이 즐겨 찾는 여행지

❶ 공항 콘셉트의 쇼핑몰
 터미널 21 (p161)

❷ 열대의 숲 같은 쇼핑몰,
 엠쿼티어 (p158)

오늘은 뭐 먹을까?

❶ 누구에게나 무난한 구운 닭,
 싸바이 짜이 (p170)

❷ 한국인 입맛에 딱 맞는
 해산물 전문점,
 쏜통 포차나 (p179)

❸ 비싸지만 분위기와
 맛을 골고루 챙긴 브런치,
 로스트 (p186)

❹ 탱글탱글 어묵이 맛있는 로컬 식당,
 쎄우 (p171)

일정 플러스

수쿰빗 지역 여행의 만족도를 크게 좌우하는 것은 레스토랑과 카페다. 본인의 취향과 예산에 맞는 곳을 고르는 게 관건이다. 남들이 좋다는 데 무작정 따라가지 말고 스스로 선택할 것!

SUKHUMVIT

기억에
남는
8장면

1. 수쿰빗, 방콕에서 지금 가장 핫한 곳
2. 어쩐지 시크하고 도도한 수쿰빗을 닮은 웰컴
3. 떠나는 데 나이는 중요하지 않다. 마음이 중요한 거지!
4. 산책하다가 우연히 발견한 뒷골목의 사랑스러운 카페
5. 뜨거운 밤, 알코올 한 모금이 절실한 날에
6. 동네 카페에서 느긋하게 마시며 갖은 여유 부리기
7. 방콕인 듯, 방콕 아닌, 방콕 같은. 세련된 수쿰빗
8. 고층 건물들과 부산하게 움직이는 차들, 방콕은 도시다.

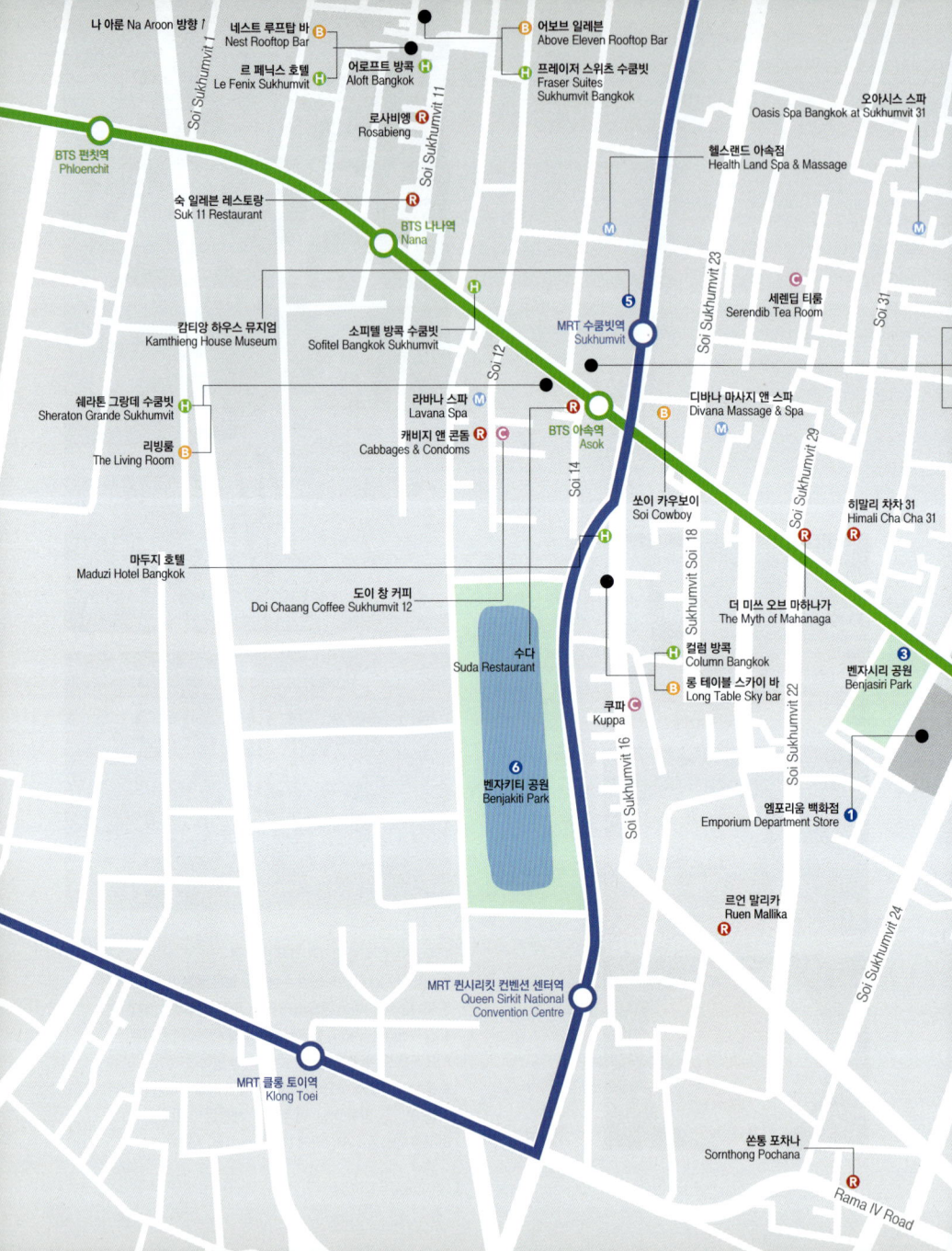

Sukhumvit Spot ❶

쇼핑보다 구경,
엠포리움 백화점
Emporium

Address	Soi Sukhumvit 24, Sukhumvit Road
Tel	02-269-1000
Open	AM 10:00 ~ PM 10:00
Access	BTS 프롬퐁역에서 도보 1분
Web	www.emporium.co.th

BTS 프롬퐁역에서 이어져 있다. 대도시 어디서나 볼 수 있는 흔한 형태의 백화점. 에르메스 같은 하이엔드 브랜드 매장이 다수 들어와 있다. 쇼핑을 목적으로 찾는 손님은 인근에 거주하는 부유층. 싼 맛에 방콕여행을 선택한 여행자에게 쇼핑 스팟으로서 끌리는 구석은 별로 없다. 여행자들 사이에 알려진 트렌디한 레스토랑과 사랑스러운 푸드코트, 티숍, 고메 마켓, 짐 톰슨 실크 매장 등이 있어 가볼 만하다.

Sukhumvit Spot ❷

나무가 우거진 초록빛 쇼핑몰
엠쿼티어
EmQuartier

Address	651 Sukhumvit Road
Tel	02-269-1188
Open	AM 10:00 ~ PM 10:00
Access	BTS 프롬퐁역에서 도보 1분

엠포리움 백화점과 마주보는 쇼핑몰. 한결 가볍고 캐주얼하게 쇼핑을 즐길 수 있다. 일본에서 건너온 편집매장 빔즈Beams, 독특한 디자인의 물건들을 한데 모은 어나더 스토리 Another story, 세계적인 화장품 편집숍 세포라 SEPHORA등이 볼 만하다. 엠쿼티어의 매력은 4층 위로 올라가야 돋보인다. 5층의 워터가든은 정글 속에 들어온 듯 초록빛 일색. 6층부터 9층은 식당가로 먹을거리가 풍성하다.

Motorcycle Taxi
골목길, 걸어 다니지 마세요!

수쿰빗 일대에서 가장 유용한 교통수단, 오토바이 택시다. 택시를 탔다면 바로 앞에서 내리지만 BTS 지상철을 이용하는 경우에는 역에서 내려 목적지까지 한참을 걸어야 하는 경우가 다반사. 5분이나 10분 정도야 거뜬히 걸어 다녀도 그 이상일 때는 택시를 탈까 말까 고민스럽다. 야외에 나감과 동시에 땀에 젖는 날씨라면 걷는 게 끔찍하다. 이럴 때 오토바이 택시에 SOS.

보통 긴 골목길이 시작되는 지점에서 대기한다. 주황색 조끼를 입은 중년의 아저씨들이 모여 있다면 성큼성큼 다가가 오토바이에 살포시 몸을 싣자. 그들은 정해진 구역만 다니므로 택시 기사들보다 인근 지리에 빠삭하다. 보통 10~40밧 사이, 대략적인 거리별 요금이 책정되어 있지만 외국인에게는 바가지를 씌우기도 한다. 자동차 사이로 요리조리 비집고 잘도 다니는 오토바이 택시는 러시아워라 도로가 몸살을 앓고 있을 때, 혼자일 때 탈 만하다.

아저씨, 그거 뭐예요?

바깥에서 일하며 후끈한 열기와 싸워야 하는 오토바이 택시. 기운이 없을 때 중년의 아저씨들은 이것을 벌컥벌컥 들이켠다. 에너지 음료! 태국 사람들은 지나치다 싶을 만큼 고 카페인의 에너지 음료를 복용하는 경향이 있다. 효과가 궁금하다면 몸이 축 처진 어느 날 맛보시길, 카페인 함량이 많으니 호기심으로 딱 한 번이면 족하다.

Sukhumvit Spot ❸

도심 속 쉼터,
벤자시리 공원
Benjasiri Park

Address	Sukhumvit Road
Open	AM 05:00 ~ PM 09:00
Access	BTS 프롬퐁역에서 도보 3분

수쿰빗 쏘이^{Soi} 22와 24 사이. BTS 프롬퐁역에서 조금만 걸어 가면 나오는 아담한 공원이다. 여왕의 60번째 생일을 기념해 1992년에 조성한 도심 속 쉼터. 안쪽으로 걸어 들어가면 물고기와 거북이가 노니는 잔잔한 연못이 나온다. 초록빛 잔디와 무성한 나무들 속 낯선 꽃도 몇 송이도 보인다. 눈에 익지 않는 식물을 만났을 때 '여행 왔구나.' 하고 새삼 깨닫는다. 곳곳에 태국의 예술가들이 빚은 현대적인 조각들이 흩어져 있다. 오래되어 녹슨 조각상도 있지만 공원에 거주하는 조각상이라 그런지 표정만은 대단히 여유롭다.

낮보다 저녁 시간에 가면 더 좋다. 운동하러 나온 울끈불끈 근육질의 동네 아저씨들, 매일 오후 6시쯤 칼같이 시작되는 무료 에어로빅 클래스를 따라 하기 위해 나온 아주머니들, 농구하러 온 청소년과 젊은이들, 작은 놀이터로 소풍 나온 꼬마들. 눈 둘 곳이 풍성해진다. 반드시 가봐야 할 여행지도, 공원 안에 대단한 볼거리가 있는 것도 아니지만 지나가다 발견하면 잠시 쉬어가도 괜찮다.

Sukhumvit
Spot ④

여행 속 또 다른 여행,
터미널 21
Terminal 21

Address	Soi Sukhumvit 19, Sukhumvit Road
Tel	02-108-0888
Open	AM 10:00 ~ PM 10:00
Access	BTS 아속역에서 도보 1분, MRT 수쿰빗역에서 도보 3분
Web	www.terminal21.co.th

Must See 터미널 21은 독특한 콘셉트의 쇼핑몰이다. 겉보기에는 여느 쇼핑몰과 다를 바 없어 보이지만 안으로 들어서면 공항처럼 꾸며져 있다. 냉큼 가방에서 여권을 꺼내 항공권을 받아들고 떠나야 할 것만 같다. 에스컬레이터를 타고 한 층, 한 층 올라갈 때마다 방콕과는 또다른 세상이 펼쳐진다. 세계 여러 도시로의 여행을 떠나게 되는 것.
층마다 다른 도시가 나타나 비행기에서 갓 내린 기분이다. 로마, 파리, 도쿄, 런던, 이스탄불, 샌프란시스코로 여행 온 듯한 설렘에 사로잡힌다. 그 도시의 분위기가 물씬 풍기는 인테리어, 소품으로 중무장했다. 심지어 화장실까지! 낯익은 브랜드가 더 많지만 태국 로컬 브랜드, 개성 만점의 실력파디자이너 숍도 많다. 매의 눈으로 꼼꼼하게 뒤지면 괜찮은 가격에 질도 좋은 숨겨진 보물을 발견할 수 있다. 쇼퍼홀릭이라면 시간을 넉넉하게 할애하자. 태국에서 사면 훨씬 싸게 살 수 있는 속옷 브랜드 와코루 매장도 있다.

Tip 알아두면 유용한 꿀팁

5층은 피어 21, 터미널 21의 푸드코트다. 끼닛거리부터 간식거리까지 풍성하게 모았다. 수쿰빗에는 트렌디한 레스토랑, 카페가 넘치니 식사는 이왕이면 밖에서!

Traffic Jam

방콕, 교통지옥

방콕의 교통 체증은 실로 어마어마하다. 특히 출퇴근 시간에는 서울의 차 막힘이 애교로 느껴질 만큼 무시무시하다. 이때 택시를 잘못 타면 바로 감옥행. 헬 게이트가 쫙 열린다. 오지도 가지도 못하고 차 안에 갇힌다. 수쿰빗이나 시암 등 유동 인구가 유달리 많은 지역은 손쓸 방법이 없다. 일부 택시기사들은 퇴근 시간에 수쿰빗 일대로 진입하지 않겠다며 승차를 거부하는 것도 예삿일. 상황이 이렇게 되면 지옥이 따로 없다. 언제 풀릴지 모른다는 대목에서 더욱 난감해진다. 이때 레스토랑이나 공연, 마사지 등 예약 시간에 맞춰 가야 한다면? 한없이 초조하다.

교통 체증이 예상되는 시간에는 지상철 BTS, 지하철 MRT 또는 수상 보트, 오토바이 택시 같은 대중교통을 활용해 벗어나는 게 최선이다. 적어도 대중교통은 사람에 치일망정 트래픽에 치일 염려는 없으니까.

Sukhumvit Spot ❺

태국 북부 사람들의 생활상,
캄티앙 하우스 뮤지엄
Kamthieng House Museum

Address	Soi Sukhumvit 21, Sukhumvit Road
Tel	02-661-6470
Open	AM 09:00 ~ PM 05:00(일요일, 월요일 휴무)
Access	BTS 아속역에서 도보 5분, MRT 수쿰빗역에서 도보 1분
Admission	100B

태국 북부의 란나 양식으로 지은 전통 가옥이다. 1848년 치앙마이에 지어진 집을 그대로 떠다 방콕으로 옮겼다. 티크 나무로 지은 오래된 집. 내부에는 태국 북부의 고산족들의 생활상이 담겨있다. 전통적인 농촌 생활을 보여준다. 농기구, 실크를 만드는 데 사용하던 베틀 같은 것들이 있어 태국의 역사를 이해하는 데 도움을 주는 곳. 하지만 대부분의 박물관이 그렇듯 큰 흥미를 이끌어내지는 못한다. 입장료가 다소 비싸다.

Sukhumvit Spot ❻

밤에 가는 게 더 좋은,
벤자키티 공원
Benjakiti Park

Address	Ratchadaphisek Road
Open	AM 05:00 ~ PM 09:00
Access	BTS 아속역에서 도보 7분, MRT 수쿰빗역에서 도보 10분

야자수와 빌딩, 호수가 조화롭게 펼쳐진 공원이다. 호수 둘레길이 2km에 달해 걷기 좋다. 가볍게 조깅하는 것도 좋고 자전거를 타도 괜찮다. 나무 그늘이 많지 않아 땡볕인 낮보다, 낭만적인 일몰과 평화를 즐길 수 있는 밤이 좋다. 캄캄해지면 건너편에 보이는 고층 건물에 하나둘씩 불빛이 밝혀진다. 호수에 비치는 반영이 은근히 매력적이라 꽤 괜찮은 야경 포인트. 잠잠하다.

Etc Spot ❼

무조건 가라고 등 떠밀고 싶은,
딸랏 롯파이
Talad Rot Fai Night Market

Address	Soi Sri Nakarin 51, Srinakarin Road
Open	PM 05:00 ~ AM 12:00
Access	BTS 우돔숙역에서 택시 승차
Web	www.talatrotfai.com

Must See 반하지 않고는 배길 수 없다. 모르면 몰랐지, 알면 안 갈 수 없는 곳. 안 가면 무조건 후회한다. 교통이 아주 애매하지만 무조건 다녀오라고 등 떠밀고 싶은 야시장이다. 로컬들이 아끼는 시장이다. 빈티지 의류, 골동품, 레트로풍 가구 등이 딸랏 롯파이에서 각광받는 품목. 늦은 밤, 출출함을 달랠 줄 먹을거리도 풍성하다. 오후 5시가 되면 슬슬 열기 시작해 12시를 넘기면 파장에 접어든다. 먹고 마시고 사고 놀고! 목요일부터 일요일까지 열리는 야시장, 금요일과 토요일에는 장이 크게 선다. 흥이 많아 주체하기 어렵다면 이때 방문에 마음껏 놀고 오도록. 엔돌핀이 마구 샘솟는다.

🔴Tip 알아두면 유용한 꿀팁

BTS 우돔숙역에서 내려 택시를 타고 간다. 도로 사정에 따라 요금이 다르지만 60~100밧 정도다. 어중간한 시간에 나오면 교통이 참 난감하다. 교통 체증이 워낙 심한 동네인 데다 야시장이 서는 날은 말도 못하게 복잡히디. 택시 잡는 것 자체가 쉽지 않고 택시를 잡는다 한들 주차장처럼 멈춰버린 도로에서 꼼짝 못 한 채 애꿎은 미터기만 물끄러미 바라보고 있을 수 있다. 추천하고 싶은 탈출 방법은 오토바이 택시. 주황색 조끼 입고 야시장 주변에서 대기하고 있는 아저씨를 붙들고 흥정을 해 위기 상황을 극복하자!

딸랏 롯파이 2, 라차다

딸랏 롯파이가 하나 더 생겼다. 기존에 있던 딸랏 롯파이는 매력적이긴 하나, 동떨어져 있어 오가는 데 시간이 한참 걸렸다. 최근 새로 생긴 딸랏 롯파이는 시내에 있다. MRT 타이랜드 컬츄럴 센터 Thailand Cultural Centre 근처, 쇼핑몰 에스프라나다 뒤편으로 가면 된다. 야시장의 백미는 역시 먹을거리. 육해공을 총망라하는 야식거리가 흥을 돋우고 시원한 맥주가 더위를 식혀준다. 매주 목요일부터 일요일까지, 오후 5시에 열어 자정쯤 파장한다.

SUKHUMVIT

●

Cost 인당 100밧 이내 B ┊ 100~1,000밧 BB ┊ 1,000밧 이상 BBB

RESTAURANT

CAFE

PUB & BAR

애매하고 모호하지만 강력 추천!
투바
TUBA Design Furniture & Restaurant

위치가 정말 애매하다. BTS 에까마이역에서 2km 남짓 떨어져 있다. 주변에 딱히 묶을만한 볼거리가 없어서 투바만을 위해 발걸음을 옮겨야 한다. 정체성이 대단히 모호하다. 레트로풍의 빈티지 가구 컬렉션을 선보인다. 피자나 파스타 같은 이탈리안 요리가 손에 들려 운반되는 걸 보면 레스토랑 같기도. 메뉴판에 빽빽하게 적힌 칵테일, 맥주와 와인 리스트를 보면 영락없이 술집이다.

결론은 모두. 빈티지 스타일의 가구 숍과 레스토랑, 밤에는 펍까지 겸한다. 가게 내 모든 가구와 장식품들은 원하면 구매할 수 있다. 상처가 나고 닳은 부분이 있는 빈티지 제품이지만, 그게 빈티지의 진짜 매력. 그 물건뿐 아니라 물건이 보내온 시간까지 온전히 소유하는 기분으로 가구를 산다. 젊고 세련된 핫스팟으로 오래도록 머물고 싶은 공간이다. 식사를 원한다면 낮에, 유쾌하게 놀고 싶다면 해진 뒤에 방문할 것.

Tip 알아두면 유용한 꿀팁
BTS 에까마이역이 그나마 가까운 역이지만 걷기에는 멀다. 막히는 시간이 아니라면 애당초 택시를 타고 이동하는 편이 낫다.

Address	Soi Ekkamai 21, Sukhumvit 63 Road
Tel	02-711-5500
Open	AM 11:00 ~ AM 02:00
Access	BTS 에까마이역에서 도보 30분
Web	www.design-athome.com
Cost	BB

한국인이라면 누구나 좋아할,
엠케이 레스토랑 골드
MK Gold Restaurant Gold

<u>Must Eat</u> 태국 스타일의 샤부샤부 수끼 전문점. 장담컨대 수끼는 한국인의 입맛에 잘 맞는 태국 음식 투표를 하면 5위 안에 들 것이다. 스스로 먹고 싶은 것을 골라 먹는다. 신선한 채소와 버섯, 고기와 해산물을 각각 단품으로 주문할 수 있다. 골고루 적당량을 모아 놓은 한 쟁반을 주문해도 좋다.
에까마이 지점은 뷔페로도 운영한다. 우리가 알고 있던 뷔페랑은 다른 시스템. 아무리 찾아봐도 음식이 없다. 메뉴판 속 사진을 선택해 주문하면 재빠르게 갖다 준다. 뷔페의 제한시간은 1시간 45분이다. 모든 음식을 거의 삼키다시피 해치우는 한국인이라면 절대 부족하지 않고 넉넉할 것. 제한시간 초과 시 10분 단위로 요금이 더 붙는다. 딤섬, 음료, 디저트까지 몽땅 포함이니 싹 다 먹고 나오자. 눈치 볼 것 없이 먹고 싶은 대로 고기, 해산물, 채소 등을 골라 먹으면된다. 배부른 딤섬보다는 신선한 해산물 등을 공략하자. 식후에는 영수증과 함께 인당 섭취한 칼로리와 영양소를 계산한 종이를 내밀어 억장을 무너지게 한다. 대식가가 아니라면 뷔페보다 단품으로 주문하는 게 낫다.

🍯 알아두면 유용한 꿀팁
엠케이 레스토랑은 방콕 내 지점이 워낙 많아 꼭 이 지점에 들를 필요는 없다. 엠케이 수끼 골드는 업그레이드 버전이지만 확연한 차이가 없으니 굳이 골드를 선호할 이유도 없다.

Address	5/3 Soi Sukhumvit 63, Sukhumvit Road
Tel	02-382-2367
Open	AM 10:00 ~ PM 10:00(런치 AM 10:00 ~PM 05:00)
Access	BTS 에까마이역에서 도보 5분
Web	www.mkrestaurant.com
Cost	BB

기름 쏙 빠진 닭고기에 맥주 한 잔,
싸바이 짜이
Sabai Jai

광범위한 태국 요리를 내지만 북부 이산 음식, 그중에서도 구운 닭 요리 까이양과 그린 파파야 샐러드인 쏨땀에 무게를 실었다. 까이양은 뻑뻑하지 않을 만큼 먹기 좋게 굽는다. 한낮에 맥주 한 잔을 주문해 곁들이면 반드시 "한 잔 더"를 외치게 되어있다. 꼬챙이에 꽂혀 빙글빙글 돌아가는 전기구이, 그 맛을 생각하면 딱 들어맞는다. 기름이 쪽 빠져 담백한 맛이 일품이다. 더 든든하게 먹고 싶다면 찰밥 카오니여우 추가.

평화로움이 밀려오는 근사한 레스토랑,
나 아룬 레스토랑
Na Aroon Restaurant

위치가 애매한 탓인지 한국인에게는 거의 알려지지 않았다. 아리야솜빌라 호텔 Ariyasomvilla Hotel에 딸린 레스토랑. 평화로움이 묻어나는 정원을 지나면 전통적인 분위기를 한껏 살린 이국적인 공간이 나온다. 티크 나무 바닥과 높은 천장이 매혹적이다. 짙은 나무색, 식물의 싱그러움이 어우러져 근사하다. 요리는 태국식, 철학은 건강한 맛을 내겠다는 것. 고기 대신 신선한 생선과 해산물을 활용하고 채식 위주로 구성된 식단을 선보인다.

Address	Soi Ekkamai 1, Sukhumvit 63 Road
Tel	02-714-2622
Open	AM 10:00 ~ PM 12:00
Access	BTS 에까마이역에서 도보 15분
Web	www.sa-bai-jai.com
Cost	BB

Address	65 Soi Sukhumvit 1, Sukhumvit Road
Tel	02-253-8800
Open	AM 06:30 ~ PM 22:30
Access	BTS 펀칫역에서 도보 15분
Web	www.ariyasom.com
Cost	BB

통로 근처 어묵이 맛있는 국숫집,

쎄우
Zaew

<u>Must Eat</u> 1983년, 필자보다 1년 먼저 태어났다. 독특한 모양의 어묵을 잔뜩 올린 국수를 내놓는다. 탱탱한 어묵이 워낙 맛있어서 면 빼고 어묵만 주문한 뒤 밥 한술 뜨는 것도 괜찮다. 더운 날 이열치열로 땀 흘리며 쭉 마시는 국물 맛이 일품. 입에 착착 감기는 어묵 국수는 해장용으로도 그만이다. 술 마신 다음 날 먹으면 숙취가 들어가서 콩나물 해장국을 먹는 기분. 고수를 좋아하지 않는다면 주문할 때 빼달라고 하자. 은근히 매콤한 분홍 국수 옌타포도 자신 있게 권하고 싶다. 일단 먹어보시라니까요!

Address	1093 Sukhumvit Road
Tel	02-391-0043
Open	AM 07:30 ~ PM 04:00
Access	BTS 통로역에서 도보 1분
Web	www.facebook.com/zaew.restaurant
Cost	B

태국 남부 요리 전문,

푸켓 타운
Phuket Town Restaurant

수쿰빗 대로변에 있던 있던 식당인데 건물에 이슈가 생기면서 골목길 안쪽으로 크게 옮겼다. 대대적으로 인테리어를 손봤고 벽은 푸켓 타운의 옛 모습을 그린 그림으로 입혔다. 태국 남부 요리 전문. 향신료를 아낌없이 넣어 한국인 입맛에는 영 아니다 싶은 음식이 많으니 가능한 낯익은 음식을 택할 것. 사진 속 메뉴는 남부 지방에 사는 무슬림이 즐겨 먹는 마싸만 커리다. 튀긴 듯 바삭하게 구운 로띠를 곁들이면 궁합이 딱. 피쉬 소스를 함께 주는 어묵도 탱탱하니 맛있다.

Address	Soi Thonglor 4, Sukhumvit Road
Tel	02-714-9402
Open	AM 10:30 ~ PM 10:00
Access	BTS 통로역에서 도보 10분
Web	www.facebook.com/PhuketTownRestaurant
Cost	BB

브런치를 세트로!
멜로우
Mellow Restaurant & Bar

커피나 티, 약간의 샐러드, 간단한 디저트와 메인 요리를 포함한 몇 가지 브런치를 세트로 묶었다. 브런치는 11시부터 4시까지 즐길 수 있다. 사진 속 메뉴는 엄청난 칼로리를 자랑하는 폭 찹 스테이크(430밧). 썰어서 뱃속을 들여다보면 고기 속에 치즈와 버섯이 가득! 식욕을 자극한다. 탄수화물 양은 적지만 치즈가 한껏 들어있어 다이어트는 포기해야 하는 메뉴. 칼로리 따윈 잊고 일단 즐기자! 낮에 가볍게 커피 또는 밤에 맥주 한 잔 하기 괜찮은 곳이다. 길 건너편이 제이 애비뉴 J. Avenue.

수쿰빗 팟타이 맛집
호이 텃 차우 래
Hoi Tod Chaw Lae

허름해 보이는 작은 가게지만 내공이 만만치 않다. 2012년 CNN에서 뽑은 팟타이 맛집 5위에 이름을 올린 집. 주문과 동시에 식당 입구에서 요리를 한다. 강력하게 추천하고 싶은 메뉴는 씨푸드 팟타이. 요리하기 좋게 손질해둔 오징어, 굴, 새우 등의 해산물을 듬뿍 넣어 만든다. 탱글탱글 살 오른 굴을 듬뿍 넣은 어쑤언도 맛있다. 겉을 파삭파삭하게 익혀 식감도 좋다. 호이 텃과 어쑤언은 우리나라 부침개를 쏙 빼닮아 막걸리 한 통 청하고 싶어진다.

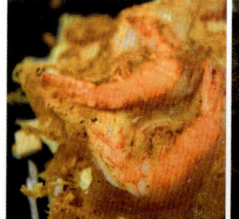

Address	Soi Thonglor 16, Sukhumvit Road
Tel	02-382-0065
Open	AM 11:00 ~ AM 01:00
Access	BTS 통로역에서 도보 20분
Web	www.facebook.com/mellowbangkok
Cost	BB

Address	25/1 Soi Sukhumvit 55, Sukhumvit Road
Tel	085-128-3996
Open	AM 09:00 ~ PM 09:00
Access	BTS 통로역에서 도보 3분
Cost	BB

한국 음식이 생각날 때 먹어도 좋은 치킨 덮밥,
분통끼앗
Boon Tong Kiat Singapore Chicken Rice

모든 게 다 비싼 동네 통로에서 싸게 먹을 수 있는 몇 안 되는 집이다. 싱가포르 요리사에게 비법을 전수 받았다고 주장하는 치킨 덮밥, 카오만까이를 판다. 푹 삶아 부드러운 닭고기를 밥 위에 올려준다. 평소에는 한가하지만 점심에는 인근에서 근무하는 직장인들이 우르르 몰려나와 붐빈다. 실패 확률이 적은 음식 중 하나. 한국 음식이 생각날 때 가도 좋은 곳, 포장도 된다. 통로 쏘이 Soi 14와 16 사이에 있다.

우아한 분위기와 정중한 서비스,
반 카니타 @53
Baan Khanitha at Fifty Three

지점이 네 군데 있는 반 카니타. 한국인 여행자들이 가장 즐겨 찾는 지점은 사톤의 반 카니타 앤 갤러리지만 개인적으로는 반 카니타 @53에 마음이 기운다.
이곳 특유의 무게감이 좋다. 수준 높은 태국 요리에 걸맞은 우아한 분위기와 정중한 서비스가 이루는 하모니. 부모님을 모시고 갈 괜찮은 레스토랑을 찾고 있다면 반 카니타 @53을 고려해봐도 괜찮다. 수쿰빗 쏘이 Soi 23에 있는 본점은 가정집 같아서 한결 가벼운 분위기.

Address	440/5 Soi Sukhumvit 55, Sukhumvit Road
Tel	02-390-2508
Open	AM 10:00 ~ PM 10:00
Access	BTS 통로역에서 도보 20분
Cost	B

Address	31 Soi Sukhumvit 53, Sukhumvit Road
Tel	02-259-8530
Open	AM 11:00 ~ AM 12:00
Access	BTS 통로역에서 도보 5분
Web	www.baan-khanitha.com
Cost	BB

여자들이 좋아하는 사랑스러운 카페 & 비스트로,
오드리
Audrey

수쿰빗 지역에는 신사동, 청담동에 절대 밀리지 않는 퀄리티와 세련된 감각으로 똘똘 뭉친 카페가 수두룩하다. 카페 & 비스트로 오드리도 그중 하나. 화이트톤 인테리어에 아기자기한 면이 있어서 여자들이 딱 좋아할 만한 취향의 카페다. 풀 메이크업에 옷도 한껏 신경 쓴 모습의 귀티 나는 태국 여자들이 많다. 당장 파티에 가도 될 것처럼 요란하게 차려입은 그녀들을 은근슬쩍 살피는 재미도 쏠쏠하다.
커피 한 잔과 달콤한 케이크로 즐기는 티타임부터 어중간한 시간에 즐기는 브런치, 느긋하고 든든하게 먹는 식사까지. 원하는 대로 즐길 수 있다. 메뉴 구성이 아주 다채롭다. 태국 요리도 있고 피자나 파스타처럼 익숙한 요리도 선보인다. 디저트도 사랑스럽지만 요리 맛도 괜찮다. 가격은 우리나라 여느 브런치 카페와 비슷한 수준.

이 메뉴 어때요?
식후 티타임을 위해 찾았는데 식사류에 아쉬움이 남는다면? 똠얌꿍 맛이 나는 피자를 맛볼 것. 또띠아 정도의 얇은 도우여서 부담 없이 즐길 수 있다. 똠얌꿍 피자 220밧.

Address	136/3 Soi Thonglor 11, Sukhumvit Road
Tel	02-712-6667
Open	AM 11:00 ~ PM 10:00
Access	BTS 통로역에서 도보 20분
Web	www.audreycafe.com
Cost	BB

먹는 즐거움과 보는 즐거움을 동시에
르언 말리카
Ruen Mallika

수쿰빗 지역, 200년을 넘긴 티크 하우스를 개조한 르언 말리카. 태국 특유의 전통적인 스타일로 꾸며져 있다. 왕실의 태국 요리 전통을 충실히 지키는 레스토랑. 엄선한 식재료를 정성 들여 조리해 섬세하고 깊이 있는 맛을 선보인다. 채소와 과일을 섬세하게 조각해 볼거리를 더한 점도 눈에 띈다. 먹는 즐거움과 보는 즐거움을 동시에 안겨주는 곳. 실내와 실외 좌석 모두 이용할 수 있다. 미쉐린 가이드 2018 빕 구르망 Bib Gourmand 선정.

Address	189 Soi Sukhumvit 22, Sukhumvit Road
Tel	02-663-3211
Open	PM 12:00 ~ PM 11:00
Access	BTS 프롬퐁역에서 도보 20분
Web	www.ruenmallika.com
Cost	BB

호텔치고는 아주 훈훈한 가격!
타이 라오 예
Thai Lao Yeh

수쿰빗 골목길 끝자락, 방이 딱 8개뿐인 소규모 호텔 카보숑에서 운영하는 레스토랑이다. 내부 장식이 화려한 편인데, 중국식과 태국식이 골고루 녹아있다. 맛과 분위기는 물론, 온화한 서비스까지 훌륭한 편. 게다가 호텔치고는 가격이 저렴하다. 요일별로 달라지는 점심 메뉴를 택하면 더욱 알뜰하게 먹을 수 있다. 유일한 단점은 양이 좀 적다는 것. 각각 6~8명, 10명을 수용할 수 있는 2개의 방이 있다. 단체석은 예약 필수.

Address	14/29 Soi Sukhumvit 45, Sukhumvit Road
Tel	02-259-2871
Open	AM 10:30 ~ PM 03:00 / PM 06:00 ~ PM 10:30
Access	BTS 프롬퐁역에서 도보 7분
Cost	BB

태국 음식, 여기 다 모였다!
돈 크루앙

Thon Krueng

어르신들이 좋아할 만한 공연!
비엔티안 키친
Vientiane Kitchen

대로변에서 오랫동안 한자리를 지켜왔던 가게인데, 일대에 새 건물이 서면서 수쿰빗 안쪽으로 터를 옮겼다. 워낙 오래된 가게고 전에 있던 위치에서 멀지 않은 곳이라 여전히 단골손님이 많다. 태국 음식이라면 없는 게 없다고 봐도 무방할 만큼 다양한 메뉴를 자랑한다. 메뉴판을 받아들면 난감할 정도로 두툼하다. 추천 메뉴 중에서 입맛대로 골라볼 것. 위치가 애매하니 택시 이동을 추천한다.

고전적인 스타일의 식당. 태국 북동부의 이산 요리, 라오스 요리에 주력한다. 수십 장에 이르는 메뉴판에는 보편적인 요리가 대부분이지만 튀긴 개구리와 허브 등 낯선 식재료를 이용한 요리도 있다. 라오스식 스테이크도 별미. 저녁때는 가운데 있는 큰 무대에서 공연을 한다. 손발이 오그라드는 순간이 종종 있는 공연이지만 대체로 흥미롭다. 어르신들이 좋아할 만한 취향. 촌스러운데, 백댄서 언니들의 촐싹맞은 춤동작이 깜찍하고 귀여워서 자꾸 눈이 간다.

Address	211/3 Soi Sukhumvit 49/13, Sukhumvit Road
Tel	02-185-3072
Open	AM 11:00 ~ PM 10:00
Access	BTS 프롬퐁역에서 도보 20분
Web	www.thonkrueng.com
Cost	BB

Address	Soi Sukhumvit 36, Sukhumvit Road
Tel	02-258-6171
Open	PM 12:00 ~ AM 12:00
Access	BTS 통로역에서 도보 5분
Cost	BB

적당한 가격에 맛 좋은 음식,
껫타와
Gedhawa

적당한 가격에 맛 좋은 음식을 내놓는 실속 넘치는 가게. 특히 태국 북부 요리를 맛있게 한다. 따뜻하고 가정적인 분위기 때문인지, 소소한 걸 즐기는 일본인 단골이 많다. 비주얼에 반해 주문한 요리는 코코넛 속에 담긴 레드커리(250밧). 새우, 홍합, 오징어 등 실한 해산물을 넣어 커리를 만든 다음, 코코넛 속을 파서 그릇 삼아 담았다. 가끔 씹히는 코코넛의 속살이 별미. 익숙한 맛은 아니지만 태국 음식을 가리지 않는다면 먹어볼 만하다. 껫타와 추천 메뉴는 메뉴판 앞쪽에 따로 모았다.

Address	24 Soi Sukhumvit 35, Sukhumvit Road
Tel	02-662-0501
Open	AM 11:00 ~ PM 02:00, PM 05:00 ~ PM 10:00 (일요일 휴무)
Access	BTS 프롬퐁역에서 도보 7분
Cost	BB

방콕에서 만나는 인도의 맛,
히말리 차차 31
Himali Cha Cha 31

1979년부터 사랑받아온 인도 음식점. 오랫동안 명맥을 이어왔다. 인도에서 먹던 맛 그대로다. 홈메이드 스타일의 북인도 요리를 낸다. 우리가 흔히 알고 있는 난, 탄두리 치킨 등이 북인도에서 즐겨 먹는 음식들. 인도 요리에 익숙하지 않다면 사모사, 치킨 마살라 같은 무난한 요리를 선택하자. 요구르트 음료인 라씨나 향신료를 넣은 밀크티 짜이를 곁들여도 좋다. 인당 300 ~ 400밧 정도 예산이 필요하다.

Address	6 Soi Sukhumvit 31, Sukhumvit Road
Tel	02-259-6677
Open	AM 11:00 ~ PM 03:00, PM 05:00 ~ PM 10:30
Access	BTS 프롬퐁역에서 도보 7분
Web	www.himalichacha.com
Cost	BB

국물이 맛있는 쌀국수 집,

룽 르엉
Rung Reung

외국인보다 현지인의 비율이 훨씬 많은 쌀국수집. 점심시간에는 손님이 밀물처럼 밀어닥친다. 가족들이 똘똘 뭉쳐 운영한다. 어묵과 돼지고기를 듬뿍 넣은 국수를 판다. 국물이 있는 것과 없는 것, 매운 것과 안 매운 것을 선택하면 된다. 말이 안 통하는 외국인 손님은 음식 만드는 쪽으로 데려가 눈으로 살피고 손가락으로 고르도록 한다. 깊은 국물 맛이 일품이니 무조건 국물이 있는 '남' 추천. 보통이 60밧, 곱빼기가 70밧이다. 재료가 떨어지면 언제든지 문을 닫는다.

Address	Soi Sukhumvit 26, Sukhumvit Road
Tel	02-258-6746
Open	AM 09:00 ~ PM 04:00
Access	BTS 프롬퐁역에서 도보 5분
Cost	B

분위기에 치중해 레스토랑을 물색하고 있다면,

더 미쓰 오브 마하나가
The Myth of Mahanaga

태국 스타일에 모로코풍을 더했다. 건물이 여럿으로 나뉘는데, 건물마다 인테리어가 다르다. 5시 30분부터 영업해 저녁 식사만 가능. 디너 코스는 두 가지다. 오리, 닭, 돼지 등 육류를 베이스로 한 세트가 인당 1,600밧, 새우와 랍스타 등 해산물을 주재료로 쓰는 코스가 인당 2,000밧이다. 단품으로도 주문 가능하다. 애피타이저와 샐러드, 수프가 200~300밧, 메인 요리가 350~1,250밧 사이다. 해진 뒤에 가는 게 더 멋져 보이는 공간.

Address	2 Soi Sukhumvit 29, Sukhumvit Road
Tel	02-662-3060
Open	PM 05:30 ~ AM 12:00
Access	BTS 아속역 또는 프롬퐁역에서 도보 10분, MRT 수쿰빗역에서 도보 10분
Web	www.mahanaga.com
Cost	BBB

실패 확률 제로 맛집,
쏜통 포차나
Sornthong Pochana

<u>Must Eat</u> 한국 사람들은 백이면 백, 맛있다고 하는 집. 실패 확률이 제로에 가까운 해산물 식당이다. 게, 새우, 생선 등 신선한 해산물을 이용한 요리를 한다. 달걀과 게, 옐로우 커리를 함께 볶은 뿌팟퐁커리는 무조건 먹어봐야 할 쏜통 포차나의 대표 메뉴. 게살을 넣고 고슬고슬하게 볶은 볶음밥을 한 술 떠서 커리와 싹싹 비벼 먹으면 아주 맛있다. 통후추를 넣은 새우요리 꿍 팟 픽타이담, 새우 살을 발라 둥글게 뭉쳐 튀긴 텃만꿍, 굴을 풍성하게 넣어 부친 굴전 어쑤언, 게장을 좋아한다면 태국식 게장인 뿌동에도 도전할만하다. 여기에 맥주 한 잔 쭉 들이켜면 퍼펙트!

한국인이 아주 많다. 가끔 주위를 둘러보면 온통 한국인뿐이어서 여기가 태국인지 한국인지 긴가민가할 정도. 한국인이 많아서 좋은 점은 메뉴판에 한국어 표기가 있다는 점. 메뉴의 이름뿐 아니라 설명까지 한국어로 되어 있다. 점심때 가면 굳게 닫힌 외관만 보고 온다. 오후 4시쯤 오픈하니 시간 맞춰 갈 것.

🍲 알아두면 유용한 꿀팁
BTS를 이용하면 찾아가기가 좀 애매하다. 내려서 한참 걸어야 하는 위치. 웬만하면 택시를 타고 이동하는 게 낫다.

Address	2829 Rama 4 Road
Tel	02-258-0118
Open	PM 04:00 ~ AM 01:30
Access	BTS 프롬퐁역에서 도보 25분
Web	www.sornthong.com
Cost	BB

친절하지 않지만 맛은 괜찮다.

수다
Suda Restaurant

실내는 물론, 바깥에 놓인 테이블까지 빈자리를 찾아보기 어려운 식당. 메뉴가 워낙 많아 선택 장애가 있는 사람은 메뉴판을 들고 한참 동안 고민에 휩싸인다. 나뭇잎으로 감싸 구운 닭 요리 까이호바이토이(140밧)는 강력하게 추천하고 싶은 메뉴. 뿌팟퐁커리도 즐겨 찾는 메뉴 중 하나지만 쏨뚬 포차나 또는 쏨분 씨푸드 등 해산물 요리 전문점에서 맛보길 권장한다. 친절함과는 안드로메다 거리. 직원들의 표정이 하나같이 멍하거나 뚱하지만, 탐탁지 않은 서비스가 싹 잊히는 무난한 맛 때문에 손님이 끊이지 않는다.

Address	Soi Sukhumvit 14, Sukhumvit Road
Tel	081-632-2042
Open	AM 11:00 ~ PM 11:00(일요일은 5시부터)
Access	BTS 아속역에서 도보 1분
Web	www.facebook.com/SudaRestaurantBkk
Cost	BB

홍콩이 고향인 딤섬 전문점

팀호완
Tim Ho Wan

홍콩의 유명 딤섬 전문점 팀호완. 미쉐린 가이드에서 별 하나를 획득했다. 수수한 분위기와 부담 없는 가격으로 인기를끌어 전 세계로 지점을 확대했다. 방콕 내 쇼핑몰에 다수 입점. BBQ 돼지고기를 넣어 구운 바비큐 포크 번, 돼지고기와새우를 넣은 딤섬 슈마이, 새우를 라이스롤 속에 가득 채운창펀 등이 맛있다. 향신료 팍팍 넣은 태국음식이 영 멀게 느껴진다면 팀호완도 괜찮은 옵션이다. 사진 메뉴가 있고 외국인도 즐겨 찾는 동네답게 영어로도 적혀 있어 주문은 어렵지않다.

Address	Soi Sukhumvit 19, Sukhumvit Road
Tel	02-006-5288
Open	AM 10:00 ~ PM 10:00
Access	BTS 아속역에서 도보 1분, MRT 수쿰빗역에서 도보 3분
Cost	BB

레스토랑에 콘돔이 주렁주렁,
캐비지 앤 콘돔
Cabbages & Condoms

입구에 들어서자마자 보이는 것은 다름 아닌 콘돔. 빨간색 콘돔을 주렁주렁 매달아 장식한 산타와 순백의 콘돔 드레스를 입은 신부가 반겨준다. 상호부터 범상치 않다. 콘돔이 들어가다니! 캐비지 앤 콘돔은 에이즈 예방 홍보를 위해 만든 레스토랑이다. 에이즈, 낙태 등의 사회적인 문제 해결에 도움을 주고 싶었던 오너. 누구나 쉽게 오갈 수 있는 식당에 재미를 더해 다소 어둡게 느껴질 만한 부분을 자연스럽게 풀었다. 어디에서도 보지 못했던 희한한 콘셉트에 이끌려 찾아오는 외국인이 많다.

애피타이저는 120밧 선, 메인은 170~430밧 사이. 식사 후 입가심으로 먹을 민트 맛 사탕은 없다. 대신 건강한 성생활을 위한 콘돔을 선물한다. 호기심에 한 번쯤 가볼 만한 곳. 에이즈를 예방하자는 좋은 취지로 만든 식당이긴 하지만, 우리나라 정서상 부모님과 가는 건 다소 민망할 수 있다.

Address	10 Soi Sukhumvit 12, Sukhumvit Road
Tel	02-229-4610
Open	AM 11:00 ~ PM 10:00
Access	BTS 아속역에서 도보 7분, MRT 수쿰빗역에서 도보 10분
Cost	BB

저렴하면서 전통적인 느낌,
숙 일레븐 레스토랑
Suk 11 Restaurant

언제나 분주한 수쿰빗 쏘이 Soi 11 골목. 'Suk 11 Restaurant' 이라고 적힌 검은 간판 안쪽으로 들어가면 오래된 목조 가옥에 자리 잡은 아담한 식당이 있다. 그대로 떠다가 카오산 로드 인근에 옮겨 놓는 게 더 잘 어울릴 것 같은 야외 테이블이 인상적이다. 여행자 숙소인 숙 일레븐 호스텔에서 운영한다. 신선한 채소를 넣어 돌돌 말아낸 스프링롤과 양은 많지 않지만 무난한 맛의 팟타이가 만만한 메뉴. 저렴하면서 전통적인 느낌의 식당을 찾고 있다면 괜찮은 선택. 에어컨이 없으므로 더위에 단단히 질렸다면 포기하자.

Address	Soi Sukhumvit 11, Sukhumvit Road
Tel	02-253-5927
Open	PM 04:30 ~ PM 11:30
Access	BTS 나나역에서 도보 5분
Cost	B

식사보다 맥주 한 잔,
로사비엥
Rosabieng

수십 년 된 널찍한 집을 개조했다. 내부에는 오너가 좋아하는 기차 관련 소품을 잔뜩 가져다 놓았고, 잘 가꿔진 예쁜 정원이 딸려있다. 우리나라 여행자 사이에서도 알음알음 소문나 있다. 음식은 무난한 수준이나 서비스가 고르지 않아 도마에 오르는 일이 잦아 아쉽다. 손님에게 관심 없는 태도와 너무 느린 서빙 속도가 주된 불만 요소. 밤에는 술 마시며 놀기 좋은 쏘이 Soi 11에 흡수되어 펍으로 변한다. 여기서는 식사보다 한밤에 맥주 한 잔이 나을 듯.

Address	3 Soi Sukhumvit 11, Sukhumvit Road
Tel	02-662-0501
Open	AM 11:00 ~ PM 11:00
Access	BTS 나나역에서 도보 5분
Cost	BB

브런치 메뉴도 빵빵한 카페,
더 커피 클럽
The Coffee Club

파타야에서 돌아오자마자 여기 들러 점심을 먹었다. 파타야에서 너무 열심히 돌아다닌 탓인지 디위에 설어 기운이 쭉 빠져 있었다. 이럴 때 필요한 건 뭐? 카페인. 쌉싸름한 커피 한 잔과 함께 고픈 배를 채울 곳이 없을까 생각하다 여길 떠올렸다. BTS 에까마이역 바로 앞 카페. 버스터미널에서 큰 길 하나만 건너면 된다. 앞면이 뾰족해서 눈에 띄는 건물, 볕이 잘 드는 환한 카페다.

더 커피 클럽은 1989년 호주 브리즈번에 처음 선보인 뒤 뉴질랜드, 태국, 중국 등에 수백 개의 매장을 차린 카페 프랜차이즈다. 좋은 음식, 훌륭한 서비스, 우수한 커피 세 가지에 중점을 두고 있으며 목 좋은 곳에 자리를 잡아 만남의 장소로도 활약 중이다. 시간에 관계없이 브런치와 디저트류, 커피를 판다. 선택한 메뉴는 비프 버거와 에그 베네딕트. 그리고 카페인이 듬뿍 담긴 시원한 아메리카노. 디저트로 티라미수도 맛봤다. 커피와 브런치 모두 맛있었다. 파타야에 오갈 때 시간이 남는다면 잠시 들러서 커피 한 잔 또는 브런치를 맛보자. 가격대는 약간 높지만 훌륭한 커피와 서비스로 기분 좋은 여행길이 될 것!

Address	1239 Soi Sukhumvit 63, Sukhumvit Road
Tel	02-381-2736
Open	AM 07:00 ~ PM 11:00
Access	BTS 에까마이역에서 도보 1분
Web	www.coffeeclub.com.au
Cost	BB

편안한 공간, 여유로운 느낌의 카페,

까사 라팽 x26
Casa Lapin x26

방콕 시내 곳곳에 지점을 둔 카페 까사 라팽. 특유의 편안함과 커피 맛으로 꾸준히 사랑받는 곳이다. 지점마다 규모와 분위기가 제각각인데 사진 속 지점은 수쿰빗 소이 26. 높은 천장과 목재 바닥, 붉은색 벽돌이 어우러진 인테리어가 돋보인다. 테이블 간 간격이 넓어 여유로운 느낌. 호스텔과 코워킹을 위한 공간, 레스토랑이 얼굴을 맞대고 있다. 커피뿐 아니라 브런치로 먹기 좋은 메뉴, 치즈버거와 볶음밥 등 식사거리도 다양한 편.

Address	51 Sukhumvit 26, Sukhumvit Road
Tel	02-000-5546
Open	AM 08:00 ~ PM 10:00
Access	BTS 프롬퐁역에서 도보 7분
Cost	BB

배스킨라빈스가 기를 못 편다!

스웬센
Swensen's

미국에서 시작된 아이스크림 글로벌 브랜드다. 스웬센은 방콕에서 배스킨라빈스가 기를 못 펴게 만드는 아이스크림 체인으로 단단히 뿌리를 내렸다. 지점이 워낙 많은 데다 시즌마다 망고, 딸기 등 제철 과일을 이용한 신제품을 꾸준히 내놓아 지속적으로 인기를 누리고 있다. 굳이 이 지점에 찾아갈 필요는 없다. 방콕 시내를 돌아다니다 보면 몇 번이고 마주치는 아이스크림 전문점.

Address	Soi Sukhumvit 19, Sukhumvit Road (터미널21 4층)
Tel	02-108-0812
Open	AM 10:00 ~ PM 10:00
Access	BTS 아속역에서 도보 1분, MRT 수쿰빗역에서 도보 3분
Cost	BB

열대과일 맛 아이스크림,
아이베리
Iberry

태국의 인기 개그맨이 운영하는 카페다. 겪어봐서 아시겠지만 유명한 사람이 운영한다는 건 손님 입장에서 아무짝에도 쓸모가 없다. 어차피 가게에 간다고 해서 그 사람을 볼 수 있는 게 아니니까. 게다가 아이베리는 지점도 셀 수 없이 많다. 태국의 로컬 브랜드니 아이스크림도 태국의 맛을 골라 먹는 게 좋겠다. 그린 망고, 구아바, 잭 푸르트, 심지어 두리안이나 스파이시 망고처럼 도전 정신을 필요로 하는 아이스크림도 있다. 과일은 시즌에 따라 종류를 달리한다.

Address	Soi Thonglor 15, Sukhumvit Road (제이 애비뉴 1층)
Tel	02-712-6054
Open	AM 09:00 ~ PM 11:00
Access	BTS 통로역에서 도보 20분
Web	www.iberryhomemade.com
Cost	B

동그란 바닐라 아이스크림을 토스트 위에!
애프터 유 디저트 카페
After You Dessert Cafe

태국의 젊은이들이 좋아하는 디저트 카페. 네모 반듯한 빵 위에 바닐라 아이스크림을 둥글게 굴려 얹는다. 여기에 시럽을 몇 바퀴 둘러 먹으면 달콤하면서 든든하기까지 한 디저트. 충분히 예측 가능한 맛이다. 동그랗게 뜬 아이스크림이 포인트인데, 아이스크림은 '투게더'만큼이나 평범하다. 가벼운 마음으로 들러 디저트 먹기 괜찮다. 예쁘장한 방콕 아가씨들이 온갖 예쁜 척하며 셀카 삼매경에 빠진 흥미로운 모습은 보너스. 시암 등에 지점이 여럿 있다.

Address	Soi Thonglor 13, Sukhumvit Road
Tel	02-712-9266
Open	AM 11:00 ~ AM 12:00
Access	BTS 통로역에서 도보 20분
Web	www.afteryoudessertcafe.com
Cost	BB

언제나 붐비는 통로의 브런치 카페,

로스트
Roast

한국의 잘 나가는 브런치 카페에 견주어도 책잡힐 데가 없다. 신선한 재료를 고수해 질 좋은 음식과 꽤 괜찮은 커피를 내놓는다. 오픈과 동시에 핫 플레이스로 떠오른 곳. 맛과 비주얼 둘 다 잡았다. 타블로이드 신문처럼 디자인한 메뉴판부터 실내 장식까지, 감각적이다. 부산함을 살짝 피해 가려면 어중간한 3시쯤 방문을 권장한다. 고급스러운 브런치 카페의 전매특허, 전체적으로 양이 적고 비싸다. 쇼핑몰 엠쿼티어에도 있지만 다방면에서 더 커먼스 지점 압승.

Address	335 Thonglor Soi 17, Sukhumvit Road (더 커먼스 내)
Tel	02-185-2865
Open	AM 10:00 ~ PM 11:00
	(금, 토요일은 9시부터, 일요일은 10시까지)
Access	BTS 통로역에서 도보 25분
Web	www.roastbkk.com
Cost	BB

태국 토종 커피 브랜드,

도이창 커피
Doi Chaang Coffee

태국 북쪽, 도이창이라는 마을이 있다. 한때 세계 마약의 절반 이상을 공급했던 곳. 1983년 태국 국왕이 직접 나서 이 지역에 마약 대신 커피를 경작하라 권했고 이후 이곳에서 생두가 나고 있다. 도이창에서 유기농으로 얻은 생두는 공정무역으로 유통되어 태국 전역에 있는 도이창 커피 매장뿐 아니라 미국, 유럽 등지로도 수출되고 있다. 소소하지만 우리나라에도 진출해있다. 수쿰빗 쏘이Soi 12의 초입에는 코리아 타운이 있다.

Address	5/1 Soi Sukhumvit 12, Sukhumvit Road
Tel	02-653-4311
Open	AM 07:00 ~ PM 22:00
Access	BTS 아속역에서 도보 7분, MRT 수쿰빗역에서 도보 10분
Web	www.doichaangcoffee.com
Cost	B

평온한 일상 같은 여행을 꿈꾸며,

세렌딥 티룸
Serendib Tea Room

세렌딥은 긴 여행의 평범한 나날이 차곡차곡 쌓여, 여행이 조금 시시해질 무렵에 들른 카페다. 작은 티룸의 문을 열어젖히자 보들보들한 팬케이크의 냄새가 짙게 풍겼다. 편안한 의자가 놓인 아늑한 공간에서 스리랑카의 옛 이름 '세렌딥'답게 실론티, 우바, 누와라엘리야, 캔디 등 스리랑카에서 온 홍차를 판다. 왜 그럴 때 있지 않나? 여행지에서 한없이 게으름을 피우고 싶을 때. 여행자가 바글바글한 여행지에 가는 대신, 조용한 카페에 몸을 숨기고 앉아 드나드는 사람들을 관찰하고 느릿느릿 책장을 넘기며 일상 같은 여행을 꿈꿔보면 어떨까.

Address	120/24 Sukhumvit 23, Sukhumvit Road
Tel	02-115-2144
Open	AM 11:00 ~ PM 08:00
Access	BTS 아속역에서 도보 15분, MRT 수쿰빗역에서 도보 15분
Web	www.facebook.com/Serendibtearoom
Cost	BB

브런치 메뉴도 빵빵한 로스터리 카페,

쿠파
Kuppa

직접 볶아 내리는 커피, 차와 곁들이면 좋을 케이크, 올데이 브런치부터 식사까지 웬만한 건 다 있다. 우드 스타일의 테이블과 의자가 놓인 널찍한 실내와 채광 좋은 통유리 창문이 시원시원해 보인다. 주말 아침이면 브런치 먹으러 나온 가족, 일찌감치 데이트하러 나온 커플들이 테이블을 가득 채운다. 방콕의 물가를 고려하면 가격은 매우 사악한 수준이나 현대적이면서 부담스럽지 않은 무드가 꽤 인상적이므로 봐주겠다. 쨍한 날의 대낮, 햇살 아래서 시간을 보낼 수 있는 창가 쪽 테이블을 탐내보자.

Address	39 Soi Sukhumvit 16, Sukhumvit Road
Tel	02-663-0450
Open	AM 10:00 ~ PM 10:00
Access	BTS 아속역에서 도보 15분, MRT 수쿰빗역에서 도보 15분
Web	www.kuppa.co.th
Cost	BB

휴식을 취하며 빈둥빈둥,
페이스 바
Face Bar

통로역에서 Soi 38을 따라 걸으면 불빛이 사라져 어둑어둑해질 때쯤 페이스 바가 모습을 드러낸다. 티크 나무로 지은 으리으리한 저택 안에 있는 조용한 바다. 태국 전통 양식과 오리엔탈풍의 실내 장식들이 적절하게 조화를 이룬다. 한적해서 수쿰빗 한가운데 있다는 사실을 잊게 되는 곳. 태국, 인도, 일본 요리를 내는 레스토랑과 스파, 쿠킹클래스까지 운영한다. 편히 휴식을 취하며 빈둥빈둥 시간을 보낼 수 있는 바. 태국 맥주 싱하가 200밧, 칵테일은 310밧.

Address	29 Soi Sukhumvit 38, Sukhumvit Road
Tel	02-713-6048
Open	PM 06:30 ~ AM 01:00
Access	BTS 통로역에서 도보 5분
Web	www.facebars.com
Cost	BB

수쿰빗에서는 꽤 괜찮은 야경,
롱 테이블 스카이 바
Long Table Sky bar

컬럼 레지던스 25층에 있는 바다. 고층 빌딩 외부에 빨간색 간판이 걸려있다. 롱 테이블이라고 영어로 큼지막하게 적혀 있어서 찾아가기 쉽다. 널리 알려진 루프탑 바 치고는 낮은 편. 입이 떡 벌어지는 드라마틱한 야경은 아니지만, 수쿰빗 일대에서는 괜찮은 전망으로 꼽힌다. 5~7시까지는 해피 아워다. 한 잔을 주문하면 한 잔을 더 준다. 칵테일은 350밧 선. 바 옆 레스토랑에 식사를 위한 25m 길이의 테이블이 놓여있어 롱 테이블이다.

Address	48 Soi Sukhumvit 16, Sukhumvit Road(컬럼 레지던스 25층)
Tel	02-302-2557
Open	PM 05:00 ~ AM 02:00
Access	BTS 아속역에서 도보 7분, MRT 수쿰빗역에서 도보 10분
Web	www.longtablebangkok.com
Cost	BB

재즈를 사랑한다면,
리빙룸
The Living Room

Must Try 연인과 함께 기분 내기 딱 좋은 쉐라톤 호텔 내 재즈 바. 원형의 방에 무거운 그레이톤 커튼, 은은한 조명이라 분위기가 좀 무겁지만 안락한 소파에 훌륭한 서비스! 오붓하게 데이트 하기엔 더없이 좋다. 매일 밤 9시 15분부터 메인 밴드의 공연이 펼쳐진다. 필자가 방문한 날에는 노신사들이 등장했다. 묵직하고 중후한 매력을 가진 실력파 뮤지션들이 나와 수준 높은 재즈를 감상할 수 있었다. 20대 초반보다는 20대 후반 이상, 30~40대가 더 좋아할 만한 재즈 바.

Address	250 Sukhumvit Road(쉐라톤 그랑데 수쿰빗 호텔 2층)
Tel	02-649-8888
Open	AM 09:00 ~ AM 12:00
Access	BTS 아속역에서 도보 1분, MRT 수쿰빗역에서 도보 5분
Web	www.thelivingroomatbangkok.com
Cost	BB

수쿰빗에서 전망 좋은 곳을 찾고 있다면
옥타브 루프탑 라운지 앤 바
Octave Rooftop Lounge & Bar

수쿰빗 로드 대로변, 방콕 메리어트 호텔 수쿰빗 내 위치한 루프탑 라운지 앤 바 옥타브. 방콕 시내 중심에서 바라본 360도 파노라마 전경이 매력적이다. 탁 트인 도시 전경을 만날 수 있다. 가볍게 맥주나 칵테일, 와인 등을 마실 수 있고 타파스 플래터 등 간단한 안줏거리도 낸다. 오픈과 동시에 사람들이 마구 몰려오기 때문에 의자에 궁둥이를 붙이려면 오픈 시간을 맞춰 갈 것. 맥주는 250밧, 칵테일은 400밧 전후다. 안내는 45층에서.

Address	Soi Sukhumvit 57, Sukhumvit Road
Tel	02-797-0000
Open	PM 05:00 ~ AM 02:00
Access	BTS 통로역에서 도보 5분
Cost	BB

나나에서 첫 손에 꼽히는 전망,
어보브 일레븐
Above Eleven Rooftop Bar

<u>Must Try</u> 수쿰빗 쏘이 ^{Soi} 11, 전망으로는 나나에서 첫 손에 꼽힌다. 방콕의 스카이라인이 한눈에 들어오는 멋진 전경이 매력적이다. 뷰 좋은 바깥 자리를 차지하려면 오픈 시간에 맞춰 일찌감치 가는 게 최선. 바텐더가 분주하게 오가며 술을 내는 광경을 볼 수 있는 바 테이블도 괜찮다. 칵테일은 300밧선. 요리도 대체로 무난해 칵테일과 함께 집어 먹을 안줏거리를 주문해도 후회하지 않는다.

아늑한 둥지에서 보내는 편안한 시간,
네스트 루프탑 바
Nest Rooftop Bar

르 페닉스 호텔 옥상에 있는 네스트 루프탑 바. 꼭대기지만 높은 층이 아니어서 전망은 기대하기 어렵다. 네스트의 매력은 다른 데 있다. 둥지처럼 아늑한 좌석. 침대나 다름없는 모래 위 소파가 사랑스럽다. 딱 4개뿐이어서 경쟁이 치열하다. 사람 구경하기 좋은 자리. 음악 들으며 드러누워 캄캄한 밤 하늘을 바라보고 있으면 더 바랄 게 없어진다. 선선한 바람과 흥겨운 음악이 어우러지는 밤. 편안한 분위기 속에서 술 한 잔을 원한다면 네스트 추천.

Address	38/8 Soi Sukhumvit 11, Sukhumvit Road (프레이저 스위트 수쿰빗 33층)
Tel	083-542-1111
Open	PM 06:00 ~ AM 02:00
Access	BTS 나나역에서 도보 10분
Web	www.facebook.com/aboveeleven
Cost	BB

Address	33/33 Soi Sukhumvit 11, Sukhumvit Road (르 페닉스 호텔 내)
Tel	02-305-4000
Open	PM 06:00 ~ AM 02:00
Access	BTS 나나역에서 도보 10분
Cost	BB

거리 전체가 홍등가,
쏘이 카우보이
Soi Cowboy

거리 전체가 홍등가다. 라스베이거스 뺨칠 만큼 화려한 네온 사인이 번쩍거린다. 온통 붉은빛. 이 골목에서 여자들은 별다른 관심을 받지 못한다. 호기심 혹은 불순한 의도를 품은 남자들이 호객하는 태국 여성들의 관심을 한몸에 받는다. 고고 바 안으로 들어가면 실오라기 하나 걸치지 않고 흐느적거리는 몸짓으로 춤을 추는 여인들이 있다. 퇴폐적인 무드지만 경찰들이 이곳을 지키고 있기 때문에 범죄율은 높지 않다. 그래도 여자들끼리 이 골목에 가는 건 반대다. 팟퐁 가서 놀 생각이라면 차라리 여기가 낫다.

불금! 이대로 집에 갈 수 없다고요?
렛츠 고, 클러빙!

좀 더 후끈한 밤을 보내고 싶다고? 방콕의 나이트 라이프를 제대로 즐기고 싶다면 클럽으로 가자. 통로 Soi Sukhumvit 55와 에까마이 Soi Sukhumvit 63 일대에 핫한 클럽이 많다. 뮤즈 Muse, 데모 Demo, 펑키 빌라 Funky Villa, 낭렌 Nunglen, 에스코바 Escobar, 디엔디 DND가 인기다. 일부 클럽은 밴드가 공연을 펼치는 낯선 장면으로 여행자를 당황스럽게 만들다가 11시 이후로 일렉트로닉 음악을 틀어 분위기를 바꾼다. RCA Royal City Avenue도 클럽이 밀집한 지역. 루트 66 Route66, 오닉스 ONYX 등에 사람이 끓는다.

Address	Soi Cowboy, Soi Sukhumvit 23 근처
Open	PM 06:00 ~ AM 01:00
Access	BTS 아속역에서 도보 3분, MRT 수쿰빗역에서 도보 3분
Cost	BB

SIAM & CHITLOM & PLOENCHIT

시암&칫롬&펀칫

정신을 차리지 않으면 쇼핑센터가 밀집한 이곳에서 미아 되기 십상이겠다. 중저가 브랜드 숍부터 명품관까지 원스톱으로 쇼핑이 가능한 지역. 쇼핑의 잔재미를 찾아 나선 여행자들의 양손이 점점 두둑해진다. 쇼퍼홀릭이라면 시간을 넉넉히 할애해도 좋다. 더위에 약한 이들에게 역시 사랑스러운 여행지다. 에어컨 바람이 빵빵하게 나오는 실내로 이어지는 동선. 방콕의 후끈함은 잠시 잊고 겨울왕국 같은 하루를 보내볼까?

SIAM & CHITLOM & PLOENCHIT
시암 & 칫롬 & 펀칫

시암은 교통의 요지다. 도로가 주차장처럼 변해버린 사진을 본 적 있는지? 그렇다면 사진 속 장소가 시암 일대일 확률, 90% 이상이다. 낮밤 가릴 것 없이 상습적으로 정체되는 구간. 마분콩, 시암 디스커버리, 시암 센터, 시암 파라곤, 게이손 플라자, 센트럴 월드, 대형 마트 빅 씨까지! 매머드급 쇼핑몰이 대거 밀집한 쇼핑의 메카다. 없는 게 없는 건물 안에서 쇼핑은 물론이고 레스토랑, 카페, 마사지까지 한 큐에 해결한다.

2015년에 발생한 방콕 테러의 현장, 에라완 사당이 칫롬역 인근에 있다. 지금은 언제 그랬냐는 듯 평화롭다. 이 사당에서 간절하게 기도하면 소원이 이루어진단다. 한쪽에서는 기도하는 사람들이 열심히 꽃을 놓고 향을 꽂는데, 다른 한쪽에서는 사당 관리인이 부지런히 꽃과 향을 치우는 데 몰두하는 진풍경이 벌어진다.

추천 하루 코스

Start!

짐 톰슨 하우스 (p200)

↓ 도보 7분

방콕 아트 앤 컬처 센터 (p201)

↓ 도보 3분

마분콩 (p202)

↓ 도보 5분

시암 디스커버리 (p204)

→ 도보 5분

색소폰 (p228)

BTS 또는 택시

바와 스파 (p322)

↓ 도보 15분

에라완 사당 (p208)

↓ 도보 7분

시암 파라곤 (p202)

뭐 타고 다니지?

심각한 교통체증에서 벗어나는 완벽한 방법은 도보나 BTS를 이용하는 것. 시암, 칫롬, 펀칫역이 나란히 이어져 대중교통 이용에 불편함이 없다. 출퇴근 시간에는 BTS 역시 지옥철로 변하지만 도로 위의 차 막힘에 비하면 양반. 역 하나쯤은 운동 삼아 걷는 것도 좋지 아니한가.

여행자들이 즐겨 찾는 여행지

❶ 태국 실크의 대명사,
 짐 톰슨 하우스 (p200)

❷ 먹을거리가 몰려있는 G층이 매력적,
 시암 파라곤 (p202)

❸ 리노베이션으로 새 단장,
 시암 디스커버리 (p204)

❹ 소원 성취 명당,
 에라완 사당 (p208)

오늘은 뭐 먹을까?

❶ 태국 음식을 총망라하는 푸드코트,
 잇타이 (p220)

❷ 쏨땀과 까이텃의 조화,
 쏨땀 누아 (p217)

❸ 열대의 나무 사이 핑크빛 레스토랑
 원스 어폰 어 타임 (p223)

❹ 닭고기 덮밥집,
 카이톤 카오 만 카이 (p219)

일정 플러스

주말이 끼었다면 방콕에서 제일 큰 재래시장인 짜뚜짝 시장에 발을 담가보자. 눈으로 보고도 믿을 수 없는 놀라운 규모. 로컬들이 아끼는 야시장 짜뚜짝 그린은 밤에 서는 빈티지 시장이다. 구경거리가 꽤 많으니 일단 시장을 한 바퀴 둘러보고, 마음에 드는 술집을 눈여겨보았다가 궁둥이를 붙인다. 아이스 버킷과 맥주를 주문한 뒤 꼴깍꼴깍 원샷!

SIAM & CHITLOM & PLOENCHIT

기억에 남는 8장면

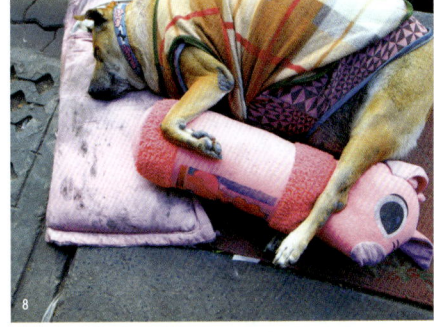

1. 교복에 양 갈래머리, 단정한 모습의 태국 여학생.
2. 단연코 이 일대에서 가장 복잡한 지점.
3. 아이돌을 꿈꾸었던 그녀, 어떻게 되었을까?
4. 시암, 차가 왜 막히는지 알 것도 같다.
5. 도로 옆 노점에서 간단하게 때우는 한 끼.
6. 기도하는 사람들, 다들 무엇을 바라고 사나.
7. 방콕에 가면 문맹, 그래도 여행은 노 프라블럼.
8. 아무래도 개 팔자가 상팔자, 진실인가 보다.

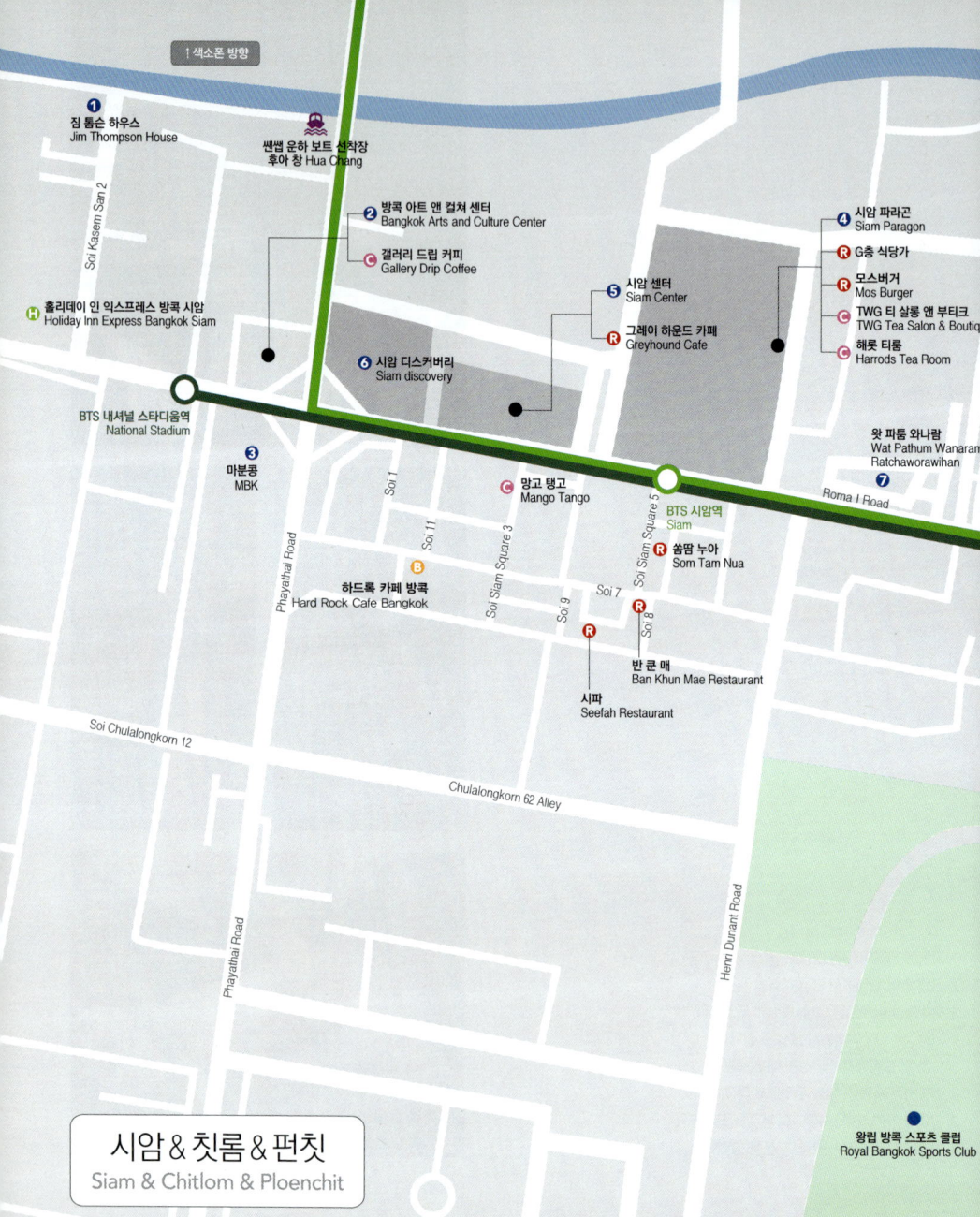

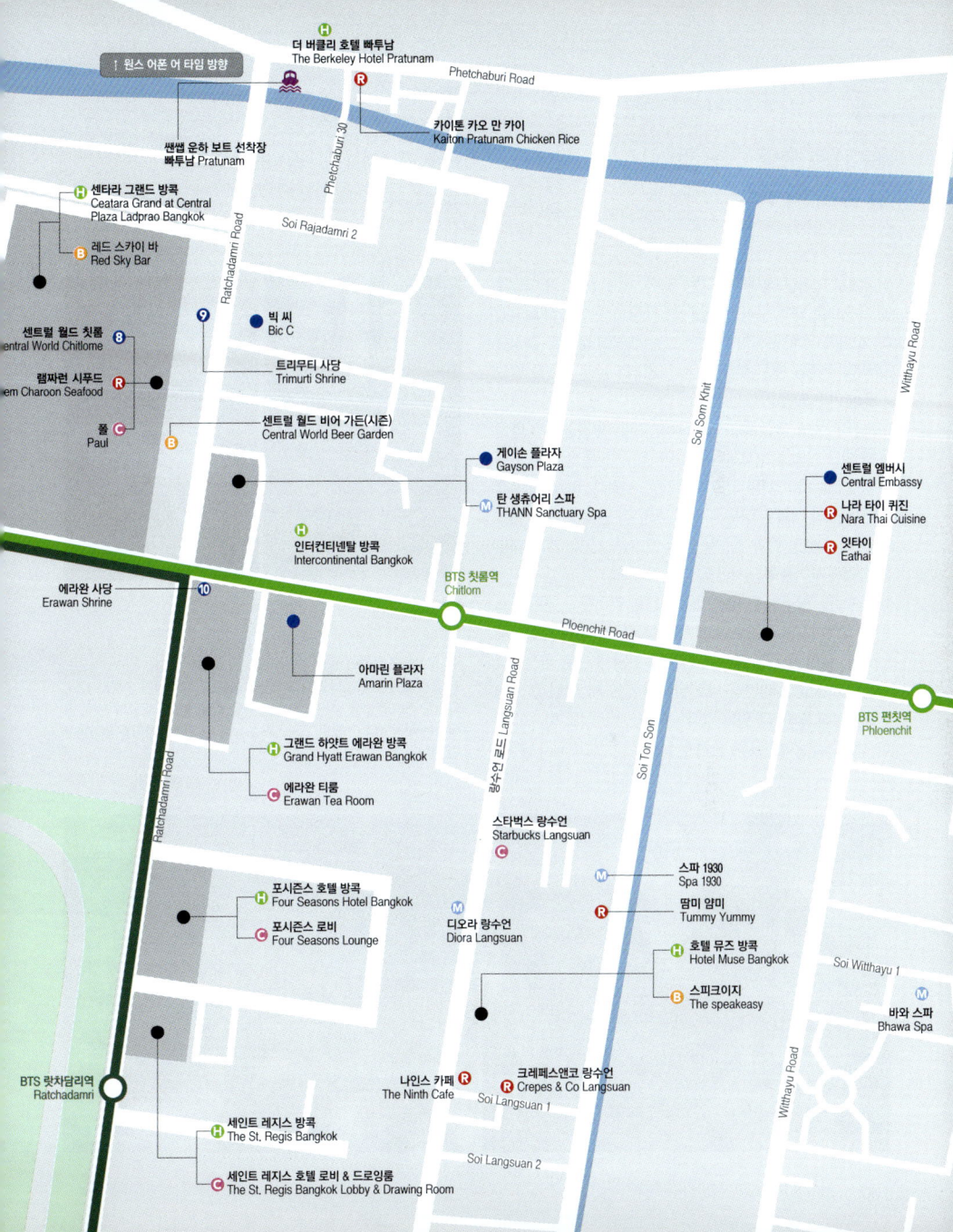

Siam & Chitlom & Ploenchit
Spot ❶

태국의 실크 산업을 일으킨 장본인,
짐 톰슨 하우스
Jim Thompson House

Address	6 Soi Kasemsan 2, Rama 1 Road
Tel	02-216-7368
Open	AM 09:00 ~ PM 06:00
Access	BTS 내셔널 스타디움역에서 도보 5분
Web	www.jimthompsonhouse.com

미국에서 태어난 짐 톰슨. 그는 제2차 세계대전이 일어났을 때 육군으로 태국에 파병되었다가 태국의 문화에 매료되었다. 실크에 유독 관심이 많았던 그는 태국에 살기로 결심했고 바닥 수준을 면치 못했던 당시 태국의 실크 산업을 일으킨 장본인이 되었다.

디자인과 색에 대한 타고난 감각과 기술, 한결같은 노력을 통해 실크 산업을 성장시켜 나갔다. 태국 전통 양식을 고집스럽게 고수하며 지은 티크 나무집을 지었다. 이 집을 공개하면서 그의 작품은 더욱 주목받았다. 집 안에는 그가 살았던 흔적, 지냈던 방과 소장품 등이 고스란히 남아있다. 내부는 가이드 투어를 통해서만 입장이 가능하다.

1967년 3월, 짐 톰슨은 미심쩍은 죽음을 맞이한다. 친구들과 함께 말레이시아 리조트로 휴가를 떠났다가 영영 돌아오지 않았다. 숲이 우거진 정글로 산책을 갔던 것으로 추정되나 실종되고 말았다. 어떤 단서도 남기지 않은 채. 이런 걸 보면 인생무상이 옳다. 다 필요 없다. 개똥밭에 굴러도 이승이 낫다 하였으니 살아있을 때 즐겁게 살자. 나중 말고 지금 당장.

Tip 알아두면 유용한 꿀팁
짐 톰슨 하우스에서 나와 BTS 역 반대쪽으로 걸어가면 운하가 있다. 다리를 건너 물길을 넘으면 무슬림 마을. 이슬람교도가 모여 산다. 골목에는 사람보다 더 많은 고양이가 노닐고 있으니 고양이를 좋아한다면 건너가 볼 것.

Siam & Chitlom & Ploenchit
Spot ❷

방콕 예술의 중심지,
방콕 아트 앤 컬쳐 센터
Bangkok Art & Culture Centre

Address	939 Rama 1 Road
Tel	02-214-6630
Open	AM 10:00 ~ PM 09:00(월요일 휴무)
Access	BTS 내셔널 스타디움역에서 도보 1분
Web	www.bacc.or.th

BTS 내셔널 스타디움역과 이어진 방콕 아트 앤 컬쳐 센터 BACC. 원통형의 거대한 건물 전체가 대중을 위한 예술 공간으로 쓰인다. 방콕을 근거지로 삼는 아티스트와 예술이 고픈 사람들을 매끄럽게 이어주는 연결고리 역할을 한다. 입장료 없이 운영해 관심만 있다면 누구에게나 열린 공간. 현대 미술뿐 아니라 디자인, 음악, 연극, 영화 등 광범위한 예술의 세계에 초점을 맞췄다.

아래층에는 예술과 관련된 갖가지 물건을 취급하는 상점이 들어찼다. 두꺼운 하드커버의 예술 서적을 판매하는 서점, 손이 저절로 가는 디자인 소품을 파는 아트숍, 즉석에서 초상화를 그려주는 그림쟁이의 공간도 마련됐다. 미술관처럼 보이는 감각적인 인테리어의 카페, 레스토랑도 있다. 주목할 만한 전시는 주로 7, 8, 9층에서 열린다.

전시 공간이 달팽이처럼 돌돌 말린 나선형으로 흘러 뉴욕의 구겐하임 미술관을 연상케 한다. 어마어마한 규모에 비해 사람이 적어 한산하게 전시를 감상할 수 있는 여건. 푹푹 찌는 날 서늘한 전시장은 피서로도 딱.

Siam & Chitlom & Ploenchit Spot ❸

생활 밀착형 쇼핑몰,
마분콩
MBK

Address	444 Phayathai Road
Tel	02-620-9000
Open	AM 10:00 ~ PM 10:00
Access	BTS 내셔널 스타디움역에서 도보 1분
Web	www.mbk-center.co.th

2,000여 개에 달하는 작은 가게가 다닥다닥 붙어 영업하는 대형 쇼핑몰이다. 의류와 신발 등을 취급하는 층은 동대문 의류상가를, 휴대전화 등 전자제품을 취급하는 층은 용산 전자 상가와 닮았다. 귀금속와 보석을 취급하는 층은 종로 금 도매상가와 비슷하다. 패션과 뷰티, 전자제품, 금과 보석, 가구 등을 고루 갖춰 원스톱 쇼핑이 가능한 생활 밀착형 쇼핑몰. 여행자는 수공예품과 저렴한 기념품을 파는 곳이 밀집해 있는 5층이 들러볼 만하다.

Siam & Chitlom & Ploenchit Spot ❹

여느 쇼핑몰의 푸드코트와 격이 다른 G층이 메리트,
시암 파라곤
Siam Paragon

Address	991 Rama 1 Road
Tel	02-610-8000
Open	AM 10:00 ~ PM 10:00
Access	BTS 시암역에서 도보 1분
Web	www.siamparagon.co.th

럭셔리한 쇼핑몰. 입구에 들어서자마자 명품관이다. 프라다, 샤넬, 구찌 등의 명품 브랜드에 둘러싸인다. 2층으로 올라가면 자라 같은 영캐주얼이 많아 분위기가 한결 가벼워진다. 시암 파라곤이 빛나는 이유는 단연 G층 때문. 내로라하는 레스토랑과 티숍, 달콤한 디저트 맛집이 빈틈없이 입점했다. 여기만 제대로 훑어도 괜찮은 레스토랑 몇 군데는 챙긴다. 필자가 시암 파라곤에 자주 들렀던 이유는 고메 마켓 때문. 없는 게 없는 식료품 마트라 눈 깜짝할 새 시곗바늘이 저만치 물러나 있다. B층에는 아쿠아리움인 씨라이프도 있다.

Siam & Chitlom & Ploenchit
Spot ❺

이 쇼핑몰의 진가는 3층에서!
시암 센터
Siam Center

Address	Rama 1 Road
Tel	02-658-1000
Open	AM 10:00 ~ PM 10:00
Access	BTS 시암역에서 도보 1분
Web	www.siamcenter.co.th

Must See 시암 일대에서 가장 트렌디한 쇼핑몰. 브랜드의 성격과 이미지를 살린 플래그십 스토어와 유니크한 디자인으로 승부하는 디자이너 숍이 많다. 시암 센터의 진가는 3층에서 발휘된다. 매장 디스플레이가 수준급이다. 신선한 아이디어로 중무장한 매장의 모습은 관련 업계에 종사하는 사람들에게 더없이 좋은 눈요깃거리. 휴게공간마저 센스가 넘친다. 카페 혹은 바의 테이블처럼 꾸몄다. 패션에 관심 많은 방콕의 젊은이들이 주 고객. 트렌드에 민감한 사람에게 추천. 시암 파라곤과 마주 본다.

시암 센터 내 눈에 띄는 매장들

3층의 ① 더 셀렉티드 The Selected 는 체에 거른 듯 갖고 싶은 물건만 데려다 놓은 편집매장이다. 깜찍한 아이템이 많지만 선뜻 집기엔 높은 가격대. ② 플라이나우 III Fly Now III 는 1983년, 작은 여성복 컬렉션으로 시작한 태국 로컬 브랜드. 개성 넘치는 의류와 특별한 디스플레이에 입이 떡 벌어진다. 평소 '취향 참 독특하다.'는 소리를 종종 듣는다면 사도 좋다. 아니라면 구경하는 데 그칠 것. 특이한 신발에 관심 있다면 2층의 ③ 빌리언스 SF Villains SF로 가보자. 획기적인 디자인의 신발들을 모아둔 셀렉트숍이다.

Siam&
Chitlom&
Ploenchit
Spot ❻

리노베이션 후 산뜻해진,
시암 디스커버리
Siam Discover

Address	Rama 1 Road
Tel	02-658-1000
Open	AM 10:00 ~ PM 10:00
Access	BTS 시암역에서 도보 5분
Web	www.siamdiscovery.co.th

시암 센터와 연결되어 있는 쇼핑몰 시암 디스커버리. 시암 파라곤이나 시암 센터에 비해 존재감이 미미한 편이었는데 대대적인 리노베이션을 거치며 외부는 물론 내부도 산뜻해졌다. 장식적인 요소들이 많아 전체적으로 산만한 경향이 있지만 눈요깃거리는 확실히 늘었다. 시암 일대에는 쇼핑몰이 많아도 너무 많아서 일일이 다 돌아다니면 다리가 퉁퉁 붓는다. 층별 안내를 확인한 뒤 관심 있는 부분만 골라볼 것.

시암 디스커버리 내 눈에 띄는 매장들

없는 게 없는 일본의 잡화점 ① 로프트 Loft가 입점되어 있다. 귀엽고 깜찍한 소품에 관심 많은 사람들이 일본여행 가면 꼭 들르는 매장. 문구용품과 사무용품, 뷰티용품, 리빙 아이템까지 없는 게 없다. ② 룸 콘셉트 스토어 Room Concept Store에는 집으로 모셔가고 싶은 주방용품과 인테리어 소품이 가득. 친환경 아로마 스파 브랜드 ③ 탄 Thann 매장도 꽤 큼직하게 자리 잡고 있다. 4층엔 세계적인 스타들의 밀랍인형을 선보이는 박물관 ④ 마담투소가 있지만 요즘 나라마다 거의 하나씩 다 있기 때문인지 한산한 모습. 수시로 징징거리는 아이가 있다면 입장을 고려해볼 만하다.

Shopping

방콕에서 뭐 살까?

1. 야돔
막힌 코를 뻥 뚫어주는 야돔. 감기에 걸려 코막힘 증상에 시달릴 때, 비염이 있는 사람들에게 특효약이다. 뚜껑을 열고 코로 숨 쉬듯 크게 들이마시면 콧속이 시원해진다. 졸음 예방 효과는 덤.

2. 말린 과일
망고는 생으로 먹는 게 제일이지만, 생망고를 한국으로 가져갈 수는 없는 노릇. 아쉬운 대로 말린 과일을 구매하자. 신선한 생망고만큼은 아니지만 쫄깃하고 새콤달콤해서 은근히 맛있다. 선물 타령하는 사람에게 안겨주기도 좋고!

3. 호랑이 연고
아주 오래전엔 만병통치약으로 통했던 호랑이 연고, 타이거밤. 만들어진 지 100년도 훨씬 넘었는데 아시아권에서 여전히 인기다. 근육통과 통증에 효과가 있는 것으로 알려져 있다. 어르신께 갖다 드리면 반가워할 아이템.

4. 바디용품
방콕에서 마사지 받을 때 코를 자극했던 향이 강렬하게 남았다면, 태국 스파 브랜드에서 내놓는 제품들을 눈여겨볼 만하다. 갖가지 바디용품과 아로마 제품을 구비하고 있다. 판퓨리, 탄 등의 매장에 들러보자.

5. 나라야
일명 기저귀 가방. 품목과 디자인이 다양하지만 구매 전 신중하게 고민해볼 필요가 있다. 한국에서 들고 다니면 촌스러워 보일 수도 있으니까. 가방보다는 파우치나 슬리퍼 등의 소품이 무난하다.

6. 망고 비누
모양도 향도 망고 느낌 물씬 풍기는 망고 비누. 어른 한 입 베어 물고 싶을 만큼 향이 좋다. 선물하기 좋은 아이템 0순위. 망고뿐 아니라 온갖 열대과일 모양이 다 있다. 망고스틴도 깜찍!

7. 와코루 속옷
방콕여행 오면 여자들이 꼭 들르는 그 매장! 속옷 브랜드 와코루 Wacoal. 방콕에 공장이 있어서 한국에 비하면 싼값에 와코루 속옷을 구매할 수 있다. 1년 치 속옷 장만, 방콕에서 끝내자.

8. 맛있다 김과자
슈퍼주니어 규현이 모델로 활동하고 있는 김과자. 제품 패키지에 김과 함께 명랑한 모습의 규현이 보여서 찾기 쉽다. 바삭한 하게 튀긴 김. 맥주 안주로 딱이다. BBQ 맛, 매운맛 등 취향에 따라 선택!

Siam& Chitlom& Ploenchit Spot ❼	
Address	969 Rama 1 Road
Tel	02-251-6469
Open	AM 09:00 ~ PM 05:00
Access	BTS 시암역에서 도보 3분

도심의 소란스러움에서 잠시 벗어나고 싶을 때,
왓 파툼 와나람
Wat Pathum Wanaram Ratchaworawihan

주변이 온통 빌딩 숲. 쇼핑몰투성이인 시암에 사원이 있다. 1857년, 스라 파툼 궁전 Sra Pathum Palace 근처에 지었다. 겉보기엔 특별한 데가 없어 보이지만, 태국 왕실 가족의 유골을 안치해 태국인에게는 의미 있는 사원. 왕실에 대한 국민들의 깊은 존경과 사랑을 증명해 보이듯 곳곳에 라마 9세 푸미폰 국왕과 왕비의 사진을 크게 내걸었다. 소란스러운 도시를 잠시 벗어나 차분한 시간을 보내기 좋은 장소다.

Siam& Chitlom& Ploenchit Spot ❽	
Address	Ratchadamri Road
Tel	02-635-1111
Open	AM 10:00 ~ PM 10:00
Access	BTS 칫롬역에서 도보 1분
Web	www.centralworld.co.th

칫롬역 앞 매머드급 쇼핑몰,
센트럴 월드 칫롬
Central World Chitlom

하루에도 수만 명씩 다녀가는 매머드급 쇼핑몰. 젠 백화점과 일본에서 건너온 이세탄 백화점까지 포함하는 엄청난 덩치다. 브랜드 숍만 500개 이상, 100여 개에 달하는 카페와 레스토랑이 성업 중이다. 본격적으로 쇼핑을 할 생각이라면 인포메이션부터 들러 매장 지도를 챙기자. 워낙 넓어서 원하는 곳만 골라 다니는 게 효율적이다. 우리나라의 백화점과 별반 다르지 않아 신선한 구석은 없다. 슬렁슬렁 구경하며 돌아다니기 좋으나 쇼핑을 즐기는 타입이 아니라면 오랜 시간을 투자할 이유는 없다. BTS 칫롬역에서 이어진다.

한여름의 크리스마스

Christmas

메리 크리스마스! 2014년 겨울, 크리스마스를 방콕에서 보냈다. 영하의 추위가 이어지는 우리나라와 달리 방콕의 크리스마스는 여름이었다. 여름날의 성탄절이라니. 반팔에 땀이 주르륵 나는 계절에 크리스마스라니! 게다가 태국 사람들은 독실한 불교도 아니던가. 거리로 쏟아져 나와 축제를 만끽하는 사람들을 보고 있자니 마냥 낯설었다.

방콕에서 크리스마스를 느끼기 가장 좋은 곳, 센트럴 월드 첫롬 앞 광장이다. 텅 비었던 광장에 초대형 트리가 들어서며 도심의 밤을 환하게 밝힌다. 방콕 여행 중 만난 여름날의 크리스마스는 생동감 넘치는 축제였다. 종교도 없고 성탄절에 대한 감흥은 더욱이 없는 필자마저 어깨춤을 들썩일 정도였다. 무미건조했던 도심이 붉게 물들면서 축제가 무르익는다. 포근한 날씨만큼이나 정열적이었던 한여름의 크리스마스.

Address	Ratchadamri Road
Open	24 hours
Access	BTS 칫롬역에서 도보 5분

사랑에 목마른 자들에게,
트리무티 사당
Trimurti Shrine

사랑에 목마른 자들이 찾는 사당이다. 빨간 장미 아홉 송이를 사당에 내려놓으며 진정한 사랑을 꿈꾼다. 태국에서 9는 행운의 숫자. 트리무티 사당에 기도를 하면 핑크빛 사랑이 찾아온다는 전설이 전해진다. 힌두교에서 가장 중요한 세 신인 브라흐마, 비슈누, 시바를 모신다. 태어나서 한 번도 연애를 못 해본 모태 솔로, 마가 낀 듯 3년 동안 연애를 못 하고 있다면 그냥 지나치지 말 것. 혹시 아는가. 모두가 바라는 여행지에서의 로맨스를 몸소 실천하게 될지. 센트럴 월드, 이세탄 백화점으로 들어가는 입구에 있다.

Address	494 Ratchadamri Road
Open	AM 06:00 ~ PM 11:00
Access	BTS 칫롬역에서 도보 3분

말하는 대로 이루어지는 기도 명당,
에라완 사당
Erawan Shrine

그랜드 하얏트 에라완 방콕, 호텔 건설 당시 사건 사고가 유난했다. 대리석을 운반하는 선박이 침몰하고 건설 노동자들이 연달아 부상을 입는 등 불운이 계속되었다. 이를 막기 위해 호텔 앞에 힌두교 신을 모신 사당을 지었는데 우연인지, 사당 때문인지 이후 사고가 뚝 끊기며 무사히 완공됐다. 소문이 퍼지며 에라완 사당은 소위 '기도빨' 세다는 곳으로 이름을 떨치게 되었다. 태국 사람들은 여기서 기도하면 소원이 이루어진다고 믿어 부러 찾아와 머리를 조아린다. 기도하러 온 사람들이 피워놓은 향 때문에 눈이 아플 정도. 간절히 바라는 게 있다면 일단 빌고 보자. 밑져야 본전 아니겠는가.

Shrine

소소한 로컬 문화 느끼기, 사당

한적한 주택가 한편 혹은 커다란 빌딩 앞. 조촐한 사당이 꾸며져 있다. 바쁜 일상 속 사원에 가서 무릎을 꿇지 않아도 좋다. 오며 가며 보이는 사당을 향해 마음으로 기도한다. 언제나 무사하고 평온하길, 안녕한 일상이 계속되길.

1. 고양이들의 놀이터
사당은 고양이들이 머물기 적합한 환경을 갖췄다. 날마다 사람들의 손길이 닿아 깔끔하고 햇빛을 피할 수 있어 선선하다. 높고 좁은 곳을 좋아하는 고양이에게는 더없이 아늑한 쉼터. 가끔 사당을 제집 삼아 둥지를 트는 고양이도 있다.

2. 바치고 또 바치고!
태국 사람들은 정성껏 사당을 돌본다. 수시로 때 빼고 광내며 아침이면 꽃을 걸어 장식하고 음식을 갖다 바친다. 최대의 수혜자는 비둘기. 곳곳에 사당이 넘치는 방콕에서 비둘기가 굶주릴 일 없겠다.

3. 이런 사당도 있었어?
방콕에 숨겨진 명소가 없을까 찾아보다가 발견한 남근 사당 Chao Mae Tuptim Shrine. 낯부끄러운 모습이다. 스위스의 호텔 브랜드 스위소텔 뒷마당에 꼭꼭 숨어있다. 사당 방문이 불임에 특효 처방전이라는데, 믿거나 말거나.

4. 사당 옆 춤추는 무희들
사당에는 황금빛 불상이나 힌두교 신 등을 모셨다. 춤추는 무희들과 코끼리처럼 길하게 여기는 동물의 미니어처를 함께 두었다. 개인적으로 깜찍하게 여기는 건 춤추는 무희들. 표정과 포즈가 다양해 가까이 가서 들여다보게 된다.

Chatuchak
Spot ⑪

Address	Kampaengphet 3 Road
Tel	02-214-6630
Open	AM 10:00 ~ PM 05:00
Access	BTS 모칫역에서 도보 3분
Web	www.chatuchak.org

방콕에서 가장 큰 재래시장,
짜뚜짝 시장
Chatuchak Market

Must See 지도는 잠시 접어두기로 했다. 좁은 골목길을 따라 미로처럼 뻗어있는 시장통, 지도를 보고 더듬더듬 찾아가는 건 불가능에 가까웠다. 그저 발길 닿는 대로 방황하는 게 최선이란 생각이 들었다. 짜뚜짝 시장은 태국 최대 규모의 재래시장이다. 현지인들은 줄여서 JJ라고 부른다.

주 중에도 일부 상점이 문을 열지만 토요일과 일요일에 가장 큰 규모로 장이 서는 주말 시장이다. 당최 믿을 수 없는 규모. 가도 가도, 보고 또 봐도 끝이 없다. 의류, 액세서리, 반려동물, 인테리어 소품, 수공예품, 예술품, 골동품, 식물, 레스토랑 등 27개 섹션으로 구분되어 있다. 떠오르는 모든 물건을 이 시장에서 구할 수 있다고 봐도 지나치지 않다. 시장이니 물건 살 때 흥정은 필수. 바가지는 물 마실 때나 쓰는 거다. 흥정하기 나름이지만 대체로 가격은 저렴하다.

Tip 알아두면 유용한 꿀팁

살인적인 무더위가 방콕을 덮치는 시즌, 특히 한낮은 습하고 더워서 쉼 없이 다니면 벅차다. 밥도 먹고 군것질도 해가며 쉬엄쉬엄 다니자. 맥주 등 가벼운 낮술도 적극 권장. 사람이 넘치는 곳이니 수상하게 주위를 맴도는 사람은 일단 경계하고 봐야 한다. 소매치기 조심!

Chatuchak
Spot ⓱

짜뚜짝 시장보다 더 흥미로운,
짜뚜짝 그린
JJ Green Market

Address	Kampaengphet 3 Road
Tel	092-461-5951
Open	PM 05:00 ~ AM 01:30 (목 ~ 일요일)
Access	BTS 모칫역에서 도보 5분 또는 MRT 짜뚜짝파크역에서 도보 5분
Web	www.facebook.com/jjgreen59

주말 낮에 짜뚜짝 시장이 있다면 밤에는 짜뚜짝 그린(JJ 그린)이 있다. 짜뚜짝 공원 뒤에서 오후 5시가 되어야 서는 야시장이다. 여행자보다 현지인이 더 많은 라이프 스타일 마켓. 돗자리 위에 가지런히 물건을 내놓은 벼룩시장에서는 빈티지무드가 물씬 풍긴다. 손때가 묻어 낡았지만 정겨운 느낌의 물건들. 보물찾기하듯 잘 뒤져보면 뜻밖의 괜찮은 아이템을 손에 넣을 수도 있다. 목요일부터 일요일까지 열리는데 가장 규모가 큰 장날은 일요일이다.
야시장에서는 먹을거리를 빼놓을 수 없다. 시장 한편에 노점상과 끼니를 해결할 만한 식당들이 즐비하다. 밤 11시의 만찬, 야식 한 그릇을 뚝딱 먹어치운 뒤 달콤하고 시원한 카페라떼 혹은 뮤지션들이 서로 경쟁하듯 목청을 높이며 노래하는 노상 주점에 앉아 맥주를 쭉 들이켜자. 시장 구경에 집중하다 보면 여름밤의 더위 따위는 잠시 덮어두게 된다.

🛑 알아두면 유용한 꿀팁

짜뚜짝은 시내 중심에서 동떨어져 있다. 토요일이나 일요일, 짜뚜짝 시장과 짜뚜짝 그린을 한방에 묶어서 구경하자. 오후 3 ~ 4시쯤 도착해 짜뚜짝 시장을 먼저 둘러보고 5시쯤 짜뚜짝 그린으로 넘어가면 동선이 효율적이다.

BANGKOK 211

Chatuchak Market

짜뚜짝 시장, 눈에 띄는 장면들

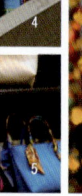

1 풀밭 위의 휴식. 주말 오후의 여유로운 풍경
2 여름엔 시원한 물이 제일 맛있더라!
3 인사동 분위기, 불교의 나라답게 불상이 가득.
4 한국에서는 호랑이 연고로 더 이름난 타이거 밤
5 이니셜을 새겨 나만의 특별한 기념품 장만
6 태국 분위기 내기 참 쉽죠?
7 무더위 속 갈증 해소에 그만인 코코넛 워터
8 여기 어묵 동동 띄운 국수 한 그릇이요!
9 앙증맞은 메추리알 후라이

10

10 큼직한 새우구이 등 해산물도 별미
11 알록달 록 코끼리 장식
12 짜뚜짝 시장의 코코넛 아이스크림 원조 집
13 후덥지근해도 다정하게 손 꼭 잡고!
14 바나나와 계란을 넣어 만든 길거리 간식 로띠
15 시장의 간판스타, 쇼맨십이 뛰어난 빠에야 아저씨
16 이게 대체 몇 인분이야? 짜뚜짝의 명물 거대한 빠에야
17 어마어마한 규모임에도 깨끗함을 유지하는 이유
18 부르는 게 값, 시장이니까 흥정은 필수

12

11

13

15

16

14

18

BANGKOK 213

SIAM&CHITLOM&PLOENCHIT

Cost 인당 100밧 이내 B | 100~1,000밧 BB | 1,000밧 이상 BBB

RESTAURANT

CAFE

PUB & BAR

어머니의 집,
반 쿤 매
Ban Khun Mae Restaurant

합리적인 가격의 태국 음식점. 상호인 반 쿤 매는 어머니의 집을 의미한다. 내부 인테리어가 이름처럼 따듯하고 포근하다. 서양인 여행자 사이에서도 잘 알려진 곳. 태국 전통 요리지만 여행자의 입맛을 어느 정도 고려했다. 똠얌꿍, 팟타이 등 흔히 접하는 메뉴 외 구운 새우에 당면을 넣은 꿍옵운셴, 새우 대신 게를 넣은 뿌옵운셴도 즐겨 찾는 음식. 매일 저녁 7시에는 전통 음악 연주도 한다. 안타깝게도 식당 안이 수다로 가득해 음악이 잘 들리진 않지만!

한 번 들으면 잊히지 않는 상호,
시파
Seefah Restaurant

이름이 참 '거시기'하다. 시파라니. 우리나라 사람은 한 번 들으면 잊히지 않는 상호. 1936년부터 영업해온 가게. 창업자가 화교라 중국 색이 가미되었다. 정체성을 살펴보면 중국 음식이 반, 태국 음식이 반이다. 한국 사람들 입맛에 맞는 요리도 많다. 본점은 시암이지만 아속의 대형 쇼핑몰 터미널 21, 통로의 아담한 쇼핑몰 피프티 피프티 등에도 지점이 있다. 누구나 만만하게 드나들 만한 문턱 낮은 식당.

Address	Soi Siam Square 8, Rama 1 Road
Tel	02-250-1952
Open	AM 11:00 ~ PM 10:00
Access	BTS 시암역에서 도보 3분
Cost	BB

Address	440 Soi Siam Square 9, Rama 1 Road
Tel	02-251-5517
Open	AM 10:00 ~ PM 10:00
Access	BTS 시암역에서 도보 5분
Web	www.seefah.com
Cost	BB

맥주를 부르는 음식, 쏨땀과 까이텃!

쏨땀 누아
Som Tam Nua

태국 젊은이들에게 오랫동안 사랑받아온 집. 최근 외국인 여행자까지 가세해 언제나 붐빈다. 커다란 가게 앞 입구에 대기하는 의자가 놓여있다. 사람이 몰리는 점심, 저녁 시간에는 무조건 기다림을 불사해야 한다. 테이블마다 무조건 놓이는 음식은 쏨땀. 북동부 지역에서 즐겨먹었던 음식으로 길쭉하게 썬 파파야가 주재료다. 고추, 토마토, 라임, 땅콩 등을 부숴 넣어 매콤하면서 새콤하다. 쏨땀도 종류가 많다. 기본은 말린 새우에 땅콩을 넣은 것. 무처럼 아삭아삭 씹히는 맛이 묘하게 중독성 있다.

쏨땀과 함께 인기 초절정인 음식은 프라이드 치킨인 까이텃이다. 기름을 쪽 뺀 뒤 소쿠리에 나뭇잎을 깔고 가지런히 담는다. 까이텃은 빅 사이즈를 권장한다. 평소 1인 1닭하는 사람이라면 반드시! 공깃밥처럼 즉시 갖다 주는 찰밥을 곁들여도 좋다. 맥주를 부르는 맛.

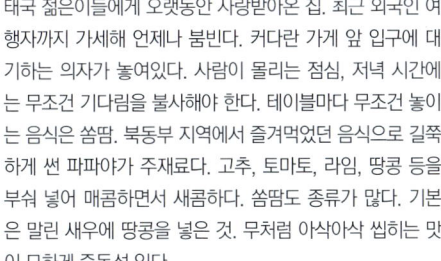

Address	392/14 Soi Siam Square 5, Rama 1 Road
Tel	02-251-4880
Open	AM 10:45 ~ PM 09:30
Access	BTS 시암역에서 도보 1분
Cost	BB

태국 음식이 질릴 때 만만하게 한 끼,
모스 버거
Mos Burger

매끼 태국 음식을 먹다 보면 물릴 때가 있다. 이럴 때 생각해 볼 수 있는 옵션. 모스 버거는 일본에 본사를 둔 햄버거 체인이다. 이미 만들어진 버거를 주지 않고 주문과 동시에 조리를 시작해 따끈따끈한 버거를 만들어 준다. 신선한 재료도 맛에 한몫 톡톡히 한다. 시암 파라곤 G층뿐 아니라 엠포리움 백화점, 터미널 21 등 대형 쇼핑몰 내 다수 입점됐다. 모스 버거가 궁금했지만 지방에 지점이 없어서 맛보지 못했던 지방 거주자 여러분에게는 호기심을 채우는 좋은 기회.

패션 브랜드에서 론칭한 레스토랑 & 카페,
그레이 하운드 카페
Greyhound Cafe

태국의 패션 & 라이프 스타일 브랜드인 그레이 하운드. 1997년 사업을 확장해 외식 사업까지 손을 뻗쳤는데 결과는 대성공. 한층 고급스러운 어나더 하운드와 디저트 전문 스위트 하운드 등 브랜드를 추가로 론칭했다. 이제 태국을 넘어 홍콩 등에도 지점을 내며 아시아로 뻗어가는 중. 심플하고 세련된 실내 장식과 트렌디한 메뉴들, 일반적으로 우리가 알고 있는 태국의 이미지와 상반되어 반전 매력을 안겨준다. 브런치 또는 점심 메뉴로 제격이다.

Address	991/1 Rama 1 Road (시암 파라곤 G층)
Tel	02-610-7563
Open	AM 10:00 ~ PM 10:00
Access	BTS 시암역에서 도보 1분
Cost	BB

Address	989 Rama 1 Road (시암 센터 3층)
Tel	02-658-1129
Open	AM 11:00 ~ PM 10:00
Access	BTS 시암역에서 도보 5분
Web	www.greyhoundcafe.co.th
Cost	BB

로컬들이 아끼는 닭고기 덮밥,
카이톤 카오 만 카이
Kaiton Pratunam Chicken Rice

맞은편 호텔에서 묵을 때, 아침 산책하다가 우연히 발견한 가게다. 언제 봐도 북적거리는 모습이라 눈여겨보았던 곳이다. 핑크색 티셔츠에 하얀 모자를 맞춰 쓴 직원들의 손에는 뽀얀 살을 드러낸 닭이 들려 있었다. 푹 삶아 부드러워진 닭고기를 착착 썰어서 밥 위에 척 얹어준다. 현지인들에게 인기 있는 닭고기 덮밥집. 닭백숙 국물을 떠올리게 하는 뜨끈한 국물, 짭조름하게 간한 밥과 먹으면 고향 생각 절로 난다. 싸고 맛있는 로컬 맛집.

Address	Soi Phetchaburi 30, Phetchaburi Road
Tel	081-779-7255
Open	AM 05:30 ~ PM 03:00, PM 05:00 ~ AM 02:00
Access	BTS 칫롬역에서 도보 10분
Cost	B

쇼핑몰 내 깔끔한 태국 음식 전문점,
나라 타이 퀴진
Nara Thai Cuisine

적당히 고급스러운 태국 음식 전문 레스토랑이다. 깔끔한 음식 사진과 함께 친절하게 영어 설명이 곁들여져 메뉴 선택에 어려움은 없으나, 종류가 워낙 많아 즐거운 고민에 빠진다. 나라 타이 퀴진에서 추천하는 12가지 메뉴를 별도로 정리한 메뉴판이 있으니 참고할 것. 메인 요리가 200~500밧 선이다. 똠얌꿍이 370밧. 센트럴 엠버시 외 센트럴 월드, 에라완 방콕, 에이트 통로 등에 지점이 있다.

Address	1031 Ploenchit Road(센트럴 엠버시 5층)
Tel	02-160-5988
Open	AM 10:00 ~ PM 10:00
Access	BTS 펀칫역에서 도보 3분
Web	www.naracuisine.com
Cost	BB

가볼 만한 가치가 충분한 푸드코트,
잇타이
Eathai

Must Eat 아주 사랑스러운 푸드코트다. 책 속에 쇼핑몰 내 푸드코트 소개는 가급적 자제했으나 급이 다른 잇타이는 언급하지 않을 수 없었다. 태국의 모든 음식이 여기 모였다고 해도 과언이 아닌 곳. 깐똑이나 쏨땀, 까이양 같은 북부의 특색 넘치는 음식은 물론, 무슬림들이 즐겨 먹는 마싸만 커리와 씨푸드 등의 남부 요리까지 두루 섭렵할 수 있다. 심지어 길거리 음식과 단출한 간식까지 총망라한다. 위생 문제가 신경 쓰여 길거리 음식에 섣불리 도전하지 못했던 까다로운 여행자라면 잇타이에서 안심하고 먹어볼 것.

후불제 시스템이다. 들어갈 때 잇타이 내에서 쓰는 카드를 하나 쥐어준다. 자리를 잡고 내부를 한 바퀴 둘러보며 먹고 싶은 걸 고른다. 계산은 현금 대신 바코드가 붙어있는 잇타이 후불카드를 제시, 나갈 때 한 번에 값을 치르면 된다. 눈요깃거리가 많아 먹는 재미뿐 아니라 보는 재미도 크다. 딸랏 잇타이에서는 스낵류와 태국 요리에 필요한 향신료, 소스 등을 판매한다. 딸랏은 태국어로 시장. 센트럴 엠버시 Central Embassy 지하 1층에 있다.

Address	1031 Ploenchit Road(센트럴 엠버시 지하1층)
Tel	02-119-7777
Open	AM 10:00 ~ PM 10:00
Access	BTS 펀칫역에서 도보 3분
Web	www.facebook.com/EathaibyCentral
Cost	BB

조용한 가정집에서 먹는 태국 요리,
땀미 얌미
Tummy Yummy

조금만 발품을 팔면 여유로운 식사 시간이 보장된다. 번화가에서 벗어난 골목에 있어 한적한 시간을 누릴 수 있다. 음식 맛은 평범하다. 이곳의 메리트는 널찍한 정원이 딸린 조용한 집에 자리 잡았다는 것. 11월~2월 사이, 너무 더운 계절이 아니라면 야외에 놓인 테이블에서 식사하는 것도 색다르다. 홈페이지에 접속하면 메뉴판을 미리 살필 수 있다. 런치 타임과 디너 타임 사이에 브레이크 타임이 있으니 피하여 방문하도록.

Address	42/1 Soi Tonson, Ploenchit Road
Tel	02-254-1061
Open	AM 11:00 ~ PM 02:30, PM 05:30 ~ PM 10:00(일요일 휴무)
Access	BTS 칫롬역에서 도보 10분
Web	www.tummyyummytonson.com
Cost	BB

이것저것 다 판다!
나인스 카페
The Ninth Cafe

현대적인 느낌의 카페 겸 레스토랑이다. 이것저것 다 파는 식당 치고 맛있는 집 없다는 생각을 여기서 버렸다. 메뉴판을 보고 적잖이 당황했다. 메뉴가 지나치게 다양해 이걸 다 제대로 내놓을까 의심스러운 마음이 들었기 때문. 동서양을 모두 아우르는 다채로운 메뉴를 취급한다. 파스타와 피자 등의 양식, 수십 가지에 이르는 태국 음식, 심지어 채식주의자를 위한 요리까지. 차와 함께 파는 디저트류도 뜻밖에 무난한 수준이다. 두루 맛이 괜찮다.

Address	59/5 Soi Langsuan 1, Pleonchit Road
Tel	02-255-7125
Open	AM 11:00 ~ PM 10:00
Access	BTS 칫롬역에서 도보 10분
Web	www.theninthcafe.com
Cost	BB

프랑스에서 즐기던 그 맛 그대로!
크레페스앤코 랑수언
Crepes & Co Langsuan

Must Eat 프랑스 거리에서 흔히 접하는 음식 중 하나, 얇게 구운 팬케이크 크레페다. 반죽을 종잇장처럼 얇게 펼치고 그 위에 여러 가지 재료를 얹은 뒤 착착 접어 완성한다. 크레페스앤코는 1996년, 방콕 수쿰빗에 처음 선보였다. 크레페가 마냥 낯설었던 방콕 사람들과 방콕 거주 외국인에게 선풍적 인기를 끌면서 유명한 브런치 레스토랑으로 자리매김했다.

방콕에는 지점이 두 곳 있다. 수쿰빗과 랑수언, 여러모로 랑수언 지점을 추천한다. 랑수언 로드의 조용한 2층 주택을 점령했다. 소박한 가정집, 누군가의 집에 초대받은 듯 아늑하다. 편안한 소파와 서재가 놓인 안쪽 자리가 명당.

브런치로 즐기기 좋은 크레페와 두툼한 팬케이크, 몇 가지 파스타를 낸다. 원하는 재료만 골라서 나만의 크레이프를 디자인해봐도 좋다. 저녁때 간다면 이국적인 맛, 모로코의 타진과 쿠스쿠스도 괜찮다. 모로코에서 먹던 타진과 꽤 비슷한 맛을 낸다.

Tip 알아두면 유용한 꿀팁
수쿰빗 로드 55, 대로변의 쇼핑몰 에이트 통로에도 크레페스앤코가 있다. 쇼핑몰 내 입점된 형태라 랑수언 지점보다 매력은 덜하지만 역시 브런치 즐기기 좋은 곳.

Address	59/4 Soi Langsuan 1, Ploenchit Road
Tel	02-652-0208
Open	AM 09:30 ~ PM 11:00(일요일은 8시부터)
Access	BTS 칫롬역에서 도보 10분
Cost	BB

열대의 나무사이 핑크빛 식당,
원스 어폰 어 타임
Once Upon a Time

신선한 해산물 요리 체인,
램 짜런 시푸드
Laem Charoen Seafood

무성하게 자란 초록빛 나무들 사이, 핑크빛 식당이 숨어 있다. 80년쯤 된 목조 가옥은 누군가의 집에 초대된 듯 아늑한 무드를 연출한다. 연꽃 모양의 접시와 냅킨, 은빛의 컵으로 장식한 테이블 세팅이 눈길을 끈다. 요리는 육해공을 총망라하는 식재료로 만든 태국음식. 사진 메뉴가 있으니 각자 취향에 맞는 음식을 골라 먹으면 된다. 맛과 분위기, 서비스 모두 무난하나 단품 가격대가 대부분 200밧 이상으로 다소 높은 편. 여행자가 찾기엔 위치가 애매하다는 점도 아쉽다.

램 짜런 시푸드 본점은 1979년 태국 동부의 라용에서 출발했다. 수십 년간 영업해 온 해산물 전문 레스토랑. 생선, 게, 새우, 오징어, 어패류 등 해산물로 만든 요리에 집중한다. 시암 파라곤, 센트럴 월드 등에 다수 지점이 입점돼 있다. 추천하고 싶은 메뉴는 큼직한 새우를 듬뿍 넣어 깊은 맛이 나는 똠얌꿍. 적당히 매콤하고 시큼한 국물 맛이 일품. 겉은 바삭바삭 속은 부드럽게 튀긴 생선도 매력적이다.

Address	32 Soi Phetburi 17
Tel	02-252-8629
Open	AM 11:00 ~ PM 11:00
Access	BTS 라차테위역에서 도보 15분
Web	BB

Address	Ratchadamri Road (센트럴 월드 3층)
Tel	02-646-1040
Open	AM 11:00 ~ PM 10:00
Access	BTS BTS 칫롬역에서 도보 5분
Web	www.laemcharoenseafood.com
Cost	BB

섬세한 손길로 내리는 핸드드립 커피,
갤러리 드립 커피
Gallery Drip Coffee

카페에 들어서면 커피 향이 가득하다. 커피 바에서 바리스타가 섬세한 손길로 커피를 내린다. 원하는 온도로 정확히 가열하고 조심스럽게 물을 붓는다. 방콕 아트 컬처 센터에 위치한 카페답게 주인도 예술가. 커피에 대한 열정과 사랑으로 똘똘 뭉친 사진작가가 꾸리는 카페다. 태국 북부의 커피콩을 공정 무역으로 가져다 쓴다. 느릿느릿 천천히 내리는 핸드드립이라 시간이 꽤 오래 걸리지만 아무렴 어떤가. 우리는 서두를 필요 없는 여행자 아니던가. 때때로 여행도, 한 템포 쉬어가는 시간이 필요하다.

입에서 사르르 녹는 망고 디저트,
망고 탱고
Mango Tango

Must Eat 입에서 사르르 녹는 망고를 테마로 하는 디저트 전문점이다. 망고의 달콤한 맛과 부드러운 식감을 한껏 살린 디저트를 낸다. 평소 망고 구경을 제대로 못 하고 사는 우리나라 사람들이 유독 열광한다. 가게 근처만 가도 한국 사람들이 넘친다. 가게 안은 한국이라고 해도 손색이 없을 만큼 한국인 천지. 망고 모양으로 그려진 노란 얼굴의 캐릭터가 맞아주어 찾기 쉽다. 아시아티크에도 망고탱고 지점이 있다.

Address	939 Rama 1 Road(방콕 아트 앤 컬처 센터 1층)
Tel	081-989-5244
Open	AM 10:00 ~ PM 09:00(월요일 휴무)
Access	BTS 내셔널 스타디움역에서 도보 1분
Web	www.facebook.com/GalleryDripCoffee
Cost	B

Address	Soi Siam Square 3, Rama 1 Road
Tel	081-619-5504
Open	AM 11:00 ~ PM 10:00
Access	BTS 시암역에서 도보 3분
Web	www.mymangotango.com
Cost	BB

태국식 디저트로 채운 애프터눈 티,
에라완 티룸
Erawan Tea Room

Must Eat 그랜드 하얏트 에라완 방콕 2층에 있다. 애프터눈 티를 내는 장소치고는 분위기가 상당히 가볍다. 시암과 칫롬 일대에서 쇼핑하다 지친 영혼들이 즐겨 찾는 곳이라 와글와글한 편. 에라완 티룸의 애프터눈 티는 구성이 독특하다. 샌드위치와 달콤한 베이커리류, 스콘 등으로 3단 트레이를 채운 영국식이 아니라 태국식이다. 태국의 다채로운 디저트를 한자리에 모았다. 그릇도 초록빛 띤 연잎 모양, 동양적이다. 태국식 꼬치구이 사태, 코코넛 풀빵, 망고 찰밥 등 길거리에서 보았던 태국 음식도 정갈하게 등장해 도전 정신이 부족했던 이들에게 신선한 경험을 제공한다. 가격은 600밧, 커피나 차 포함이다. 단맛이 강한 디저트가 주를 이루니 쌉싸름한 차와 마셔야 궁합이 잘 맞는다. 전통적인 애프터눈 티와는 차이가 뚜렷한 색다른 구성이라 호불호가 크게 갈린다.

알아두면 유용한 꿀팁
2시 30분부터 6시까지만 애프터눈 티를 서비스한다. 이후는 디너 타임. 클룩 등 예약 사이트를 이용하면 더욱 저렴하다.

Address	494 Rajdamri Road
Tel	02-254-6250
Open	PM 02:30 ~ PM 06:00
Access	BTS 칫롬역에서 도보 3분
Cost	BB

홍차 종류가 이렇게 많았나?
TWG 티 살롱 앤 부티크
TWG Tea Salon & Boutique

시암 파라곤 로비에 TWG에서 운영하는 티숍이 있다. 도톰한 메뉴판을 받으면 모두가 '열공' 모드. 독서실 분위기로 변한다. TWG에서 나오는 차 종류가 메뉴판에 빼곡히 적혀있기 때문. 홍차에 익숙하지 않아 차 고르기가 어렵게 느껴진다면 직원에게 추천을 받도록 하자. 산뜻한 베르가못 향이 입혀진 얼그레이, 포도 품종 가운데 하나인 머스캣 향이 나는 다즐링 등 향 나는 홍차를 마시면 기분 전환에 그만이다. 홍차는 250밧부터.

화이트톤의 근사한 찻집,
해롯 티룸
Harrods Tea Room

영국의 홍차 브랜드 해롯에서 운영하는 티룸이다. 화이트톤의 근사한 찻집. 호텔에서 먹는 애프터눈 티보다 낮은 가격대가 매력적이다. 두 사람을 위한 가벼운 애프터눈 티 세트 벨그라비아 The Belgravia가 890밧. 영국식으로 작게 구운 스콘과 마카롱, 롤케이크, 타르트 등 달콤한 디저트로 구성됐다. 시암 일대를 돌아다니다 당 충전이 필요할 때 들르면 딱이다. 검은색 바지 정장에 귀여운 모자를 눌러쓴 아담한 체구의 직원들이 인상적. 티룸 앞에 사람보다 큰 곰돌이가 직원보다 먼저 손님을 맞는다.

Address	991 Rama 1 Road (시암 파라곤 M층)
Tel	02-610-9526
Open	AM 10:00 ~ PM 10:00
Access	BTS 시암역에서 도보 1분
Cost	BB

Address	991 Rama 1 Road (시암 파라곤 G층)
Tel	02-653-6311
Open	AM 10:00 ~ PM 10:00
Access	BTS 시암역에서 도보 5분
Cost	BB

프랑스 디저트와 함께 티타임
폴
Paul

파리에선 끼니때마다 바게트를 사기 위해 사람들이 모여드는 흔한 빵집인데, 프랑스를 벗어나면 꽤 고급스러운 공간으로 둔갑하는 폴. 역시 프랑스 사람들은 포장하는 데 남다른 재주가 있다. 어쨌거나 빵은 맛있다. 마카롱이나 케이크를 곁들여 티타임 갖기 좋다. 프랑스식 식사도 펼치면 가격이 합리적이지 않은 듯하여 추천하지 않겠다. 가볍게 차 한 잔만. 센트럴 월드 외 센트럴 엠버시, 엠포리움 백화점 등에서 폴을 만날 수 있다.

아시아 최초의 스타벅스,
스타벅스 랑수언
Starbucks LangSuan

아시아에서 가장 먼저 생긴 스타벅스가 태국 방콕에 있다. 커뮤니티 스토어로 운영한다. 지역 사회의 긍정적인 변화와 발전에 기여하기 위해 수익금의 일부를 지역 사회에 환원하는 매장이다. 천장이 높아서 확 트인 느낌을 주는 실내. 우드톤이라 따뜻하다. 야외 공간은 열대지방에서 볼 법한 식물이 우거진 풍경. 여느 스타벅스와 같은 듯 다른 개성을 가졌다. 멀리서 일부러 찾아갈 만한 곳은 아니다. 스타벅스 마니아 혹은 근처에 들를 일이 있을 때 챙기자.

Address	Rama 1 Road(센트럴 월드 내)
Tel	02-635-1111
Open	AM 10:00 ~ PM 10:00
Access	BTS 칫롬역에서 도보 5분
Cost	BB

Address	39/1 Langsuan Road
Tel	02-684-1525
Open	AM 07:00 ~ PM 10:00
Access	BTS 칫롬역에서 도보 10분
Cost	BB

방콕 최고의 재즈 바,
색소폰
Saxophone Pub

Must Try 방콕의 재즈 바 중 최고로 꼽고 싶은 색소폰. 음악과 이야기, 술 한 잔이 적당히 버무려져 있다. 묵직한 문을 열고 들어가면 바깥과는 완벽하게 다른 세상. 마치 영화 〈해리포터〉에서 9와 4분의 3 승강장을 뚫고 들어온 기분이다. 문 하나를 열었을 뿐인데 맥박 수치를 팍팍 올려주는 생생한 음악이 심장을 파고든다.

어둡고 친밀한 공간. 사람들은 무대를 마주 보고 앉아 리듬을 타고 음악을 느낀다. 2층 난간에서 보는 뷰도 멋지다. 테이블이 꽉 차면 대충 아무 데나 걸터앉아서 자유롭게 즐긴다. 공연은 저녁 7시 30분부터 시작된다. 이른 저녁에는 차분하게 어쿠스틱 기타 연주를, 밤이 깊어갈수록 음악에 취해 분위기가 무르익는다. 재즈와 블루스가 주를 이룬다. 별도의 입장료가 없고 음료값도 저렴하다. 태국 맥주인 싱하 생맥주가 단돈 150밧. 공연을 보는 내내 한국에도 이런 곳이 있었으면 좋겠다는 생각을 백 번쯤 했다.

Address	3/8 Phayathai Road
Tel	02-246-5472
Open	PM 06:00 ~ AM 02:00
Access	BTS 빅토리 모뉴먼트역에서 도보 5분
Web	www.saxophonepub.com
Cost	BB

360도 파노라마 뷰,
레드 스카이 바
Red Sky Bar

Must Try 센트럴 월드와 이어진 호텔 센타라 그랜드. 56층 꼭대기에 360도 파노라마 뷰를 자랑하는 레드 스카이 바가 있다. 통유리로 사방이 둘러싸여 탁 트인 전망이 파격적이다. 몸에 착 감기는 소파가 놓여있어 안락하다. 자리가 없어서 스탠딩으로 시간을 보내야 하는 시로코 옆 스카이 바, 늦게 가면 발 디딜 틈이 없는 버티고 옆 문바 등에 비하면 쾌적한 환경. 후발주자의 저력이다.

일몰이 시작되기 전 자리를 잡고 앉아 해지는 풍경을 감상한 뒤, 밤이 내리면 야경 보고 내려오는 게 딱이다. 드레스 코드가 있지만 쇼핑하다 올라온 중국인들은 버젓이 반바지에 슬리퍼 차림으로 돌아다닌다. 예의상 스마트 캐주얼은 지켜줘야 하지만 의상에 크게 신경 쓰지 않아도 되는 곳.

Tip 알아두면 유용한 꿀팁
휴대전화와 구글 지도만 있으면 길을 헤매지 않는 타입인데 여기 찾아갈 때 헤맸다. 독자님들의 편의를 위해 가는 방법에 대해 친절하게 설명하겠다. 일단 ① 센트럴 월드 안으로 들어간다. 내부에 호텔 센타라 그랜드 Centara Grand가 있다. 인포메이션에 문의 또는 안내도나 표지판, 때로는 지나가는 행인에게 묻기 등의 방법을 동원해 ② 그 호텔을 찾는다. 호텔 엘리베이터를 타고 리셉션이 있는 ③ 23층으로 이동, ④ 23층에서 고층으로 가는 엘리베이터로 갈아탄 뒤 레드 스카이 바에서 내리면 끝.

Address	999/99 Rama 1 Road (센트럴 월드 내 그랜드 센타라 호텔 56층)
Tel	02-100-1234
Open	PM 06:00 ~ AM 01:00
Access	BTS 칫롬역에서 도보 10분
Web	www.centarahotelsresorts.com/redsky
Cost	BB

하드록 카페 방콕
Hard Rock Cafe Bangkok

전 세계에 체인점을 둔 미국 레스토랑 브랜드다. 식사로 스테이크와 햄버거 등을 팔고 밤에는 펍으로 바뀌어 안주류와 갖가지 주류를 취급한다. 밤이 되면 텅 비었던 무대에 라이브 밴드가 올라와 공연하는 펍으로 바뀐다. 'Love All, Serve All'이 그들의 모토. 계급, 성별, 나이 상관없이 최상의 서비스를 제공하겠다는 것. 음악에 맞춰 어깨춤을 추고 다니는 직원들의 서비스는 최고다. 언제나 방실방실 웃는 낯으로 반겨준다. 방콕치고는 비싼 가격, 공연에 따라 분위기가 복불복이라는 건 난감한 점.

스피크이지
The Speakeasy

부티크 호텔 뮤즈 방콕의 24층과 25층에 걸쳐있다. 1920년대로 돌아가 시간여행을 하는 듯. 호텔 내부가 독특하고 신선하다. 50층을 단숨에 넘기는 루프탑 바들에 비하면 낮은 층이지만 도시의 스카이라인을 가까이서 전망할 수 있는 뷰가 사랑스럽다. 인조 잔디를 깔아둔 정원 좌석도 있다. 밤을 깨우는 도심 속 오아시스. 친절한 직원들과 신나는 음악 선곡이 여행의 기분을 돋운다.

Address	424/3 Soi Siam Square 11, Rama 1 Road
Tel	02-658-4090
Open	AM 11:30 ~ AM 01:00
Access	BTS 빅토리 모뉴먼트역에서 도보 5분
Web	www.hardrock.com/cafes/bangkok
Cost	BB

Address	55/555 Langsuan Road(호텔 뮤즈 방콕 24층)
Tel	02-630-4000
Open	PM 06:00 ~ AM 01:00
Access	BTS 칫롬역에서 도보 10분
Web	www.hardrock.com/cafes/bangkok
Cost	BB

날이면 날마다 오는 게 아니야!
센트럴 월드 비어 가든
Central World Beer Garden

여행자가 느끼기에 태국은 언제나 더운 나라다. 1년 내내 무더위에 시달릴 것 같지만 꼭 그렇지만도 않다. 태국에도 시즌이 있다. 그들 나름의 겨울도 있다. 우리나라 기준으로 보면 그냥 여름이지만 덜 더운 때가 분명히 있다. 11월부터 2월까지는 조석으로 선선해 살맛 나는 날씨다. 게다가 비가 거의 내리지 않아 늘 푸른 하늘, 쾌적하다. 이때가 되면 거리에 없던 가게들이 속속 생겨난다. 밖에서 술 마시기 좋은, 아니 야외에서 즐겨야만 하는 계절이 돌아온 것. 센트럴 월드에서 운영하는 비어 가든도 11월 말쯤 모습을 드러낸다. 연말 시즌의 핫이슈! 널찍한 광장을 몇 개의 구역으로 나눠 비어 가든을 조성한다. 매년 다르지만 태국 맥주 회사인 싱하와 창은 무조건, 하이네켄 등의 쟁쟁한 맥주 회사들도 참여한다. 한쪽에서는 공연을 한다. 아주 정열적으로! 사람들은 기다렸다는 듯 거리로 쏟아져 나와 생맥주 타워를 테이블에 놓고 맥주를 마신다. 어마어마할 정도로 넓은 광장이지만 그 넓은 좌석이 매일같이 가득 찬다.

🔸 알아두면 유용한 꿀팁
보통 11월 말에 시작해 12월 마지막 날까지 열린다. 매년 시작되는 날짜가 다르다. 분명한 건 연말이라는 점. 이때 여행을 계획하고 있다면 주시하자.

Address	Ratchadamri Road(센트럴 월드 앞 광장)
Open	PM 06:00 ~ AM 01:00
Access	BTS 칫롬역에서 도보 3분
Cost	BB

실롬&사톤&리버사이드

극과 극이 한데 공존한다. 서민들이 사는 낮은 흙빛 집들과 테헤란로를 연상케 하는 대로변의 잿빛 빌딩 숲. 한 그릇에 50밧도 채 안 되는 길거리 음식과 한 끼에 2,000밧을 훌쩍 넘기는 특급호텔의 코스요리. 양복을 말쑥하게 차려입은 직장인들이 발바닥에 땀나도록 부지런히 오가는 직장가. 편안한 옷차림으로 룸피니 공원 풀밭에 누워 여유를 만끽하는 사람들. 다양한 일상의 색채가 배어있어 흥미롭다. 여행 같은 일상, 일상 같은 여행을 누리기에 더없이 좋은 데가 여기 아닐까 싶다. 볼수록 정이 깊어지는 여행지.

SILOM & SATHORN & RIVERSIDE
실롬 & 사톤 & 리버사이드

실롬과 사톤 일대는 도시에서 아주 중요한 역할을 하는 비즈니스 구역이다. 은행 본사, 금융 기관들이 이 일대에 밀집해 있다. 하늘 높이 쭉쭉 뻗은 늘씬한 빌딩이 대로변에 늘어서 있는 낯선 방콕의 거리. 거리를 오가는 활기찬 모습의 직장인들을 보면 방콕이 꽤 큰 도시였다는 사실을 실감하게 된다.

별이 빵빵하게 붙은 5성급 호텔이 즐비하다. 고급스러운 레스토랑이 많아 우아한 미식 여행에 제격. 사무실에 불이 꺼지고 밤이 내리면 실롬 골목길의 네온사인이 현란하게 빛난다. 좁은 거리 가득 노점상이 쏟아져 나오고 홍등가가 환해지기 시작한다. 낮과 밤이 뚜렷한 대조를 이루는 곳.

추천 하루 코스

소이 프라딧 시장 (p246)

↓ 도보 2분

스리 마하 마리암만 사원 (p245)

↓ 도보 7분

디바나 버츄 스파 (p327)

↓ BTS 또는 택시

룸피니 공원 (p242)

↓ BTS 또는 택시

왓 야나와 (p248)

↑ ① 도보 5분 →
② 선착장 사톤에서 아시아티크행 셔틀보트

아시아티크 (p250)

↑ ① 아시아티크에서 사톤행 셔틀보트 →
② 도보 7분

시로코 & 스카이 바 (p274)

뭐 타고 다니지?

BTS와 MRT를 이용한다. 여행지 간의 거리가 멀지 않아 택시를 이용해도 요금 부담이 없다. 단, 도로가 주차장처럼 변하는 출퇴근 시간은 피할 것. 아침, 저녁으로 극심한 교통 체증에 시달리는 지역이다.

여행자들이 즐겨 찾는 여행지

❶ 도심 속 초록빛 쉼터,
룸피니 공원 (p242)

❷ 깔끔한 야시장,
아시아티크 (p250)

오늘은 뭐 먹을까?

❶ 우아한 분위기와 합리적인 가격,
탄잉 레스토랑 (p258)

❷ 예약 필수인 태국 요리,
블루 엘리펀트 (p259)

❸ 오래된 목조 가옥에서,
르언 우라이 (p263)

❹ 맛있는 커리,
퀸 오브 커리 (p256)

일정 플러스 디너 크루즈를 끼워 넣어도 좋다. 맛있는 음식과 흥겨운 음악, 방콕의 야경을 마음껏 즐길 수 있다. 오래된 왕궁과 세련된 마천루가 동시에 펼쳐지는 오묘한 풍경. 시원한 강바람 맞으며 낭만적인 시간을!

SILOM & SATHORN & RIVERSIDE

기억에 남는 8장면

1. 동틀 무렵, 이상하게 여행지에 가면 눈이 저절로 떠진다.
2. 강을 이토록 효율적으로 활용하는 도시가 또 있을까?
3. 탄산음료는 봉지에 담아 먹어야 제맛.
4. 배낭 멘 여행자보다 캐리어족이 훨씬 많은 이 일대.
5. 엄청난 존경을 한몸에 받는 푸미폰 국왕과 왕비.
6. 차가 쌩쌩, 횡단보도에서 기다릴 줄 아는 '기다리개'.
7. 여행 다녀오면 소소한 것들이 더 기억에 남더라!
8. 마주치는 사람마다 웃는 낯이어서 마음이 따듯해지는 곳.

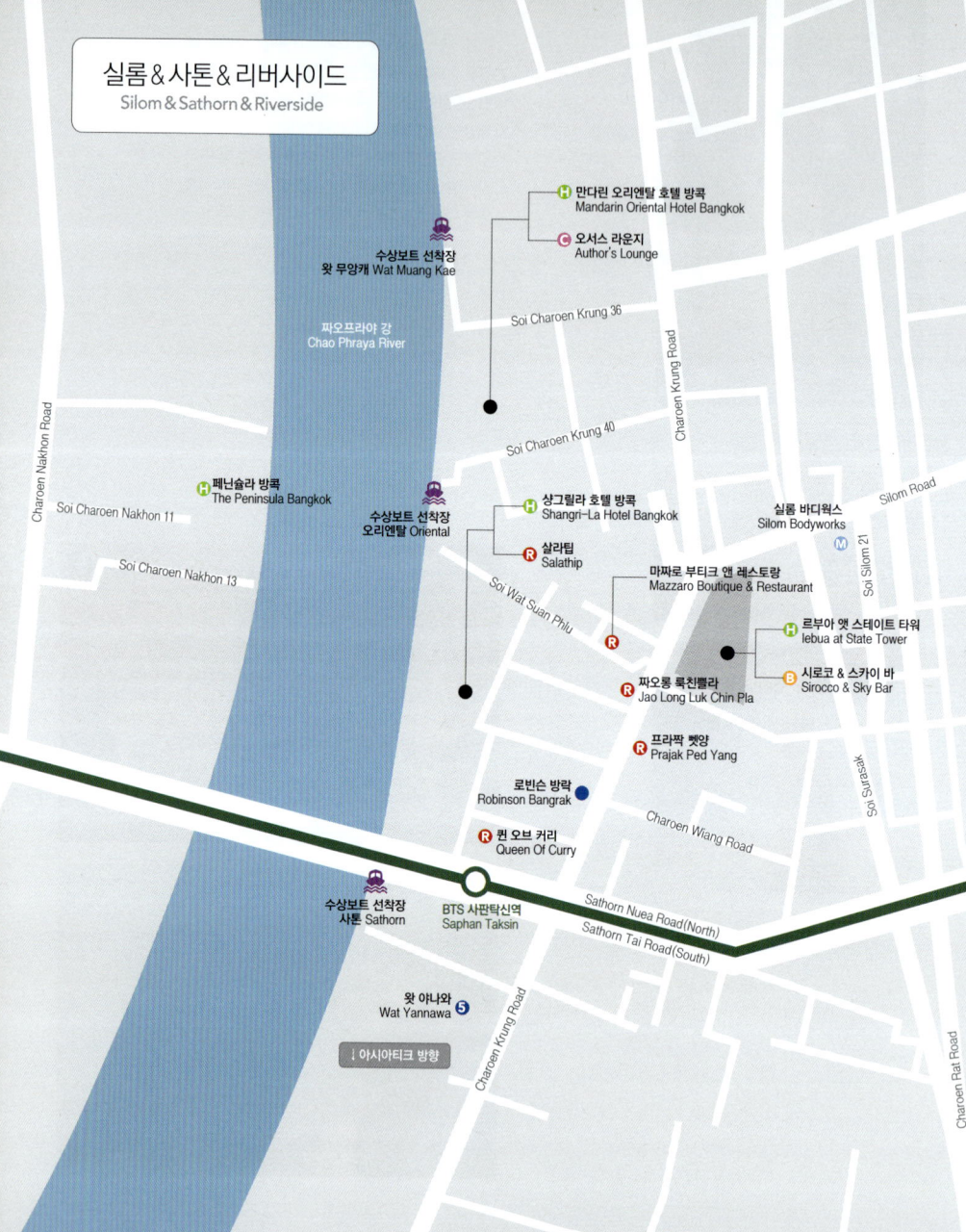

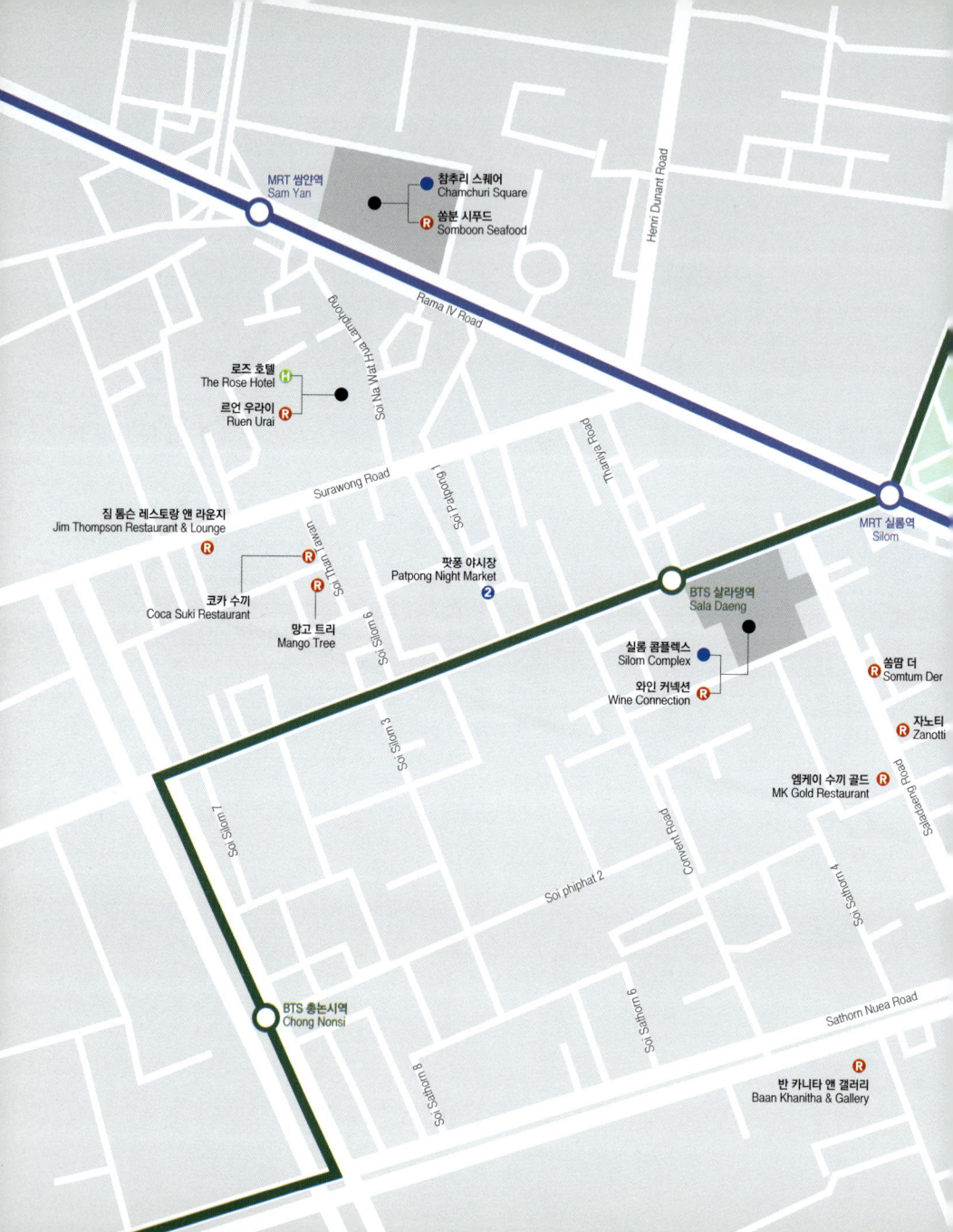

Silom &
Sathorn &
Riverside
Spot ❶

Address	Rama IV Road
Tel	02-252-5948
Open	AM 05:00 ~ PM 08:00
Access	MRT 실롬역에서 도보 1분

걷고 싶은 도심 공원,
룸피니 공원
Lumphini Park

부산한 도시 방콕이지만 곳곳에 공원이 있어 마음만 먹으면 푸릇한 기운을 찾을 수 있다. 평화로움과 차분함이 서려 있는 이곳은 방콕 시내에 있는 거대한 도심 공원, 룸피니 공원. 사막의 오아시스 같은 존재다. 불교 국가답게 룸피니는 네팔의 부처 탄생지 '룸비니'에서 따왔다. 1920년대 라마 6세가 갖고 있던 땅을 내놓아 공원을 만들었다. 모노톤의 도시에서 벗어나 자연과 얼굴을 맞대고 싶을 때 찾으면 더없이 좋다. 타박타박 산책하다 나무 그늘이나 벤치에 우두커니 앉아 쉬어가는 방콕 시민들의 쉼터로 쓰인다. 저녁때가 되면 조깅하는 사람들이 우르르 쏟아져 나와 2.5km에 달하는 공원 테두리를 따라 땀방울 흘리는 진풍경이 벌어진다. 땅거미가 내려앉는 여름밤 공원은 한결 여유롭다. 한낮의 열기가 가셔 상쾌하다. 시간이 느리게 흐르는 아름다운 공원, 달콤한 휴식처다.

🅣🅘🅟 알아두면 유용한 꿀팁
가끔 무시무시한 파충류가 출몰해 영화 〈괴물〉을 연상케 한다. 정체는 물왕도마뱀. 도마뱀이라기엔 어마어마한 덩치, 놀라지 않고는 배길 수 없는 생김새다. 대체로 느릿느릿 움직이지만 속도를 내면 꽤 빨라 사람들을 공포의 도가니로 몰아넣는다. 혀를 날름거릴 때마다 털끝이 쭈뼛하게 선다. 황당한 점은 물왕도마뱀이 자유라는 점. 아무런 제제 없이 공원을 활보하고 있으니 발견하더라도 놀라지 말 것. 먼저 공격하지 않으면 물거나 해치지 않는다.

Lumphini Park

현지인처럼 룸피니 공원 즐기는 법

자연은 인간에게 사유의 시간과 휴식의 공간을 제공하는 소중한 존재다. 방콕 시민의 건강과 환경을 책임지는 도심 속 공원. 방콕 시민이 된 기분으로 느긋하게 공원을 거닐어 볼까?

1. 연인과 함께라면 데이트
사랑하는 사람과 함께라면 공원에서의 데이트도 낭만적이다. 손잡고 공원 산책 또는 풀밭에 드러누워 보내는 시간을 가질 것. 단, 날씨가 끈적끈적해서 불쾌지수가 최고조에 달하는 날은 피하는 게 바람직하다. 서로의 존재가 짜증을 유발할 수도 있으니까.

2. 도시락 사서 피크닉
도시락은 싸는 것보다 사는 게 간편하다. 고메 마켓에 가면 도시락 삼을 만한 먹을거리가 넘친다. 햇살 좋은 날, 점심 도시락과 산뜻하게 먹을 샐러드, 입가심용 과일 등을 꾸려가지고 풀밭 위에서의 점심을 즐겨 보자.

3. 꿀 같은 한낮의 낮잠
평온한 공원의 오후를 만끽하며 나무 그늘 아래서 낮잠을 청해도 좋다. 자리 선택이 중요하다. 커다란 나무가 드리워 널찍한 그늘을 만드는 평평한 땅을 찾아야 한다. 주변에 사람이 많지 않은 곳에 돗자리를 깔아야 단잠을 방해받지 않는다.

4. 물 위에 둥둥 뱃놀이
활동적인 성격의 소유자라면 인공 호숫가로! 작은 배, 또는 오리 모양의 배를 띄워 놓고 뱃놀이를 한다. 호수 위에는 바로 하늘, 이글이글 타는 듯한 태양이 노려보고 있으니 더위에 지쳤다면 뱃놀이는 패스.

Address	Soi Patpong, Silom Road
Open	PM 06:00 ~ AM 12:00
Acces	BTS 살라댕역에서 도보 3분, MRT 실롬역에서 도보 7분

호객 행위에 절대 솔깃하지 말 것,
팟퐁 야시장
Patpong Night Market

제법 활기를 띠는 야시장이지만 딱히 손가는 물건은 없다. 싸구려 공산품은 부르는 게 값인 데다 가짜 루이비통, 가짜 롤렉스 시계 등 이미테이션 물건도 수두룩하다. 길 옆에는 음침한 성인용품 전문점에 가야 만날 수 있을법한 낯 뜨거운 물건들이 야릇한 눈길로 유혹한다. 사람들에게 팟퐁이 알려진 이유는 야시장보다 악명 높은 유흥가 때문이다. 퇴폐적인 마사지숍부터 고고바, 디스코텍, 망측한 쇼를 선보이는 업소까지. 거리를 지나다니면 눈앞에 손바닥만 한 리플렛을 들고 다니며 사람들을 꼬드기는 호객꾼이 많다. 대체로 희한한 쇼, 야시시한 마사지 등을 권한다. 팟퐁에서 그들을 따라가면 바가지 쓸 확률 99%. 호기심에 쭐레쭐레 따라갔다가 난감한 상황에 놓인 이 여럿 봤다. 팟퐁에서는 괜히 한눈 팔았다가 험한 꼴 당하지 말고 제 갈 길 가는 게 최선.

Tip 알아두면 유용한 꿀팁
그들은 단돈 100밧이라는 부담 없는 금액을 내세워 사람들을 가게로 데려가서는 말도 안 되게 비싼 술값을 요구하거나 쇼 금액이 별도였다는 식으로 돈을 뜯어낸다. 언니들이 수시로 다가와 뜯어가는 팁은 별도. 게다가 언니들의 미모가 상상했던 그것과 거리가 멀어 짜증을 돋우는 데 한몫한다. 돈을 내지 않으면 험악한 분위기를 조장해 다리를 후들후들하게 해서 지갑을 열게 만드는 수법을 행한다. 주의 또 주의!

Silom &
Sathorn &
Riverside
Spot ❸

방콕에서 만나는 남인도 사원,
스리 마하 마리암만 사원
Sri Maha Mariamman Temple

Address	2 Pan Road
Tel	02-238-4007
Open	AM 06:00 ~ PM 08:30
Access	BTS 수라삭역에서 도보 10분
Web	srimahamariammantemplebangkok.com

불교도가 대다수인 태국에 힌두교 사원이라니! 꽤나 신선했다. 단연 돋보이는 강렬한 색채, 팔이 여러 개 달린 기묘한 모습의 조각들. 인도를 격하게 아끼는 필자로서는 그냥 지나칠 수가 없었다. 경건한 분위기의 사원 안에는 수만에 이르는 힌두교 신 가운데 인기 있는 신인 시바, 비슈누, 가네샤 등을 모셨다. 이 사원은 19세기, 방콕에 터 잡은 남인도 타밀나두 사람들이 올렸다. 전형적인 남인도식 사원. 입구에 들어갈 때 보이는 고푸람(인도식 사원에 세워둔 탑)이 인상적이다. 사원 내부는 물론 외부도 사진 촬영이 엄격하게 금지되어 있다. 그럼 책 속 사진은 몰래 찍었느냐고? 아니다. 지난 인도 여행의 추억이 새록새록 떠올라 들뜬 마음이 되어 사원을 지키고 있던 인도인에게 인사를 건넸다. "나마스떼!" 하고 방글방글 웃어 보였더니 반가웠는지 특유의 뚝딱거리는 영어로 말을 붙여왔다. 그 틈을 타 사진을 찍어도 되겠느냐고 청했더니 재빠르게 고개를 까딱거렸다. 인도에서는 긍정의 표시. 역시 되는 일이 없지만 그렇다고 안 되는 일도 없는, '인크레더블 인니아'납나.

> **Tip** 알아두면 유용한 꿀팁
>
> 방콕 사람들은 긴 이름 대신 줄여서 왓 캑 $^{Wat\ Khaek}$이라고 부른다. 직역하면 캑은 손님이라는 의미. 태국에 사는 인도인들을 낮잡아 부르는 말이다. 짧아서 입에 착 감기는 어감이지만 왓 캑 대신 스리 마하 마리암만 사원이라고 불러주자.

Address	Soi Silom 20 / Soi Pradit
Open	매장별로 다름
Access	BTS 수라삭역에서 도보 10분

활기 넘치는 아침 녘 재래시장,
소이 프라딧 시장
Soi Pradit Market

<u>Must See</u> 아침 일찍 여는 시장이다. 말이 아침이지 여행자에게는 새벽녘이나 다름없는 시간. 부지런한 상인들은 동이 트면 가게로 나와 장사 채비를 한다. 고기 파는 할아버지는 선홍빛의 묵직한 고기를 주렁주렁 매달고, 빠떵꼬(중국식 꽈배기 같은 것) 노점상 아저씨는 바쁜 손을 놀려가며 조물조물 반죽을 한다. 과일 팔러 나온 아낙은 먹음직스러워 보이도록 가지런히 과일을 늘어놓는다. 코코넛 빵 굽는 할머니의 마음도 바빠진다.

6시쯤 되면 물건 팔 준비를 마치고 손님을 기다린다. 아침 거리를 사러 나온 손님들은 각자의 끼닛거리를 챙기러 시장으로 향한다. 누군가는 가볍게 과일을 먹고 누군가는 반찬 몇 가지를 두둑하게 사다 쌀밥을 먹는다. 가볍게 쪽(죽)을 포장해 가기도 한다. '사람들의 손에 들린 비닐 속에 뭐가 들었을까?' 절로 시선이 꽂힌다. 스님들의 탁발 행렬도 이어진다. 국민 대다수가 불교도인 태국 사람들. 소박한 아침거리를 형편에 맞게 꾸려 스님에게 넙죽 갖다 바친다. 이런 흥미진진

한 광경을 두고 잠을 청할 텐가? 돌아와서 다시 잠드는 한이 있더라도 아침 시장 구경은 해야 하지 않겠는가!

● Tip 알아두면 유용한 꿀팁
아침에만 열리는 시장은 아니다. 오후에 가도 되지만 이른 아침의 활기 띤 모습은 기대하기 어렵다.

Market
이른 7시, 아침 시장에 가면

하루 중 소이 프라딧 시장이 가장 활기를 띠는 시간, 아침이다.
색색의 채소와 과일, 비릿함과 고소함이 오묘하게 섞인 생선 굽는 냄새!
재래시장은 여행자의 오감을 만족시키기에 완벽한 조건을 갖췄다.
삶의 단면이 보이는 곳, 시장에 가면!

1. 눈에 익은 익숙한 식재료도 있고 아닌 것도 있다.
   낯선 과일, 낯선 채소를 볼 때 '방콕여행 왔구나!' 실감하곤 한다.
2. 태국은 뭐든지 비닐봉지에 담아주는 경향이 있다.
   시장에서 사는 반찬거리나 과일은 말할 것도 없고 음료수도, 커피도!
3. 우리나라에서 비싼 가격에 팔려 나가는 망고나 망고스틴 같은 열대과일.
   방콕에선 양껏 먹어도 지갑이 얇아지지 않는다.
4. 카메라를 향해 위트 있는 표정 짓는 아저씨보고 한 번, 맛 보라면서
   갓 튀겨낸 빠땡꼬를 입에 넣어주는 아줌마 덕분에 한 번 더 웃는다.
5. 일찌감치 탁발 나온 스님. 맨발로 시장을 휘젓고 다니면
   사람들이 스님에게 다가가 공손하게 두 손 모아 합장하며 아침거리를 건넨다.

Address	Soi Charoen Krung 52, Charoen Krung Road
Tel	02-672-3216
Open	AM 09:00 ~ PM 05:30
Access	BTS 사판 탁신역에서 도보 5분

방콕의 사원 안에 중국 배가!
왓 야나와
Wat Yannawa

수상보트와 BTS 라인이 겹치는 이곳, 방콕을 찾는 여행자는 이 사원 근방을 꼭 한 번 지나가게 되어있다. 선착장 타 사톤, BTS 사판 탁신역에서 얶어지면 코 닿을 거리지만 널리 알려지지 않은 탓에 여행자들의 발길은 뜸한 편. 하지만 근처에 있다면 약간의 발품을 팔아 둘러볼 만하다. 왓 야나와는 배 모양의 특별한 사원이니까.

당장 물에 띄워도 될 것처럼 생생한 모습. 이 배는 중국과 태국을 오가던 정크 선을 본떴다. 최첨단 증기선이 등장하면서 중국의 정크 선은 허무할 정도로 빠르게 사라져 갔다. 이를 안타깝게 여긴 라마 3세, 나라에 엄청난 부를 안겨 주었던 정크선을 후대 사람들이 잊지 않았으면 하는 바람으로 사원을 지었다. 태국의 사원이지만 불상 등 곳곳에서 중국의 무드가 느껴진다.

> **Tip 알아두면 유용한 꿀팁**
> 처음 이 사원을 찾았을 때는 겉에서만 휘 둘러보고 자리를 떴다. 배 안으로 들어갈 수 있다는 사실을 몰랐기 때문. 잘 찾아보면 내부로 통하는 입구가 있다. 왓 야나와를 찾게 되면 배에 승선해 볼 것.

달빛 아래서 보내는 낭만적인 시간,
Dinner Cruise

해 질 무렵이 되면 강 위에 배가 많아진다. 디너 크루즈 타임! 금빛으로 빛나는 사원의 오래된 멋과 세련된 고층 빌딩이 어우러진 방콕의 야경, 아름다운 석양과 달빛 아래서 보내는 낭만적인 시간이 탐난다면 디너 크루즈를 알아보자!

압사라 디너 크루즈
퀄리티 좋은 식사, 디너 크루즈를 제대로 즐기고 싶다면 규모가 크지 않은 크루즈를 고르는 게 좋다. 오붓한 시간을 보내고 싶은 여행자에게 제격인 압사라 디너 크루즈. 태국 요리가 코스식으로 제공되고 라이브 연주가 곁들여진다. 다른 디너 크루즈에 비해 비싸지만 확실한 퀄리티가 보장된다. 높은 만족도! 로맨틱한 크루즈를 기대하는 커플 여행자에게 적극 추천한다. 7만 원대.

로이나바 디너 크루즈
전통 목재로 만든 배를 타고 크루즈를 즐긴다. 전통 태국식와 해산물, 채식주의자를 위한 채식 메뉴까지 요리 선택의 폭이 다양하다. 전식과 디저트까지 나오는 코스식. 조촐한 무대지만 전통 악기를 연주를 하며 전통춤 공연도 펼쳐진다. 오후 6시와 8시 10분 2차례 운항. 5만 원대.

짜오프라야 프린세스 크루즈
덩치 큰 배를 띄워 많은 인원을 태운다. 식사는 다양한 음식이 마련된 뷔페식. 한국인, 중국인 손님이 대부분이며 패키지 여행자가 많다. 시끌벅적한 분위기. 3~4만 원대로 부담 없는 가격에 예약할 수 있다. 그랜드 펄 디너 크루즈도 비슷한 구성과 가격대

예약
모든 크루즈는 사전 예약이 필수. 입장권 & 투어 예약 사이트 클룩 www.klook.com을 이용하면 홈페이지 예약가보다 싸게 예약 가능하다. 몽키트래블, 홍익여행사 등 국내 여행사에서도 디너 크루즈 예약 가능.

Address	2194 Charoen Krung Road
Tel	02-108-4488
Open	PM 05:00 ~ AM 12:00
Access	수상보트 선착장 사톤에서 셔틀보트 이용
Web	www.thaiasiatique.com

Silom & Sathorn & Riverside Spot ❽

낮보다 매혹적인 방콕의 밤,
아시아티크
Asiatique The Riverfront

Must See 1900년대 초, 서양 강대국들이 세력을 넓혀 동남아시아를 식민지화할 무렵. 태국은 식민지가 될 위기에서 벗어나려 문호를 개방했다. 짜오프라야 강에 무역항을 개설했는데, 그 자리가 바로 지금의 아시아티크. 티크 나무 무역이 빈번했던 부두가 여기 있었다. 아시아티크는 현대적이고 깔끔한 신개념 야시장이다.

거대한 시장은 네 구역으로 구분한다. 배에서 내려 가장 먼저 만나는 곳은 워터 프론트 구역. 강변에 레스토랑과 300여 미터의 널찍한 산책로가 닦여있다. 밤을 즐기며 흥분의 도가니에 빠진 사람들의 웃음소리가 끊이지 않는 곳. 짤런끄룽 구역은 여행자들이 흥미를 가질만한 깜찍한 기념품을 주로 취급한다. 시장인 만큼 흥정은 필수! 팩토리 구역에는 트렌디한 감각의 디자이너 숍이 다닥다닥 붙어있다. 방콕에서 트렌디한 디자인이라는 건 함정이다. 쇼핑뿐 아니라 식사, 내친 김에 음주까지 즐길 수 있는 다운 스퀘어 구역이 있어 긴긴 밤 아시아티크에서만 보내도 흡족하다. 강변이라 시원하고 야경 감상에도 그만.

Tip 알아두면 유용한 꿀팁
아시아티크는 선착장 사톤에서 출발하는 셔틀보트를 타고 이동한다. BTS 사판 탁신역에서 내려 선착장 쪽으로 움직이면 셔틀보트 타는 곳을 알리는 표지판이 보인다. 셔틀보트를 부지런히 운행하고 있지만 찾는 이가 워낙 많아 역부족. 보트를 기다리는 데 시간을 허비하지 않으려면 오픈 시간인 5시에 맞춰서 들어가거나 아예 느지막이 들어가는 게 낫다.

Asiatique

아시아티크에서 뭐 하고 놀지?

무려 3만 5,000평, 어마어마한 부지에 들어선 신개념 야시장. 여행자의 긴긴밤을 책임져준다. 어마어마한 규모의 아시아티크는 시장이라기보다 테마파크에 놀러 온 듯한 기분. 여기서 뭐하고 놀면 좋을까?

1. 수공예품 '득템' *Very Good*
공산품이야 붕어빵처럼 찍어내 다른 쇼핑몰이나 별다를 바 없지만 수공예품은 다르다. 매의 눈으로 찾아보면 질이 나쁘지 않으면서 가격도 훈훈한 제품들이 더러 있다. 보들보들한 가죽 제품에 내 이름을 새겨 넣어 나만의 기념품을 만들어봤다.

2. 칼립소 쇼 관람 *Not Bad*
트렌스젠더들이 벌이는 쇼. 세계 각국의 춤과 노래를 즐길 수 있다. 파타야의 알카자쇼에 비하면 덜 흥미로웠다. 둘 중 하나를 고르라면 당연히 알카자쇼. 쇼의 화려함, 한때 오빠였던 언니들의 미모 면에서 알카자쇼가 압도적이다. 파타야에 갈 생각이라면 건너뛰어도 괜찮다.

3. 관람차 탑승 *So So*
직접 타보면 보기보다 엄청난 크기를 실감하게 된다. '관람 차를 타본 적이 없는데 무척 궁금하다', 이런 분만 타보시길. 추천하고 싶은 아이템은 아니다. 생각보다 주변이 어두워 야경이 기대에 못 미친다.

4. 무에타이 라이브쇼 관람 *Bad*
노파심에 몇 자 적는다. 이 쇼를 선택하면 장담컨대 99% 후회한다. 과하게 쥐어짠 스토리 라인이 엉성해 보기 불편할 정도인 데다 중국인 패키지 관광객을 제외하면 내부가 텅텅 비어 썰렁하기 그지없다.

5. 기념품 장만 *Good*
여행 갔다 오면 기념품 타령하는 사람 꼭 있다. 그들에게 건네줄 소소한 아이템, 시장에서 옥신각신 흥정하며 알뜰하게! 망고향 짙은 비누 등 태국의 특징을 살린 기념품에 눈길 주어보자. 누구에게나 실용적인 선물이라 무난하다.

6. 의류 구입 *Not Bad*
잘 찾아보면 썩 괜찮은 가격에 디자인이 훌륭한 제품도 있다. 원단이나 바느질 등의 상태가 우수한 건 아니지만 저렴하게 구입해 여름 한 철 입는다 생각하고 고르면 손에 집히는 게 제법 있을 것.

7. 맥주 한잔 *Very Good*
푹푹 찌는 듯한 대낮의 무더위는 잠시 잊고 시원한 강바람 쏘이며 노천에서 술 한 잔! 여독이 말끔하게 씻기는 기분이다. 노상 마시는 흔한 맥주 대신 태국산 위스키인 '쌩쏨'에 도전해도 좋다.

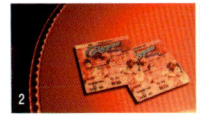

SILOM&SATHORN&RIVERSIDE

Cost 인당 100밧 이내 **B** ┊ 100~1,000밧 **BB** ┊ 1,000밧 이상 **BBB**

RESTAURANT

CAFE

PUB & BAR

열대의 정원과 강이 어우러진 레스토랑

살라팁
Salathip

태국의 전통 건축양식으로 지은 티크 하우스에 올라앉은 살라팁. 짜오프라야 강을 마주 본 낭만적인 호텔 레스토랑이다. 강가의 모기를 먹여 살리는 데 일조하고 싶지 않다면 실내 테이블을 선택하는 게 상책. 날이 어두워지면 뵈는 게 별로 없는 데다 바깥 자리에 앉으면 더위와도 싸워야 하니 주저하지 말고 안쪽을 선택할 것. 코스 메뉴는 세 가지다. 새우살을 다져 만든 텃만꿍으로 시작해 씨푸드 샐러드, 새우 수프인 얌꿍, 연어를 넣은 레드커리, 굴 소스로 맛을 낸 가리비 등 갖가지 해산물로 코스를 구성한 씨푸드 코스, 태국의 전통 음식을 풍성하게 내놓는 타이 코스, 채식주의자를 위한 베지테리언 코스. 씨푸드 코스가 1,388~1,988밧 선으로 가격대는 꽤 높은 편이다. 가리는 음식이 많다면 코스보다 원하는 것만 골라 먹을 수 있는 단품 요리를 추천.

💡 알아두면 유용한 꿀팁

7시 45분이 되면 전통의상을 차려입은 무희들이 등장한다. 무대에서 공연하는 게 아니라 테이블 사이사이를 돌아다니며 춤을 춘다. 사진을 찍으려 카메라를 꺼내 들면 귀신같이 알아채고는 살짝 멈춰주는 센스를 발휘한다. 공연 시간이 기대만큼 길지 않지만 코앞에서 벌어지는 조촐한 공연은 꽤 인상적이다.

Address	89 Soi Wat Suan Plu, New Road(샹그릴라 호텔 내)
Tel	02-236-7777
Open	PM 06:00 ~ PM 10:30
Access	BTS 사판 탁신역에서 도보 7분, 수상보트 선착장 사톤에서 도보 7분
Web	www.shangri-la.com
Cost	BBB

갤러리를 닮은 레스토랑,
마짜로 부티크 앤 레스토랑
Mazzaro Boutique & Restaurant

처음 마짜로를 찾은 건 우연이었다. 산책 삼아 숙소 근처의 작은 사원에 들렀다가 돌아오는 길. 트렌디한 인테리어에 마음을 빼앗겨 기웃거리다 허기진 배를 채우기 위해 냉큼 들어갔다. 귓가에 살랑거리는 리듬의 보사노바풍 음악이 들려왔다. 산뜻한 분위기의 레스토랑 안에는 그림이 몇 점 걸려있었다. 프라이빗한 누군가의 갤러리에 들어온 느낌. 미술관에서 밥숟가락 뜨는 기분이랄까.
전통적인 태국 음식과 이탈리안 요리를 내놓는다. 보통 이것저것 하는 식당은 이것도 별로고 저것도 별로이기 마련인데 여긴 반전이었다. 둘 다 수준급. 르부아 호텔과 샹그릴라 호텔 등 주변에 5성급 호텔이 있어 서양인 여행자가 유독 많았다. 인근에 거주하는 외국인에게도 열렬히 사랑받는 곳.

Tip 알아두면 유용한 꿀팁
평범한 메뉴보다 가격대가 높지만 이곳만의 개성 넘치는 요리들, '시그니처 디쉬'에도 도전해보자. 마짜로 홈페이지에 접속하면 메뉴 사진과 함께 가격도 미리 알아볼 수 있다.

Address	11/2 Soi Charoen Krung 42/1, Charoen Krung Road
Tel	02-235-3626
Open	AM 11:00 ~ PM 11:00
Access	BTS 사판 탁신역에서 도보 5분
Web	www.mazzarobkk.com
Cost	BB

여왕의 커리 맛은?

퀸 오브 커리
Queen Of Curry

카레 요리 경연 대회에서 당당히 우승을 거머쥔 경력이 있는 주인장. 구운 오리를 넣은 깽펫뺏양, 코코넛 밀크를 넣어 연둣빛을 띠는 그린커리 깽키아우완, 한국인의 입맛에도 잘 맞는 태국 남부식 커리 깽마싸만 등. 여기서는 커리를 맛봐야 한다. 사진 속 메뉴는 깽펫뺏양(240밧)이다. 토마토, 파인애플이 들어가 새콤달콤하고 부드러운 오리커리. 볶음밥을 주문해서 함께 먹으면 밥이 감쪽같이 사라진다. 은근히 밥도둑. 친절해서 더 맛있게 느껴지는 식당이다.

현지인들이 주로 드나드는 저렴한 국수집

짜오롱 룩친쁠라
Jao Long Luk Chin Pla

아침 때우러 종종 들르던 어묵국수 집이다. 이른 시간부터 영업을 시작해 아침 먹기 제격. 다른 곳에 비해 어묵 종류가 다채롭고 신선하다. 어떤 어묵을 골라도 하나같이 차지고 맛있다. 다양한 어묵을 맛보려면 어묵을 골고루 섞어달라고 해보자. 국물이 있는 건 '남', 없는 건 '행'이다. 면은 달걀 반죽인 노란 면발의 '바미' 또는 쌀국수 중에서 택하면 되는데 쌀국수는 굵기가 다양하니 기호에 맞게 고를 것. 길 건너 맞은편 어묵국수 집에서도 먹어봤지만 여기가 낫다. 가격은 45밧.

Address	Soi Charoen Krung 50, Charoen Krung Road
Tel	02-234-4321
Open	AM 10:00 ~ PM 10:00
Access	BTS 사판 탁신역에서 도보 3분
Cost	BB

Address	1456 Charoen Krung Road
Tel	02-234-7499
Open	AM 07:00 ~ PM 09:00
Access	BTS 사판 탁신역에서 도보 5분
Cost	B

100년도 넘었다! 깔끔한 맛의 오리구이 덮밥,
프라짝 뼷양
Prajak Ped Yang

오리구이를 전문으로 한다. 1909년에 문을 열어 영업한 지 100년도 넘었다. 화교들이 둥지를 틀어 대를 이어가는 집. 신문과 잡지 등 언론에 수없이 소개되었다. 오리구이 덮밥인 카우나뼷과 달걀로 반죽한 면 바미 위에 오리구이를 살포시 얹은 국수 바미뼷이 인기. 서민들이 주로 드나드는 식당답게 저렴하지만 건장한 남자라면 두 그릇을 먹어도 너끈할 만큼 양이 적다. 로빈슨 맞은편에 있다. 한자와 태국어로 적힌 간판은 잘 안 보이니 주렁주렁 통째로 매달린 노릇한 오리구이에 주목하자.

몸과 마음 모두 편안해지는 음식
보니타 카페 앤 소셜 클럽
Bonita Cafe and Social Club

태국인, 일본인 커플이 사이좋게 꾸리는 아담한 가게다. 완전 채식을 하는 비건들을 위한 카페, 유기농 식재료 위주로 쓴다. 파스타와 샌드위치, 버거 등 간단히 끼니 때울 만한 음식이 있어서 브런치 삼기 알맞다. 신선한 채소를 듬뿍 넣은 클럽 샌드위치와 베스트셀러 중 하나인 데리야끼 버거 플레이트가 괜찮다. 두부를 써서 일본식 달콤한 간장으로 맛을 낸 채식 햄버거. 버섯을 풍성하게 넣은 저칼로리 까르보나라도 선보인다. 메뉴판에는 동물들을 위한 옳은 행동을 하겠다는 다짐이 글로 적혀 있다. 집처럼 따듯하고 세심한 서비스 덕분에 마음까지 포근해진다.

Address	1415 Charoenkrung Road
Tel	02-234-3755
Open	AM 08:00 ~ PM 08:30
Access	BTS 사판 탁신역에서 도보 5분
Web	www.prachakrestaurant.com
Cost	B

Address	100 Soi Pramote
Tel	02-081-5824
Open	AM 09:30 ~ PM 09:30(화요일 휴무)
Access	BTS 수라삭역에서 도보 10분
Cost	BB

합리적인 가격에 왕실 레시피의 태국 음식을!
탄잉 레스토랑
Thanying Restaurant

Must Eat 하마터면 문 앞에서 발길을 돌릴 뻔했다. 태국 왕실 요리를 내놓는 곳이라고 들었는데 입구는 초라하기 짝이 없었다. 잘못 찾아왔나 싶었지만 탄잉이 맞았다. 잠시 고민하다 작은 골목까지 찾아온 수고로움 때문에 들어가기로 결정. 겉에서 보면 그저 낡고 오래된 집에 지나지 않았지만 내부는 고풍스럽게 꾸며져 있었다. 역시 외모만 보고 판단할 일이 아니었다. 오랜 시간을 머금은 골동품 접시와 정교하게 묘사된 초상화. 테이블은 흰색 천으로 덮여 정갈해 보였다.

탄잉은 1986년에 문을 열었다. 왕실의 요리사였던 어머니가 아들에게 왕실의 요리 비법을 전수했다. 애피타이저부터 태국식 샐러드, 수프와 커리, 고기와 해산물을 주재료로 한 요리 등 태국 음식을 총망라한다. 고급스러운 분위기에 비해 가격대가 낮다. 합리적인 가격에 왕실의 레시피를 체험할 수 있는 절호의 기회.

Tip 알아두면 유용한 꿀팁
입맛을 돋우는 데 그만인 미앙캄, 까이호바이토이 등의 애피타이저는 160~200밧, 똠얌꿍, 똠카까이 등의 수프는 150~160밧, 각종 커리는 180~280밧, 고기나 해산물을 활용한 요리는 190~390밧 선이다. 메뉴와 가격은 홈페이지에서 확인 가능하다.

Address	10 Pramuan Road
Tel	02-236-4361
Open	AM 11:30 ~ PM 10:00
Access	BTS 수라삭역에서 도보 5분
Web	www.thanying.com
Cost	BB

세계 75대 레스토랑,
블루 엘리펀트
Blue Elephant

블루 엘리펀트는 벨기에 브뤼셀에서 태어났다. 유럽 등 해외에서 먼저 성공을 거둔 뒤 태국에 들어온 독특한 케이스. 런던, 파리, 두바이 등에 지사가 많은데 방콕처럼 유럽풍의 멋진 건물에 올라앉은 곳은 없다. 레스토랑 밖은 언제나 교통체증에 시달리는 도로, 쉼 없이 오가는 지상철 BTS의 움직임으로 부산하지만 레스토랑 안은 도시의 소음을 잊고 식사에 집중할 수 있도록 쾌적한 환경을 만들어준다.

세계 75대 레스토랑으로 선정된 만큼 맛도, 분위기도 매우 좋다. 여행자들 사이에 널리 알려진 레스토랑이라 외국인의 입맛에 맞도록 적당히 변형되었다. 단품보다 적당한 양으로 조금씩, 다양한 요리를 내어주는 코스요리가 낫다. 블루 엘리펀트는 설경구, 문소리, 다니엘 헤니 주연의 영화 <스파이>에서 치열한 총격전이 일어난 촬영 장소이기도 하다. 예약 없이는 입장이 불가할 만큼 찾는 이가 많으니 홈페이지나 전화를 통해 예약 요청을 넣어두자.

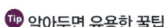 알아두면 유용한 꿀팁

태국 요리 강습도 한다. 우리 돈으로 10만 원을 훌쩍 넘기는 금액을 보고 지나치게 비싼 거 아닌가 싶었지만 그만한 이유가 있었다. 대충 요리만 따라해 보는 게 아니라 아침 일찍 모여 시장에 나가 장을 본다. 신선한 재료를 직접 고르는 것부터 요리의 시작이라는 소신. 요리학교에 대한 더 많은 정보는 blueelephant.com/cooking-school에서.

Address	233 South Sathorn Road
Tel	02-673-9353
Open	AM 11:30 ~ PM 02:30, PM 06:30 ~ PM 10:30
Access	BTS 수라삭역에서 도보 2분
Web	www.blueelephant.com/bangkok
Cost	BBB

괜찮다. 하지만 특별하진 않다.
따링 쁘링
Taling Pling

아지트 삼기 좋은 장소,
메디 앳 실롬
medee @ silom

보통의 맛과 보통의 분위기, 보통의 서비스. 나쁘지 않지만 특별한 구석은 없다. 메뉴는 무려 100여 개가 넘는다. 깔끔한 맛의 태국 요리를 낸다. 지점이 여러 곳. 시암 파라곤 등 대형 쇼핑몰에 입점해 여행자가 발 들이기 편리하다. 최근 체인점이 많아지면서 직원들의 태도에 대한 잡음이 끊이지 않는다. 반 실롬 아케이드 내 따링 쁘링은 여러모로 무난하다. 일부러 찾아갈 만한 집은 아니지만 근처에 있다면 가볼 만하다.

지나치지 않을 만큼 아기자기한 인테리어가 사랑스럽다. 군데군데 하트가 뿅뿅! 공간이 예뻐서 잡지나 방송 촬영 장소로도 종종 이용된다. 우리나라 가수 2NE1의 박 봄도 여기서 방송 촬영을 한 적이 있다. 식사도 되고 커피나 맥주 등의 음료도 된다. 냉정히 말해 맛으로 소문날 만한 집은 아니다. 요리는 지극히 평범한 수준. 식사보다 커피 한 모금이나 맥주 한 잔이 더 어울리는 장소다. 이유는 잘 모르겠는데 편안하게 느껴져 아지트 삼기 좋다. 창가에 앉아 태국 맥주 창을 컵에 따라 놓고 멍하니 앉아있으면 시간을 잊게 되는 곳.

Address	Soi Silom 19, Silom Road(반 실롬 아케이드 내)
Tel	02-236-4829
Open	AM 11:00 ~ PM 10:00
Access	BTS 수라삭역에서 도보 10분
Web	www.talingpling.com
Cost	BB

Address	Soi Silom 19, Silom Road
Tel	02-635-2590
Open	AM 11:00 ~ PM 08:00
Access	BTS 수라삭역에서 도보 10분
Cost	BB

열대 느낌 물씬 풍기는 테이블 세팅,
짐 톰슨 레스토랑 앤 라운지
Jim Thompson Restaurant and Lounge

수라윙 로드에 위치한 짐 톰슨 레스토랑 앤 라운지. 방콕의 끈적한 무더위와 무시무시한 교통 체증에서 잠시 도망쳐 이곳을 피난처 삼아도 좋겠다. 도심 한가운데, 현대적인 건물 안에 있지만 태국 특유의 멋이 난다. 짐 톰슨 하우스 내에도 레스토랑이 있는데 드나드는 사람이 워낙 많아서 어수선한 게 흠. 그에 비하면 여긴 아주 한적하다.

초록빛 테이블 세팅이 사랑스럽다. 열대의 지방에서 쓰일 법한 초록빛 나뭇잎을 그릇 아래 깔아두었다. 날마다 삭막한 도시를 헤매고 다녀야 하는 현대인에겐 이런 작고 소소한 부분도 크게 와 닿는다. 식탁 위에 '예쁘지 않은 건 발붙일 수 없다!'라고 적혀 있는 듯. 식기가 산뜻하고 앙증맞다. 음식 사진과 영어 설명이 곁들여져 있어서 메뉴 고르는 게 그리 어렵지 않다. 메인 메뉴는 180~300밧 선. 1인당 500밧 전후로 예산을 책정하면 되겠다.

Address	149/4 Surawong Road
Tel	02-235-8932
Open	AM 09:00 ~ PM 11:00
Access	BTS 총논시역에서 도보 10분 또는 살라댕역에서 도보 10분
Web	www.jimthompson.com/restaurants_bars/surawong.asp
Cost	BB

🍲 이 메뉴 어때요?
메뉴판 앞장을 펼치면 셰프의 추천 메뉴와 함께 태국에서 재배한 유기농 쌀 자스베리Jasberry를 활용한 요리도 있다. 건강하고 맛있는 메뉴, 후 불면 날아가는 길쭉한 쌀에 지쳤다면 이 쌀을 맛보도록.

코카 그룹에서 야심 차게 선보인 태국 음식 전문점,
망고 트리
Mango Tree

커다란 수끼 체인을 갖고 있는 코카 그룹에서 야심 차게 선보인 새 브랜드, 망고 트리. 태국 음식 전문점이다. 코카 수끼 수라웡점 바로 옆, 정답게 마주 보고 있다. 레스토랑 앞 마당에 망고나무가 실하게 자란다. 망고 트리의 음식은 가격도 맛도 무난하다. 저녁 시간에 야외 테이블에서 가볍게 맥주 한 잔 마시는 것도 괜찮다. 태국 전통 음악을 곁들인 공연도 조촐하게 펼쳐지지만 아주 짧게, 스치듯 찰나의 시간이니 기대는 말자.

Address	37 Soi Than Tawan, Surawong Road(수라웡점)
Tel	02-820-2236
Open	AM 11:30 ~ PM 11:00
Access	BTS 살라댕역에서 도보 10분
Web	www.coca.com/mangotree
Cost	BB

얼큰한 맛과 담백한 맛을 동시에,
코카 수끼
Coca Suki Restaurant

1957년부터 화교들이 대를 이어 운영해온 수끼 전문점이다. 태국에서 가장 이름난 수끼 체인인 MK수끼보다 약간 고급스러운 느낌이다. 그만큼 값도 더 나간다는 점. 수끼는 채소, 해산물, 고기 등을 담백한 육수에 살짝 데쳐 먹는 태국의 대중적인 음식이다. 우리나라에서 즐겨 먹는 샤브샤브와 거의 비슷하다고 보면 된다. 코카 수끼는 두 가지 맛의 육수가 등장해 얼큰한 맛, 담백한 맛을 동시에 누릴 수 있다. 수쿰빗, 시암, 칫롬 등에 지점을 두었다. 일부 지점은 낮 시간에 뷔페식으로 운영한다.

Address	8 Soi Than Tawan, Surawong Road(수라웡점)
Tel	02-236-7993
Open	AM 10:00 ~ PM 02:00, PM 04:00 ~ PM 10:00
Access	BTS 살라댕역에서 도보 10분
Web	www.coca.com
Cost	BB

티크 나무로 지은 19세기 목조 가옥, 지극히 '방콕다운'
르언 우라이
Ruen Urai

<u>Must Eat</u> '방콕여행 가면 열대의 나무가 우거진 전통가옥에서 점심을 먹어야지'하고 상상을 하곤 했었다. 루엔 우라이는 막연하게 꿈꾸어왔던 그 꿈이 이루어지는 놀라운 장소. 무성한 열대 정원과 짙은 티크 나무로 공들여 지은 19세기의 목조 가옥, 로즈호텔의 수영장이 펼쳐진다. 100년도 더 된 티크 하우스는 왕실에 몸담았던 한의사가 지낸 집. 호기심 어린 내 눈빛을 읽었는지 2층도 살펴보라며 집 구경을 시켜 주었다. 여기가 방콕이라는 사실을 온몸으로 만끽하며 낭만적인 시간을 보낼 수 있는 곳. 도시의 번잡함에서 벗어난 진정한 오아시스다.

루엔 우라이의 요리는 맛도 있고 멋도 있다. 음식이 테이블에 올라오면 먹음직스러운 모양새에 눈으로 한 번 맛보고, 입으로 한 번 더 먹는다. 합리적인 가격, 지극히 '방콕다운' 분위기, 사람을 웃게 만드는 기분 좋은 서비스! 세 마리 토끼를 한 방에 잡은 레스토랑.

Tip 알아두면 유용한 꿀팁
홈페이지에 접속하면 음식 사진과 함께 짤막하게 곁들여진 영어 설명, 가격까지 사전에 알아볼 수 있다. 메뉴가 수십 가지에 이르지만 셰프의 추천 메뉴, 매콤한 정도를 메뉴판에 표기해 두어 고르기가 한결 수월하다.

Address	118 Surawongse Road(로즈 호텔 내)
Tel	02-266-8268
Open	PM 12:00 ~ PM 11:00
Access	BTS 살라댕역에서 도보 7분, MRT 실롬역에서 도보 10분
Web	www.ruen-urai.com
Cost	BB

니들이 게 맛을 알아?
쏨분 씨푸드
Somboon Seafood

1969년부터 영업해온 씨푸드 전문점이다. 쏜통 포차나와 함께 푸팟퐁커리의 성지로 일컬어지는 곳. 두툼한 집게발로 공격할 우려가 있어서 꽁꽁 묶어둔 신선한 게를 넣어 맛있게 요리한다. 짭조름한 옐로우 커리에 볶음밥을 싹싹 비벼서 먹으면 밥 한 공기 뚝딱. 게 요리뿐 아니라 생선, 새우, 굴 등 다양한 해산물 요리도 취급한다. 게 요리만으로 뭔가 허전하다면 새우 또는 탱글탱글 굴을 넣어 지진 굴전 어쑤언을 추가해도 괜찮다.

쏨분 씨푸드의 음식은 대체로 한국인 여행자의 입맛에도 잘 맞는다. 실패 확률이 적은 식당. 태국 음식 못 먹어서 골골 거리고 있다면 영혼의 음식이 될 수도. 꾸준한 인기에 힘입어 최근 지점을 여러 군데 냈다. 수라웡, 랏차다, 쌈얀, 우돔숙, 시암 등에서 쏨분 씨푸드를 만나볼 수 있게 되었다. 여행자들이 많이 찾는 곳은 수라웡과 시암이지만 굳이 고집할 필요 없이 각자 동선에 맞는 지점으로 방문하면 된다. 예산은 2인 푸짐한 상 기준 1,000~1,500밧.

Tip 알아두면 유용한 꿀팁
쏨분 씨푸드 홈페이지에도 나와 있는 사기 수법이 있다. 여행자들이 워낙 많이 찾는 곳이라 가짜 쏨분 씨푸드가 버젓이 영업하고 있는 것. 일부 택시기사들이 가짜 쏨분 씨푸드와 작당해 초행길인 여행자를 그쪽으로 안내한다. 사기 치는 택시 기사는 당연히 친절할 것이고 간판에 Somboon이라 적혀 있기 때문에 손님은 의심하지 않는다. 하지만 계산서를 받고 나면 화들짝! 얼토당토않은 요금을 청구한다. 택시를 이용해 가는 경우라면 진짜 쏨분 씨푸드가 맞는지 다시 한 번 확인할 것. 홈페이지에서 지점 정보를 확인할 수 있다.

Address	315 Phya Thai Road(참추리 스퀘어 1층, 쌈얀지점)
Tel	02-160-5100
Open	AM 10:30 ~ PM 10:00
Access	MRT 쌈얀역에서 도보 1분
Web	www.somboonseafood.com
Cost	BBB

다채로운 쏨땀과 동북부 요리, 젊은 감각으로 승부한다!

쏨땀 더
Somtum Der

현지인들이 유난스럽다 싶을 정도로 열광하는 쏨땀. 파파야 샐러드다. 익기 전 어리고 단단한 파파야를 길쭉하게 채 썰어 매콤한 타이 고추와 마늘, 건새우, 토마토 등을 넣고 빻아 버무린다. 동북부의 전통 음식이지만 전역에서 즐겨먹는 음식. 쏨땀을 메인으로 취급하는 식당들이 연이어 큰 성공을 거두며 쏨땀 전문점이 속속 생겨나고 있다. 후발주자인 쏨땀 더는 젊은 감각과 다양한 동북부 요리, 단단한 맛으로 승부해 현지인은 물론 여행자의 입맛도 사로잡았다. 쏨땀과 함께 까이양(구운 닭), 맥주를 곁들이면 궁합이 딱. 맞은편 하이 쏨땀도 태국인들이 격하게 아끼는 쏨땀집.

혹시 태국 음식 못 먹는 분들을 위해, 이탈리안 레스토랑!

자노티
Zanotti

'방콕 여행 책에 무슨 이탈리안 레스토랑?'하며 미간을 찌푸리는 분들이 있을 테지만, 태국 음식을 당최 입에 대지 못해 하루가 다르게 살이 쪽쪽 빠지는 분들도 분명 계실 줄로 안다. 노파심에, 끼니 거르지 마시라고 끼워 넣는 이탈리안 음식. 두루 좋은 평가를 받지만 가격 면에서만큼은 언제나 별점이 낮다. 식전 빵이 한 바구니 가득 나온다.
빵만 먹어도 배가 부를 정도니 메뉴 주문은 과하지 않게! 쾌적하고 안락한 식사 시간을 위해 실내 사진 촬영은 금지다. 본인 셀카는 인정.

Address	5/5 Sala Daeng Road
Tel	02-632-4499
Open	AM 11:00 ~ PM 10:30
Access	BTS 살라댕역에서 도보 7분, MRT 실롬역에서 도보 5분
Web	www.somtumder.com
Cost	B

Address	21/2 Sala Daeng Road
Tel	02-636-0002
Open	AM 11:30 ~ PM 02:00, PM 06 ~ PM 11:00
Access	BTS 살라댕역에서 도보 7분, MRT 실롬역에서 도보 5분
Cost	BB

방콕이라서 가능한 분위기,

비터맨
Bitterman

비터맨의 공간 연출은 방콕이기 때문에 가능한 게 아닌가 싶다. 테라스에 앉아있는 듯 볕이 잘 드는 공간, 나무가 무성한 숲 속에 들어온 것 같은 실내. 마치 휴양지에 발을 들인 기분이다. 맨발로 총총 걸어나가면 새하얀 모래사장이 있을법한 그런 곳. 비터맨은 맛보다 무드에 반해 찾아오는 사람이 더 많다.

카페와 레스토랑을 겸한다. 가벼운 브런치부터 파스타 등의 식사류까지 두루 준비된다. 느지막이 일어나 쌉싸름한 커피 한 모금, 토스트나 샐러드 등으로 주말 브런치 (브런치 메뉴는 금요일부터 일요일, 오후 3시까지만 가능) 어떨까? 비터맨은 채광이 좋아서 음식보다 내 얼굴 예쁘게 나오는 데 관심 많은 셀카족에게도 추천할만하다. 셔터를 누르는 족족 그림, '인생샷' 따위는 일도 아니다.

Address	Soi Sala Daeng 1, Sala Daeng Road
Tel	091-740-6486
Open	AM 11:00 ~ PM 11:00
Access	MRT 룸피니역에서 도보 10분
Web	www.bittermanbkk.com
Cost	BB

시장통의 아담한 로컬 음식점
실롬 하우스 카페 레스토랑
Siam House Cafe Restaurant

시장 골목 안에 있는 로컬 음식점이다. 테이블이 너덧 개뿐인 작은 식당. 늘 웃는 낯의 주인장이 사근사근 친절하다. 이만하면 맛도 괜찮고 가격도 저렴한 편. 인근에 거주하는 현지인과 서양인들이 일상적으로 드나드는 곳이다. 밥, 면, 요리류까지 메뉴가 상당히 다양하다. 부러 찾아갈 만큼 엄청나게 맛있는 집은 아니지만 실롬 일대에 있다면 한 번쯤 가볼 만하다. 아침 8시쯤 오픈. 인찌감치 시장 구경을 마치고 아침 식사를 여기서 해도 괜찮을 듯.

Address	90 Soi Silom 20, Silom Road
Tel	02-233-7576
Open	AM 08:00 ~ PM 10:00
Access	BTS 수라삭역에서 도보 10분
Cost	BB

방송인 홍석천이 강력 추천한 그 식당,
짠펜 레스토랑
Chandrphen Restaurant

타이 음식점을 수년간 운영하고 있는 방송인 홍석천이 강력 추천해 이름이 알려진 곳. 국민의 사랑을 한몸에 받는 푸미폰 국왕도 들른 오래된 식당이다. 한국인이다 싶으면 홍석천이 추천하는 메뉴를 모은 별도의 메뉴판을 함께 가져다준다. 푸팟퐁 커리, 게살 볶음밥, 수끼, 도미 튀김 등이 그의 추천 메뉴. 이 외에도 괜찮은 요리가 많으니 다른 메뉴에도 눈길을 주자. 요리는 태국식과 중국식이 섞여 있다. 커다란 단독 건물을 통째로 사용해 실내가 넓다.

Address	1030/1 Rama 4 Road
Tel	02-287-1535
Open	AM 10:00 ~ PM 10:00
Access	MRT 룸피니역에서 도보 5분
Web	www.chandrphen.com
Cost	BB

훈훈한 가격대의 방콕 와인 명소,
와인 커넥션
Wine Connection

와인 커넥션은 비스트로, 바&그릴 등 지점별로 다양한 콘셉트의 매장을 운영한다. 와인 도매상이어서 합리적인 가격에 와인을 공급한다. 방콕을 찾은 여행자는 물론 현지 거주자에게도 뜨거운 반응을 얻고 있다. 와인과 어울릴만한 스테이크, 피자, 파스타 등 서양 요리를 곁들인다. 일상이나 다름없이 와인을 즐겨 마시는 유럽 사람들은 문턱이 닳도록 드나든다. 밤 시간, 치즈 플래터 등 간단한 안줏거리와 함께 술 한잔 기울이는 것도 괜찮다. 레드와인이 100밧부터.

Address	191 Silom Road(실롬 콤플렉스 지하 1층)
Tel	02-231-3149
Open	AM 10:30 ~ PM 10:00
Access	BTS 살라댕역에서 도보 1분, MRT 실롬역에서 도보 2분
Web	www.wineconnection.co.th
Cost	BB

양념치킨 외길 인생 16년째라 하여도 여기선 프라이드!
소이 폴로 프라이드 치킨
Soi Polo Fried Chicken

한낮에 룸피니 공원으로 산책 갔다가 참을 수 없는 갈증이 밀려왔다. 맥주 한 잔 생각이 간절해져서 찾아간 닭집. 허전하게 낮술만 꼴깍꼴깍 마실 순 없지 않은가. 까이텃(튀긴 닭)도 한 입 베어 물어야지! 반 마리, 단돈 130밧이다. 허름한 골목길의 작은 닭집으로 사람들이 모여드는 이유는 까이텃 위에 올린 마늘 튀김 때문. 투박한데 잘근잘근 씹는 맛이 있어서 은근히 중독된다. 이는 호불호가 크게 갈리는 부분. 구글 지도 검색 결과와 일치하지 않아 근처에 가서 헤맬 수 있다. 주변 사람들에게 물어보자.

Address	137/1 Soi Sanam Khli, Witthayu Road
Tel	02-655-8489
Open	am 07:00 ~ pm 10:00
Access	MRT 룸피니역에서 도보 15분
Cost	B

로컬 아티스트의 그림을 걸어 갤러리처럼!
반 카니타 앤 갤러리
Baan Khanitha & Gallery

사톤 로드, 높이 솟은 빌딩 숲 사이에 반 카니타 앤 갤러리가 있다. 1993년 수쿰빗 소이^{Soi} 23에서 시작해 지점을 몇 곳 늘렸다. 반 카니타는 세 가지에 집중했다. 레스토랑의 기본은 맛 아닌가. 품질 좋은 신선한 재료로 요리하고 최상의 서비스를 유지하려 노력을 기울였다. 태국 특유의 전통이 살아있는 식사 시간을 선물하고픈 마음에 매혹적인 분위기 연출에도 힘썼다. 이 세 가지를 철저하게 관리한 결과 수쿰빗 소이 53, 아시아티크 그리고 여기, 3개의 지점이 더 생겨 성업 중이다.
반 카니타 앤 갤러리는 로컬 아티스트들이 그린 그림을 걸어 갤러리처럼 꾸몄다. 손때가 켜켜이 내려앉은 색감의 저택에 품위 있는 내부 장식, 근사하다. 나이 지긋한 직원들에게서는 중후한 멋이 느껴진다. 식사 전 누구에게나 소박한 양의 미앙캄이 제공된다. 방콕에서 지내는 동안 미앙캄을 즐겨먹었던 마니아로서 반갑기 그지없는 일이다. 시큼하고 고소하고 짭짤하고 맵다. 별별 맛이 다 나서 입맛 돋우는 데 최고인 미앙캄을 식전 애피타이저로 주는 건 매우 탁월한 선택!

 이 메뉴 어때요?
여럿이 함께라면 스프링 롤, 새우를 다져 만든 텃만꿍, 판단 잎으로 감싸 튀긴 닭고기 등이 묶여 나오는 태국식 애피타이저를 모둠으로 주문해 보자. 팟타이나 똠얌꿍 같은 태국 대표 음식도 괜찮다. 큼지막한 새우 한 마리가 통째로 들어가는 진한 국물 맛의 똠얌꿍은 특히 추천하고 싶다. 레스토랑의 추천 메뉴를 살펴보면 해산물 요리가 수두룩하지만 꽤 부담스러운 가격. 해산물은 씨푸드 전문점에서 알뜰하게 먹는 쪽을 택하면 어떨까?

Address	69 South Sathorn Road
Tel	02-675-4200
Open	AM 11:00 ~ PM 02:00, PM 06:00 ~ PM 11:30
Access	BTS 살라댕역에서 도보 15분, MRT 룸피니역에서 도보 7분
Web	www.baan-khanitha.com
Cost	BB

월드 베스트 레스토랑 50,
남 레스토랑
Nahm Restaurant

레스토랑 남의 요리사는 호주인이다. 태국에 거주하다 태국 음식 문화에 매료된 데이비드 톰슨. 각별한 애정으로 고산족 할머니, 길거리 포장마차까지 헤집고 다니며 태국음식에 대한 열띤 감정을 불태웠다. 그 결과 남은 월드 베스트 레스토랑 50 The World's 50 Best Restaurants 에 이름을 올리게 되었다. 세계적으로 권위를 인정받는 이 리스트는 전 세계 요리사와 요식업 전문 경영인 900명이 뽑았다.

남의 코스요리는 짜여진 대로 착착 나오는 게 아니라, 몇 가지 요리 중 입맛에 맞게 고를 수 있다. 코스요리지만 개인의 기호를 존중한다는 점에 마음이 갔다. 외국인이 주로 드나드는 호텔 레스토랑치고는 향신료 맛이 제법 강했다. 웬만한 향신료를 가리지 않는 필자에겐 무난했지만 고수 등 각종 향신료를 거북하게 여긴다면 밥숟가락을 놓고 싶은 심정이 될지도 모르겠다. 런치 코스는 인당 1,600밧, 디너 코스는 인당 2,500밧.

🅣 알아두면 유용한 꿀팁
소문난 잔치에 먹을 것 없다는 옛말이 딱 맞다. 남이 별로였다는 건 아니다. 명성이 하도 자자해서 기대에는 못 미쳤다는 얘기. 과대평가된 면이 없지 않다. 태국에는 적정한 가격에 맛도 분위기도 으뜸으로 칠 만한 레스토랑이 워낙 많기 때문에. 남에서 원하는 날짜와 시간에 식사하려면 최소 2~3주 전에는 예약하길 권장한다. 임박해서 예약을 시도하면 '풀부킹'이라는 답변이 돌아온다.

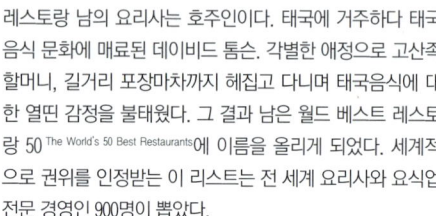

Address	27 South Sathorn Road(메트로폴리탄 호텔 내)
Tel	02-625-3333
Open	PM 12:00 ~ PM 2:00, PM 07:00 ~ PM 10:30
Access	BTS 살라댕역에서 도보 15분, MRT 룸피니역에서 도보 7분
Web	http://www.comohotels.com/metropolitanbangkok/dining/nahm
Cost	฿฿฿

태국 요리인 듯 아닌 듯, 창의적인 요리의 결정판!
이싸야 싸야미즈 클럽
Issaya Siamese Club

적잖이 어정쩡한 위치였다. 여행자가 주로 다니는 동선에서 한참 빗겨 나 있었다. 궁금했지만 미루고 미루고 또 미루다, 어느 화창한 날 기분 낼 겸 들러봤다. 유럽 양식이 더해진 1920년대 목조 가옥, 푹신한 잔디가 너르게 깔린 정원이 있는 하얀 집이었다. 내부는 앙리 마티스의 그림만큼이나 강렬한 색채가 돋보였다. 창가 쪽 컬러풀한 색감의 소파에 안내되어 궁둥이를 붙이니 뉘 집 거실에 놀러 온 것 같았다.

이싸야 싸야미즈 클럽의 요리사 이안은 창의적인 요리로 정평이 나 있다. 태국 요리지만 현대적인 감각을 보태 때때로 보지도 듣지도 못했던 생소한 요리를 선보인다. 투철한 도전정신을 발휘했다. 분명 태국 음식이지만 양식 못지않게 세련된 비주얼. 태국 음식인 듯 아닌 듯 오묘한 인상이다. 점심식사도 인당 최소 2,000밧 정도 예상해야 한다. 여행자에겐 외진 입지인 데다 웬만한 호텔 뺨치는 가격이라 방문을 위해서는 큰맘을 먹어야 한다.

🍯 알아두면 유용한 꿀팁
창의적인 요리가 약이 될 수도, 독이 될 수도 있다. 잘못 고르면 '이게 뭐지?' 싶은 실험적인 메뉴도 간혹 있기 때문. 스스로 메뉴를 선택하기보다 서버에게 추천해달라고 하는 편이 낫겠다. 단지 도전해본 데 의의를 두기엔 비싼 가격이니까.

Address	4 Soi Si Akson, Chuea Phloeng Road
Tel	02-672-9040
Open	AM 11:30 ~ PM 2:30, PM 6:30 ~ PM 10:30
Access	MRT 클롱토이역에서 도보 10분
Web	www.issaya.com
Cost	BBB

한때 이 호텔에 유명 작가들이 수없이 드나들었다지?

오서스 라운지
Author's Lounge

콜로니얼 스타일의 화이트톤의 인테리어, 창백한 크림색의 대리석 바닥. 오서스 라운지는 동화 속에 나오는 비밀 정원을 닮았다. 만다린 오리엔탈 호텔은 역사가 살아 숨 쉬는 호텔이다. 으리으리한 인테리어로 치장한 신상 호텔들이 절대 흉내 낼 수 없는 기품이 있다. 오래전 이 호텔의 고객 리스트에는 〈달과 6펜스〉의 윌리엄 서머셋 모옴, 조셉 콘래드 같은 유명한 작가들이 있었다고 한다. 서머셋 모옴은 이 호텔에서 소설을 쓰기도 했다고. 오서스 라운지는 이름처럼 만다린 오리엔탈을 거쳐 간 수많은 작가를 기리는 공간이다.

오서스 라운지에서 누리는 오후의 작은 사치, 애프터눈 티. 묵직한 3단 트레이에 층층이 담겨 나오는 디저트는 실로 엄청난 양이다. 말이 디저트지, 식사 대용으로 충분하고도 남는 볼륨. 아랫단에 있는 샌드위치부터 먹기 시작해 달콤한 것은 나중에 손대는 게 순서다. 그전에 클로디드 크림, 장미 잼을 곁들여 먹는 따뜻한 스콘은 0순위! 달콤한 디저트와 궁합이 잘 맞는 쌉싸름한 홍차는 프랑스의 브랜드 마리아쥬 프레르 제품을 쓴다. 여자라면 한 번쯤 꿈꾸어볼 만한 로맨틱한 시간이다. 워낙 명성이 자자해 예약 없이 방문하면 퇴짜 맞기 일쑤.

Tip 알아두면 유용한 꿀팁
〈사요나라 이츠카〉라는 영화 속에는 단지 고급스럽다는 말로는 부족한 호텔이 등장한다. 태국을 배경으로, 열렬히 나눈 운명적인 사랑이 바꿔놓은 세 남녀의 인생을 그렸다. 거기 나오는 우아한 호텔이 바로 만다린 오리엔탈 호텔.

Address 48 Oriental Avenue(만다린 오리엔탈 호텔 내)
Tel 02-659-9000
Open PM 02:30 ~ PM 05:00
Access 수상보트 선착장 사톤에서 만다린 오리엔탈 호텔의 셔틀보트 이용
Web www.mandarinoriental.com/bangkok/fine-dining/authors-lounge
Cost BBB

달콤함 속에 풍덩 빠져볼까?
살롱 초콜릿 뷔페
Salon Chocolate Buffet

영화 〈찰리와 초콜릿 공장〉을 보면서 나도 모르게 군침을 흘린 적이 있다. 윤기가 좔좔 나는 갈색의 초콜릿 폭포가 흘러내리고 초콜릿 강에 설탕 보트를 띄우고 노를 젓는 모습. 영화 속 풍경처럼 비현실적인 환상을 뿜어내진 않지만, 내 뱃속으로 밀어 넣기엔 차고 넘칠 만큼 초콜릿이 많아서 보는 것만으로도 달콤해지는 곳이 있다. 수코타이 호텔 내 살롱에서 주말에 여는 초콜릿 뷔페. 매주 금요일과 토요일 그리고 일요일, 오후 2시부터 5시까지만 짧고 굵게 모습을 드러낸다. 평일 같은 시간대에는 여느 호텔처럼 애프터눈 티 세트로 운영.

브런치 계의 강자,
로켓 커피 바 S.12
Rocket coffee bar S.12

우리나라의 번화가, 꽤 괜찮은 카페와 견주어도 뒤지지 않을 만한 수준의 브런치와 커피를 낸다. 물론 가격 면에서도 절대 밀리지 않는다. 카페 안이 좁아서 만석일 때가 잦다. 바식 테이블 안쪽에서 바리스타가 커피를 만들고 브런치를 요리해 낸다. 정성 다해 내려주는 커피 한 잔은 낯선 여행지에 놓인 여행자에게 위안이 되곤 한다. 샐러드는 210~465밧, 샌드위치는 105~300밧, 카페라떼는 95밧. 수쿰빗 소이 49(Sukhumvit Soi 49, 02-662-6638)에도 지점이 있다.

Address	13/3 South Sathorn Road
Tel	02-344-8888
Open	PM 02:00 ~ PM 05:00
Access	BTS 살라댕역에서 도보 15분, MRT 룸피니역에서 도보 7분
Web	www.sukhothai.com/Dining/Salon
Cost	BBB

Address	Soi Sathorn 12 North, Sathon Road
Tel	02-635-0404
Open	AM 07:00 ~ PM 11:00
Access	BTS 총논시역에서 도보 15분
Web	www.rocketcoffeebar.com
Cost	BB

영화 〈행오버 2〉에 나왔던 거기가 여기!
시로코 & 스카이 바
Sirocco & Sky bar

멀리서도 한눈에 알아볼 수 있는 황금 돔, 방콕의 랜드마크 건물 중 하나인 스테이트타워다. 이 건물 63층에 레스토랑 시로코와 루프탑바 스카이 바가 떡 버티고 있다. 미국 코미디 영화 〈행오버 2〉를 보셨는지?

술을 진탕 마신 뒤 떡이 된 다음 날, 험악한 '행오버'에 시달리며 벌어지는 난해한 사건들을 그렸다. 영화 속에 등장하는 장면 대부분이 태국에서 촬영됐다. 시로코는 영화 속에 비중 있게 등장해 눈길을 끌었던 장소.

이곳에서 바라보는 야경은 엄지를 치켜 세울 만 하다. 특히 해 질 무렵 은은하게 물드는 짜오프라야 강과 함께 어우러진 도시 풍광은 이루 말할 수 없이 환상적! 시로코에서의 식사는 1인당 최소 3,000밧 이상, 스카이 바에서 마시는 칵테일은 400~800밧 선이다. 가격은 매우 사악하지만 그럼에도 다녀올 만한 가치가 충분하다. 방콕 물가 수준을 감안하면 매우 비싼 가격의 식사보다는 예쁘장한 칵테일이나 시원한 맥주 한 잔을 권한다.

Tip 알아두면 유용한 꿀팁

흠이 하나 있다. 야경 명소로 이름난 만큼 많은 사람이 찾는다는 점. 사람은 점점 불어나고 스탠딩으로 즐길 수 있는 자리는 한정적이고. 옴짝달싹할 수 없는 상황에 놓여 한없이 좁게 느껴진다. 빈틈을 찾아보기 어려울 정도. 지나친 부산함을 피하려면 오픈 시간에 맞춰서 적당히 즐기다 빠져나오자. 식사 예정이라면 예약이 필수다.

Address	1055/42 State Tower, Sliom Road (르부아 호텔 63층)
Tel	02-624-9555
Open	PM 06:00 ~ AM 01:00
Access	BTS 사판 탁신역에서 도보 5분
Web	www.lebua.com/sky-bar
Cost	BBB

꾸준히 인기를 누리는 대세 루프탑바,
문 바
Moon Bar

Must Try 별들이 소곤대는 홍콩의 밤거리만 아름다운 게 아니었다. 방콕도 야경이 예쁜 도시 중 하나. 카오산 로드처럼 눈높이에서 바라보는 밤거리도 좋지만, 멀찌감치 떨어져서 내려다보는 방콕의 야경도 예술이다. 반얀트리 호텔 61층, 문 바에 올라가면 짜오프라야 강줄기와 뒤엉킨 도시가 미니어처럼 아주 작게 내려다보인다. 방콕의 밤은 확실히 낮보다 화려하다. 탁 트인 전망을 자랑하는 문 바는 시야를 가로막는 게 아무것도 없다. 꼭대기라 그런지 적당히 선선하고 기분 좋은 바람이 분다. 낮에 무더위로 횡포를 부리던 그 방콕이 맞나 싶을 정도.

Address	21/100 South Sathon Road(반얀트리 호텔 61층)
Tel	02-679-1200
Open	PM 05:00 ~ AM 01:00
Access	BTS 살라댕역에서 도보 15분, MRT 룸피니역에서 도보 7분
Web	www.banyantree.com/ko/ap-thailand-bangkok
Cost	BB

룸피니 공원을 한눈에 볼 수 있는 멋진 뷰,
파크 소사이어티
Park Society

감각적인 호텔 소피텔 소 방콕 29층에 있다. 시로코나 문 바 등에 비하자면 낮은 높이지만 룸피니 공원이 훤하게 내려다보이는 전망이 훌륭하다. 이름난 바에 가면 의자에 궁둥이 붙이는 것은 하늘의 별 따기요, 발붙이는 것조차 쉽지 않을 때도 있다. 그에 비하면 파크 소사이어티는 한가한 축. 느긋하게 갖은 여유 부려가며 시간을 보낼 수 있어서 좋다.
뜻밖에 만족도가 높았던 곳. 통유리가 가슴팍까지 올라와 있는 가장자리의 테이블이 명당이다.

Address	2 North Sathorn Road(소피텔 소 방콕 29층)
Tel	02-624-0000
Open	PM 05:00 ~ AM 12:00
Access	MRT 룸피니역에서 도보 3분
Web	www.sofitel-so-bangkok.com
Cost	BB

차이나타운

방콕의 야왈랏 로드는 일본의 나가사키와 더불어 오랜 역사를 자랑하는 차이나타운이다. 중국풍 물씬 나는 거리를 걷고 있으면 여기가 태국인지 중국인지 헷갈릴 정도. 중국 사람들이 열렬하게 사랑하는 빨간색과 번쩍번쩍 빛나는 금은방, 샥스핀 요릿집, 낯익은 얼굴들이 보이는 중국식 사당까지. 모든 걸 중국화 한 화교들의 힘, 실로 놀랍다.

CHINATOWN
차이나타운

번잡한 동네 차이나타운. 좋게 말하면 활기가 넘치는 거고 솔직히 말하면 정신 사납다. 풍경 또한 그렇다. 차이나타운을 가로지르는 대로인 야왈랏 로드에 가면 언제나 혼이 쏙 빠진다. 태국보다 중국에 더 가까운 모양새. 뭔가 대단한 볼거리를 기대하고 간다면 기대에 못 미쳐 실망할 수도 있다. 마음을 비우고 반나절쯤 산책한다는 생각으로 가뿐하게 나설 것.

밤엔 먹거리 포장마차가 속속 문을 열어 침샘을 자극한다. 중국 음식 하면 가장 먼저 떠오르는 짬뽕, 남녀노소 누구나 즐기는 친근한 음식 짜장면은 없다. 방콕 차이나타운의 인기 메뉴는 신선한 해산물과 딤섬, 샥스핀이나 제비집처럼 희귀한 재료로 만든 요리들이다. 밤에 먹으러 가는 건 좋지만, 늦은 밤 으슥한 골목은 위험할 수도 있으니 가능하면 대로변만 걷자. 자칫하면 음침한 영화 <차이나타운>의 주인공이 되는 수가 있다.

추천 하루 코스

Start!

● **쌈펭 시장** (p284)

↓ 도보 3분

● **야왈랏 로드** (p285)

↓ 도보 10분

● **관인 사당** (p285)

↓ 도보 2분

● **왓 뜨라이밋** (p287)

↑ 택시

● **빡크롱 꽃시장** (p289)

뭐 타고 다니지?

차이나타운 내 이동은 걷는 것만으로도 충분하다. 한자 적힌 간판이 내걸린 야왈랏 로드를 따라 후아람퐁역쪽으로 쭉 걸어가면 책 속에 나오는 볼거리와 식당들이 잇따라 보인다.
멀지 않은 빡크롱 꽃시장으로 움직일 때는 택시 이동을 권장한다.

여행자들이 즐겨 찾는 여행지

❶ 방콕 속 작은 중국,
   야왈랏 로드 (p285)

❷ 묵직한 황금 불상이 있는 사원,
   왓 뜨라이밋 (p287)

❸ 화사함 가득한 꽃 도매 시장,
   빡크롱 꽃시장 (p289)

오늘은 뭐 먹을까?

❶ 신선한 해산물을 마음껏,
   T&K 씨푸드 (p292)

❷ 만만한 가격의 딤섬 전문점,
   캔톤 하우스 (p293)

❸ 게살 국숫집,
   오딘 크랩 누들 (p295)

일정 플러스 이국적인 동네가 흥미진진하게 느껴진다면 내친김에 인도까지 가보자. 차이나타운과 가까운 곳에 파후랏 로드가 있다. 인도 냄새가 물씬 풍기는 상점들이 즐비한 거리. 달콤한 인도식 밀크티 짜이 한 잔을 홀짝이며 잠시 쉬어가면 어떨까?

CHINATOWN

기억에
남는
8장면

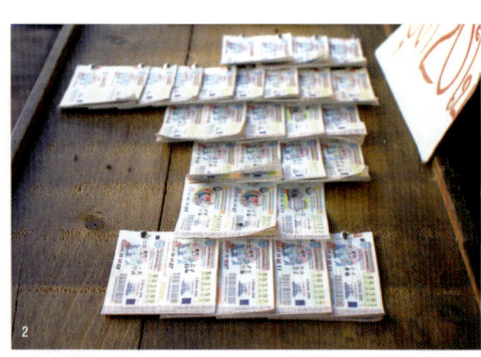

1. 중국과 태국이 오묘하게 어우러진 풍경, 태국은 지금 불기 2559년.
2. 복권 사서 팔자 한 번 고쳐볼까 했는데 당첨돼도 모를 거란 사실에 좌절.
3. 납작하게 눌린 채 노릇하게 익은 돼지머리.
4. 온통 빨간색이었던 중국식 사원에서 단연 돋보이는 분홍빛 연꽃.
5. 차이나타운에 딱 어울리는 복장을 하고 촬영 나온 리포터.
6. 샥스핀에 들어가는 상어 지느러미 말린 것.
7. 저녁때만 생기는 거리의 해산물 식당.
8. 호기심으로 받아볼까 했으나 보기만 해도 너무나 자극적인 실 면도.

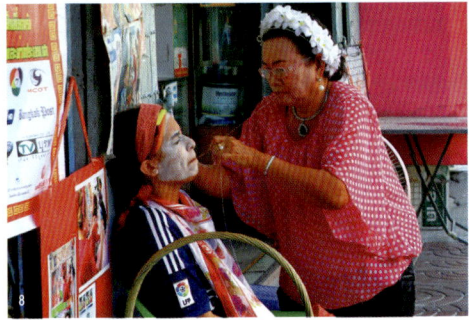

차이나타운
Chinatown

- ❺ 파후랏 Phahurat
- ❻ 빡크롱 꽃시장 Pak Khlong Flower Market
- 수상보트 선착장 욧피만 Yodpiman
- 사판풋 야시장 Saphan Phut Night Market
- 수상보트 선착장 랏차웡 Ratchawong

Roads: Charoen Krung Road, Phahurat Road, Yaowarat Road, Ban Mo Road, Chakphet Road, Maha Chak Road, Rachini Road, Saphan Phut

짜오프라야 강 Chao Phraya River

Chinatown Spot ❶

Address	Soi Wanit 1, Yaowa Phanit Road
Open	AM 09:00 ~ PM 06:00
Access	수상보트 선착장 랏차웡에서 도보 5분

북새통을 이루는 도매시장,
쌈펭 시장
Sampeng Lane Market

선착장 랏차웡에서 내려 직진하다가 오른쪽 길로 꺾는다. 두 사람이 겨우 오갈 만한 좁은 골목길, 양옆으로 크고 작은 상점들이 빈틈없이 들어서 있다. 아기자기한 문구류부터 의류, 액세서리 등 다양한 품목을 취급하는 시장통. 워낙 좁은 골목인 데다 사람이 많아서 한여름에는 호흡을 가다듬고 마음의 준비를 단단히 한 뒤 골목을 향해 돌진해야 한다. 주말에는 무서울 정도로 혼잡하다. 미로처럼 얽힌 길, 그 와중에 오토바이와 짐수레도 서슴없이 지나다녀 장애물 경기하듯 잘 피해 다녀야 한다. 인내심이 필요하다.

참신한 물건보다는 공산품 위주. 도매상과 소매상이 섞여 있는 데, 도매로 파는 곳이 압도적으로 많다. 동대문에서 물건 떼듯 몇 개를 한꺼번에 사야 한다는 조건이 딸린 곳이 많다. 하나만 사고 싶어서 집었다가 도매로만 가능하다는 말에 슬그머니 내려놓게 될 때가 잦다. 한 가지 품목을 여러 개 사도 괜찮은 기념품 사기엔 나쁘지 않은 조건.

Chinatown Spot ❷

Address	Yaowarat Road
Access	수상보트 선착장 랏차웡에서 도보 15분

관음보살을 모시는 중국식 사당,
콴인 사당
Kuan Yin Shrine

차이나 게이트로 가는 길, 아담한 사당이 눈에 띄었다. 현란한 디테일의 지붕을 얹은 오래된 중국식 사당이었다. 1902년에 모습을 드러낸 이 사당은 자비로 중생의 괴로움을 구제하는 신 관음을 모신다. 사당 뒤쪽으로는 의료 시설이 있다. 티엔 파 Thien Fah 재단과 연계된 곳으로 가난한 사람들에게 무료로 의료 서비스를 제공한다. 차이나타운 일대에 사는 중국인의 방문이 잦다.

Chinatown Spot ❸

Address	Yaowarat Road
Access	수상보트 선착장 랏차웡에서 도보 7분

방콕 속의 중국,
야왈랏 로드
Yaowarat Road

야왈랏 로드는 차이나타운의 메인 로드다. 중국을 통째로 들어다 옮겨놓은 것 같은 풍경. 태국어 대신 한자로 적혀있는 간판 일색이다. 대단한 볼거리가 있는 건 아니지만 금은방, 약재상, 중국의 식재료를 파는 슈퍼마켓, 중식당 등이 어우러져 이국적인 모습을 자아낸다.

길 끄트머리에는 중국식 홍예문인 차이나 게이트가 있다. 밤이 되면 노점상들이 거리에 쏟아져 나와 거대한 푸드 스트리트를 이룬다. 야왈랏은 괜찮지만 인근의 으슥한 골목길은 절대 밤에 가지 말도록! 무섭다.

Chinatown

여기가 태국이야? 중국이야?

차이나타운 일대를 돌아다니며 셔터를 누르다 보면 무척이나 혼돈스럽다. 프레임 속 여기가 중국인지, 태국인지. 방콕의 구시가지 한복판에 있지만 전혀 태국스럽지 않은 곳. 야왈랏 로드를 거닐며 태국 속 중국을 들여다보자.

1. 중국 음식 딤섬
샥스핀부터 제비집, 거위 발, 오리 주둥이까지. 다리 달린 건 책상 빼고 다 먹는다는 중국답게 요리의 종류가 대단히 많지만 가장 만만한 건 역시 딤섬.

2. 예쁜 찻주전자
차를 물 마시듯 즐겨 마시는 나라 중국. 중국 특유의 패턴이 그려진 찻주전자를 팔고 있었다. 차를 좋아해 유심히 들여다 보다가 충동구매하고 말았다.

3. 차이나타운 간판
태국의 거리, 골목 이름 표시에 종종 쓰이는 파란 표지판. 누가 차이나타운 아니랄까 봐 차이나타운이라고 적힌 표지판을 구석구석 세웠다.

4. 섹시한 치파오
언젠가 한 번 입어보고야 말겠다며 벼르고 있는 옷. 묘하게 섹시해 보이는데 그건 옷을 입은 그녀가 섹시해서 그런 것일까.

5. 빨간 도자기
빨간색이라면 사족을 못 쓰는 중국 사람들. 여기저기 빨간색으로 도배하는 걸 좋아하는 중국인답게 도자기도 새빨갛게 칠했다.

6. 아담한 두부
중국엔 열 중 아홉이 두부당(두부를 몹시 좋아하는 사람)이라는 말이 있을 정도. 두부를 보니 나도 모르게 칼칼하게 끓인 김치찌개 생각이 났다.

Chinatown Spot ❹

Address	Traimit Road
Tel	02-225-9775
Open	AM 09:00 ~ PM 05:00
Access	수상보트 선착장 랏차웡에서 도보 15분
Admission	40B

세계에서 가장 큰 황금 불상,
왓 뜨라이밋
Wat Trimitr Vityaram Voravihahn

야왈랏 로드 끝자락에 위치한 사원, 왓 뜨라이밋. 세계에서 가장 큰 황금 불상이 여기 앉아있다. 높이가 약 3m, 무게가 무려 5.5톤에 달한다. 그간 보았던 불상들과는 때깔이 확연히 다르다. 금빛이 아니라 진짜 금이다. 불상은 수코타이 시대에 만들어진 것으로 추정되나 정확한 기록은 없는 상태. 불상을 만들었던 장인은 불상이 금이라는 사실을 숨기기 위해 석고로 불상을 덮어두었다. 버마(미얀마)의 침입으로부터 보호하려 한 것으로 보이나 역시 명확한 기록이 남아있지 않아 추측만 할 뿐이다. 불상을 옮기던 중 육중한 무게를 견디지 못하고 떨어지는 사고가 발생하면서 황금 불상의 정체가 드러났다. 굵직한 볼거리가 그리 많지 않은 차이나타운, 여행자들이 꼭 들르는 명소다.

Tip 알아두면 유용한 꿀팁
사원을 더 보고 싶다면 왓 망콘 까말라왓 Wat Mangkon Kamalawat도 찾아가 보자. 용과 연꽃의 사원이라 용련사라 불린다. 큰 감흥을 주는 곳은 아니지만 오랜 역사를 지녔다.

Address	Phahurat Road
Access	수상보트 선착장 빡크롱 딸랏 또는 랏차웡에서 도보 15분

방콕 속 리틀 인디아, 파후랏
Phahurat

힌두교 신 시바가 눈앞에 있었다. 독을 삼켜 파란 피부, 아랫도리에는 호랑이 가죽을 두르고 달을 인 채 손에는 삼지창을 들었다. 사리 가게도 보였다. 옛날 인도에서는 바느질해 모양낸 옷을 부정한 것으로 여겼다. 그래서 가공하지 않은 천을 둘둘 감아 입은 것이 사리. 인도 여자들의 전통 의상이다. 사리 파는 가게가 골목 전체를 뒤덮고 있었다. 거리에는 목디스크가 우려되는 시크교도가 보였다. 터번을 둘둘 말아 머리에 척 얹은 독특한 인상착의. 무언가를 튀기는 냄새가 풍겨 눈을 돌렸더니 인도 기차 안에서 호호 불어먹던 인도 음식 사모사가 있는 게 아닌가.

영락없는 인도 풍경이었지만 여기는 방콕이다. 차이나타운이 있는 야왈랏이 끝나는 지점에서 가까운 곳에 방콕 속 작은 인도, 파후랏이 있다. 야왈랏에 비해 파후랏은 아주 소소한 규모지만 인도식 사원과 인도 물건을 파는 백화점, 인도 음식과 향신료 그리고 힌두교 신까지. 인도 싱크로율 100%다. 아주 가끔 인도가 그리울 때 그곳에 들러 지난 인도 여행을 추억하곤 했다.

ADDRESS	Chakraphet Road
OPEN	24 Hours
ACCESS	수상보트 선착장 빡크롱 딸랏에서 도보 5분

방콕에서 가장 큰 꽃 도매시장,
빡크롱 꽃시장
Pak Khlong Flower Market

Must See 거리가 온통 꽃에 둘러싸여 있다. 태국의 국화인 보랏빛 오키드, 입을 꾹 다문 연분홍빛 연꽃, 탐스럽게 피어난 장미. 활짝 피어난 꽃을 보고 있으면 마음까지 싱그러워진다. 태국의 실생활에서 흔히 볼 수 있는 꽃이 많다. 호텔, 레스토랑, 상점에서 만나는 꽃들이 대부분 여기 출신. 꽃가게에 앉아 공예 하듯 꽃을 조물조물 주무르는 사람들의 손놀림도 구경할만하다. 가느다란 실에 꽃을 줄줄이 꿰고 꽃봉오리 진 꽃잎의 일부만 뒤집어 모양을 내기도 한다. 생계를 위해 부지런히 일하는 사람들, 바쁜 걸음으로 꽃더미를 나르는 사람들에게 걸리적거리지 않도록 잽싸게 행동해야 한다. 24시간 영업하지만 늦은 밤부터 새벽녘이 가장 활발하다. 소매로도 취급한다. 기분전환 삼아 꽃다발 한아름 안고 돌아가면 어떨까.

Tip 알아두면 유용한 꿀팁
여행자가 거의 없다시피 한 로컬 시장, 사판풋 시장. 방콕 시민이 주로 드나든다. 티셔츠나 신발 등의 의류, 불법복제한 DVD 같은 이미테이션 물건을 판다. 아주 저렴한 가격에 머리카락을 자를 수 있는 거리의 이발소도 있다. 하지만 눈 씻고 찾아봐도 여행자에게 흥미로울 만한 요소가 없다는 게 함정. 방콕의 서민들의 시장이 궁금하다면 들러볼 것. 추천하고 싶은 장소는 아니다.

CHINATOWN

Cost 인당 100밧 이내 **B** | 100~1,000밧 **BB** | 1,000밧 이상 **BBB**

RESTAURANT

CAFE

PUB & BAR

팍팍한 주머니 사정 걱정 없이 해산물을 마음껏,
T&K 씨푸드
T&K Seafood

Must Eat 저녁때가 되면 야왈랏 로드에 게릴라성 해산물 식당이 펼쳐진다. 대로 옆 인도를 점령하듯 테이블과 의자를 빼곡하게 내놓는다. 의자가 상큼한 연둣빛, 직원들의 티셔츠도 같은 색이라 찾기 쉽다. T&K 씨푸드는 오직 해산물에만 전념한다. 서민적인 분위기의 해산물 전문점. 가격도 저렴해 주머니 사정 따위는 잠시 잊어도 괜찮다.

통통한 새우, 튼실하게 살 오른 게, 큼지막한 생선, 신선한 조개류 등 다채로운 해산물로 요리한다. 원하는 조리 방법을 택해 골라 먹을 수 있다. 푹 찌고 노릇하게 굽고 바삭하게 튀김옷 입혀 튀기고! 공복의 저녁식사라면 게거리인 푸팟퐁커리와 짝꿍 볶음밥에 벌겋게 달아오른 새우구이 꿍파오를, 가볍게 맥주 한 잔 하는 거라면 꿍파오에 가리비 구이, 굴을 듬뿍 넣어 지글지글 지진 굴전 어쑤언 주문. 해산물만 먹기 심심하다면 모닝글로리 등으로 만든 채소 샐러드를 곁들이자. 실내 공간보다 야외 공간이 인기!

🍵 알아두면 유용한 꿀팁
맞은편에 비슷한 씨푸드 식당이 하나 더 있다. 상반되는 빨간색 티셔츠를 입은 사람들, 알앤엘 씨푸드R&L Seafood다. 맛이나 가격은 거기서 거기.

Address	Soi Phadung Dao, Yaowarat Road
Tel	02-223-4519
Open	PM 04:30 ~ AM 02:00
Access	수상보트 선착장 랏차웡에서 도보 15분
Cost	BB

차이나타운의 값싼 딤섬 전문점,
캔톤 하우스
Canton House

캔톤 하우스는 크고 깔끔한 딤섬 전문점이다. 방콕의 차이나타운에서 간단히 점심 때우기 만만한 식당. 딤섬은 점심의 광둥어식 발음으로 마음에 점을 찍는다는 의미다. 아침과 저녁 식사 사이에 마음을 살짝 건드릴 정도로 간단하게 먹는 음식. 우리에게도 꽤나 익숙하다.

갓 쪄낸 딤섬 한 바구니에 25~30밧. 혼자 아무리 많이 시켜 먹어봐야 딤섬만 먹어서는 300밧을 못 넘긴다. 그리 고급스러운 맛은 아니지만 값싼 가격 때문에 내국인은 물론 외국인까지 편하게 드나든다. 커다란 메뉴판에는 딤섬 메뉴가 수두룩 적혀 있다. 사진을 보고 고르면 되는데, 새우나 돼지고기 등을 주재료로 만든 걸 고르면 실패 확률이 적다. 웬만해서는 입에 맞는 편. 서비스는 기대 이하.

Address	530 Yaowarat Road
Tel	092-249-8299
Open	AM 11:00 ~ PM 10:00
Access	수상보트 선착장 랏차웡에서 도보 15분
Web	www.thecantonhouse.com
Cost	BB

Tip 알아두면 유용한 꿀팁
담백한 오리구이도 판다. 딤섬만 먹기 허전하다 싶으면 중국식 오리구이를 추가할 것.

난생처음 샥스핀 도전!
후아 셍 홍
Hua Seng Hong Shark's Fin Restaurant

이런 기회가 아니면 언제 먹어볼까 싶어서 난생처음 샥스핀에 도전했다. 느긋하게 먹어도 식지 않도록 흙으로 빚은 냄비에 뜨끈하게 끓여져 나온다. 걸쭉한 수프는 상어로 만들었다는 생각에 뭔가 꺼림칙했지만 생각보다 괜찮은 맛. 가격은 300~1,000밧 선이다. 새로운 메뉴를 시도한다는 데 의미를 두자. 굳이 비싼 걸로 먹을 필요는 없다고 본다. '중국답다.'는 생각이 절로 드는 요리가 많다. 거위 발, 오리 주둥이 등. 1973년에 문 연 오래된 식당이다.

깔끔한 어묵국수 가게,
유 룩친쁠라
Yoo Chinatown Fishball

차이나타운 일대의 식당들에 비하면 쾌적하고 깔끔하다. 위생 문제에 민감하다면 여기 선택. 직접 빚은 어묵을 넣어 국수를 만다. 얇거나 혹은 넓거나, 국물이 있거나 없거나, 매운 소스를 첨가하거나 안 하거나. 세 가지를 고려해 사진을 보고 선택하면 된다. 면보다 어묵에 집중하고 싶다면 어묵만 주문해도 좋다. 생선 살로 빚은 어묵이 기본. 새우 살로 빚은 어묵은 별미. 각 100밧이다. 국수류는 60~80밧.

Address	373 Yaowarat Road
Tel	02-222-7053
Open	AM 09:30 ~ AM 01:00
Access	수상보트 선착장 랏차웡에서 도보 10분
Web	www.huasenghong.co.th
Cost	BB

Address	433 Yaowarat Road
Tel	089-782-7777
Open	AM 10:00 ~ PM 09:00
Access	수상보트 선착장 랏차웡에서 도보 15분
Cost	B

굴이나 홍합을 넣은 오믈렛! 호이 텃 전문,
나이 몽 호이 텃
Nai Mong Hoy Tod

굴이나 홍합을 넣은 태국 스타일의 오믈렛, 호이 텃을 만든다. 좁은 골목길로 들어가야 보이는 작은 가게. 입구의 커다란 프라이팬에 기름을 흥건하게 두르고 홍합이나 굴 중 선택한 재료를 넣는다.
계란도 하나 툭! 굴은 특유의 식감 때문에 부드러운 맛이 강하고 홍합은 그보다 파삭파삭하다. 평소 굴을 즐기지 않지만 태국에서 먹는 호이 텃은 언제나 환영. 양이 많지 않아 식사보다는 간식으로 적합하다.

게살을 얹은 국숫집,
오딘 크랩 누들
Odean Crab Noodle

방콕의 맛집을 다룬 잡지를 보다가 발견했다. 국수 위에 게다리가 올라가 있는 비주얼에 반해 물어물어 찾아갔다. 차이나타운 왓 뜨라이밋 근처. 바깥 진열장에 새빨간 집게발을 주렁주렁 매달아 두었다. 추천 메뉴는 바미 푸. 달걀 반죽으로 만든 국수에 게살을 넣은 쌀국수다. 가격은 55밧. 국물이 없는 걸 선호하면 '행'을 외친 뒤 생선 소스를 뿌려 먹으면 된다. 바삭하게 튀긴 새우 완탕과 새우 딤섬도 이 집의 인기 메뉴. 집게발은 150~600밧 선이다.

Address	539 Phlap Phla Chai Road
Tel	02-623-1890
Open	AM 10:30 ~ PM 09:00
Access	수상보트 선착장 랏차웡에서 도보 15분
Cost	B

Address	724 Charoen Krung Road
Tel	086-888-2341
Open	AM 09:00 ~ PM 09:00
Access	수상보트 선착장 랏차웡에서 도보 15분
Cost	B

가뿐하게 떠나는
방콕 근교 하루 여행

도시에만 머무는 게 2% 부족하다고 느낄 때,
가까운 방콕 근교 도시로 눈을 돌려보자. 방콕에서 두어
시간만 부지런히 달려가면 물 위에 동동 떠 있는 이국적인
수상시장이 있고 보석처럼 반짝거리는 물빛의 바다가
넘실거린다. 쓰라린 전쟁의 역사가 서린 칸차나부리,
폐허가 되어 더욱 빛나는 여행지 아유타야. 오래된 시간을
찾아 떠나는 하루 여행도 좋다. 방콕이 아닌, 낯선 도시에서
보내는 하루. 바쁜 도심을 잠시 벗어나 힐링하러 떠나자.
더도 말고 덜도 말고 딱 하루면 된다.

주말에만 서는 물 위의 시장,
Amphawa Floating Market
암파와 수상시장

방콕은 동양의 베니스라는 별명답게, 곳곳에 수로가 뻗어있다.
아주 오래전부터 운하 주변에 집과 상점이 들어서면서 수상시장이 발달했다.
방콕에는 가뿐하게 당일로 다녀올 만한 수상시장이 몇 군데 있다.
그중 으뜸으로 꼽고 싶은 곳은 두말 않고 여기, 암파와 수상시장이다.

규모는 물론이고 볼거리와 먹을거리 면에서도 압도적이다. 물가에 펼쳐진 수상시장 암파와는 토요일과 일요일, 주말에만 열린다. 금요일에도 열긴 하지만 문 닫는 곳이 많아 속상하다. 방콕에서 약간의 교통 체증을 감안해 편도 90분 정도 소요. 태국 사람들도 주말에 가볍게 나들이 삼아, 데이트 코스로 들르곤 한다.

상점에서 파는 물건은 생필품부터 기념품까지 품목이 아주 다양한데, 온갖 간식거리가 주를 이룬다. 시장 곳곳에서 파는 해산물 구이, 이건 반드시 먹어야 한다. 강 위에 정박한 나무배에서 구워진 해산물이 식욕을 자극! 먹음직스럽게 칼집 내 익힌 오징어, 거짓말 살짝 보태 어린아이의 앙상한 팔뚝만 한 왕새우, 예쁘장하게 생긴 가리비 등을 구워 판다. 시간이 넉넉하다면 롱테일 보트를 타고 운하를 탐험해도 좋다. 보트 투어는 여럿이 모여야 출발. 1인당 40~50밧 선이다.

TIP 알아두면 유용한 꿀팁

간혹 뜨내기손님에게 바가지를 씌우려 드는 상인도 있다. 오징어 한 접시에 150밧이라고 말해 일단 팔고 계산할 때 350밧이라고 우기는 수법. "네가 먹은 건 큰 것!"이어서 값이 더 나간다고 앙칼지게 우긴다. 이미 해산물은 뱃속으로 사라진 뒤라 꼼짝없이 당하는 사람이 은근히 많다. 식전 만일의 사태를 대비해 계산기로 두드려 명확히 금액을 확인하거나 추후 딴소리 못하도록 돈 얘기가 나왔을 때 계산해버리는 방법 등으로 바가지요금을 피하자.

투어 신청

투어 신청은 카오산 로드 일대의 동대문, 홍익여행사 등 여행사를 통하면 된다. 암파와 수상시장 투어는 동대문에서 진행하는 프로그램이 인기다. 반딧불이 투어 포함 상품. 돈만 내면 데리고 갔다가 데리고 오는 시스템이다. 이것저것 신경 쓸 필요 없어서 불안감 제로, 속 편하다.

자유여행 *추천해요!*

간편하게 투어로 다녀올까? 개별적으로 찾아가 볼까? 고민하다 필자는 후자를 택했다. 자유여행을 택하면 원하는 만큼 시장에 머물 수 있다. 시간이 자유롭다는 면에서 끌렸다. BTS 빅토리 모뉴먼트역에서 내리면 암파와행 롯뚜(미니버스) 타는 곳이 있다. 가능하면 일찌감치 출발하자.

엽서 속 그 풍경,
Damnoen Saduak Floating Market
담넌 사두억 수상시장

여행자들이 많이 찾는 또 다른 수상시장, 담넌 사두억 수상시장이다.
물 위에 배가 잔뜩 떠 있는 엽서를 본 적 있는지. 이국적인 광경을 상상하고 있다면 담넌 사두억으로 가야 한다.
지나치게 관광화된 시장이니 기대하면 무조건 실망한다.
깃털같이 가벼운 마음으로 떠나자.

아주 오래전 담넌 사두억 수상시장은 마을 사람들이 나와 생필품을 사고파는 시장이었다. 끼니를 해결하는 데 쓰일 채소 같은, 생활에 필요한 온갖 물건들이 오고 갔다. 작은 니무베에 물건을 싣고 다니는 시장은 그곳 사람들에겐 일상이었지만 이방인의 눈에는 대단히 낯설고 색다른 모습이었다. 언제부터인가 시장에 여행자들이 들끓기 시작하면서 생필품보다는 관광객들의 눈요깃거리가 되는 기념품이나 과일, 국수 등의 갖가지 먹을거리 등으로 취급 품목이 확 달라졌다. 문 여는 시간도 바뀌었다. 여행자가 슬슬 발을 들이기 시작하는 9시쯤이 되어야 시장에 활기가 돈다.

수상시장에 가면 걷기보다 배에 올라타야 제맛. 배에 한 발을 디디면 심하게 기울면서 물속으로 잠겨버릴 것처럼 묵직하게 가라앉는다. 엎어질 듯, 뒤집힐 듯 위태로워 보이지만 수상시장에서 빠졌다는 이야기는 아직 들어본 적이 없다. 길쭉한 배의 꽁무니에서 사공이 앉아 노를 젓는다. 배에 물건을 잔뜩 실은 상인들이 기다렸다는 듯이 배를 찰싹 붙인다. 이것저것 사라며 엉겨 붙는데 관광화된 시장이라 물건값이 그리 저렴하진 않다.

투어 신청 추천해요!
동대문, 홍익여행사 등 여행사에 신청하면 반나절에 담넌 사두억 수상시장에 다녀온다. 볼거리나 즐길 거리가 풍부한 곳이 아니라 투어 신청으로 다녀와도 무난하다.

자유여행
개별적으로 가려면 BTS 빅토리 모뉴먼트역 앞에서 담넌 사두억행 롯뚜(미니버스)에 승차하면 된다. 방콕 남부 터미널에서 담넌 사두억행 버스를 타는 방법도 있지만 남부 터미널이 시내에서 멀리 떨어져 있어서 시간, 비용 면에서 효율적이지 않다.

하이라이트는 산호섬, 꼬 란
Pattaya
파타야

멀리 남부의 해변까지 내려갈 시간은 없다. 그렇다고 에메랄드빛 바다에 발 한 번 못 담가보고 돌아오긴 싫다.
이럴 때 부담 없이 선택할 수 있는 옵션이 파타야다.
가뿐하게 1박 2일, 아침 일찍 서두른다면 당일치기로 다녀오는 것도 가능하다.
종일 하얀 모래 위에 드러누워 뒹굴뒹굴, 해변으로 가요!

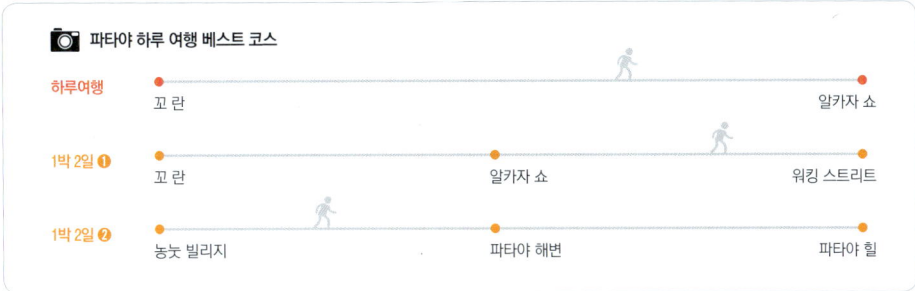

파타야 하루 여행 베스트 코스

하루여행: 꼬 란 — 알카자 쇼

1박 2일 ❶: 꼬 란 — 알카자 쇼 — 워킹 스트리트

1박 2일 ❷: 농눗 빌리지 — 파타야 해변 — 파타야 힐

작은 어촌 마을이었던 파타야. 베트남 전쟁 때 미군이 들어오면서 난개발이 이어졌다. 베트남에서 멀지 않는 파타야를 미군들의 휴양도시로 삼았다. 이때 가난하고 젊은 시골의 여자들이 파타야로 대거 몰렸다. 고고 바가 우후죽순 들어서고 매춘이 성행하면서 파타야는 걷잡을 수 없이 유흥가로 뒤덮여갔다. 지금도 밤이 되면 눈 둘 데가 마땅치 않다. 태국에서는 섹스 관광에 치중한 파타야의 도시 이미지를 탈피하고 싶어 하지만, 아직 갈 길이 멀다.

파타야의 하이라이트는 누가 뭐래도 꼬 란이다. 우리나라 사람들에게는 산호섬으로 알려져 있는 그곳에 가야 우리가 상상하는 그 바다를 만난다. 섬에 들어가지 않고 파타야 해변, 좀더엔 해변만 돌아보고 온다면 앙꼬 없는 찐빵을 먹은 것이나 다름없다. 칙칙한 물빛에 실망감만 한가득 안고 돌아오게 될 것. 다른 거 다 제치고라도 꼬 란만큼은 무조건 들어가야 파타야를 제대로 누린다.

Tip 알아두면 유용한 꿀팁

멋진 바닷가에서 노니는 게 유일한 목적이라면 당일치기도 괜찮다. 파타야의 굵직한 볼거리를 두루 둘러보고 싶다면 적어도 1박 2일은 투자해야 한다.

투어 신청

당일 코스, 1박 2일 코스. 일정별로 다양한 투어 프로그램이 마련되어 있다. 하지만 두둑하게 책정된 비용이 흠이다. 일부 투어 프로그램에는 원치 않는 일정이 포함되어 있다는 것도 단점.

자유여행 *추천해요!*

BTS 에까마이역에서 내리면 방콕 동부 터미널이 있다. 여기서 파타야행 버스가 수시로 출발한다. 30분에 한 대꼴. 버스가 자주 있고 내부도 쾌적해 두어 시간 쿨쿨 자다 깨면 파타야에 도착!
파타야 시내 이동은 썽태우를 이용해 움직이면 된다. 어른이나 아이를 동반하는 여행이라면 편안하게 택시로 이동해도 좋다. 1,200~1,500밧 선으로 흥정하면 된다.

꼬 란
Koh Larn

Pattaya A day trip ①

Address Koh Larn Island

산호섬이라는 애칭이 더 널리 알려진 꼬 란. 패키지 여행자들이 떼로 몰려와 사람이 몹시 많다는 게 함정, 물빛은 좋다. 남부 해변만큼 환상적이지 않지만 맘만 먹으면 방콕에서 하루 여행으로도 다녀올 수 있는 섬인 건 확실한 메리트. 파타야 해변 끝자락에 있는 바리 하이 선착장 Bali Hai Pier에서 배를 타고 들어간다.

꼬 란은 섬이라 해변이 여러 군데 있다. 타웬 비치 Tawaen, 싸매 비치 Samae 등 해변별로 분위기가 조금씩 다르다. 제트스키, 바나나보트, 패러세일링 등 해양 스포츠로 활기를 띠는 해변이 있고 상대적으로 한산해 휴양하기 좋은 해변도 있다. 나무 밑 그늘 아래 의자에 자리를 잡고 앉아 있으면 선선한 바람이 솔솔, 잠도 솔솔 쏟아진다. 나오는 배가 생각보다 빨리 끊기니 놓치지 않도록 주의할 것.

Pattaya
A day trip
❷

알카자 쇼
Alcazar Show

Address	Pattaya Sai Song Road
Tel	081-683-4095
Open	www.alcazarthailand.com
Admission	400~600B

알카자 쇼도 파타야 여행에서 놓치면 서운하다. 태국에서 제3의 성으로 인정하는 트랜스젠더들이 등장한다. 한때 오빠였던 예쁘장한 언니들이 펼치는 공연이다. 쇼 전후로 화려한 드레스를 입고 나와 포토 타임을 갖는다. 진짜 여자보다 더 아름다운 그들과 함께 사진을 찍으려면 팁으로 40밧을 내야 한다.

여자들은 함께 찍으면 오징어 될까봐, 남자들은 괜히 부끄러워서 찍을까 말까 쭈뼛 주뼛거리는 진풍경이 그려진다. 각국의 전통의상을 차려입고 나와 춤을 춘다. 꽃분홍 부채를 들고나와 부채춤을 추며 아리랑을 부르고 싸이의 강남 스타일에 맞춰 흥을 돋우기도 한다. 오후 5시, 6시 30분, 8시, 9시 30분에 쇼 시작. 티파니 쇼도 알카자 쇼와 비슷한 트렌스젠더 공연이다.

Pattaya
A day trip
❸

워킹 스트리트
Walking Street

| Address | Walking Street |

밤이 깊어갈수록 화려해지는 거리, 저녁 6시부터 부산해진다. 요란한 환락가다. 헐벗은 여자들이 거리에 쏟아져 나와 적극적으로 호객 행위를 한다. 파타야에서 워킹 스트리트는 그나마 양반, 이 동네에서는 얌전한 축에 속한다. 파타야 해변 안쪽으로 난 골목길은 온통 빨간색. 몹시 퇴폐적이다. 거리에 홍등가가 성업 중. 아이를 동반한 가족이라면 밤에 돌아다니지 않는 게 상책이다.

Pattaya
A day trip
❹

농눗 빌리지
Nong Nooch Tropical Garden & Cultural Village

Address	34/1 Moo 7, Na Jomtien
Tel	03-842-9321
Open	AM 09:00 ~ PM 05:00
Web	www.nongnoochtropicalgarden.com
Admission	700~800B

농눗 빌리지는 거대한 열대 정원이다. 부잣집 농눗 할머니가 취미 생활로 가꾸었던 정원이 파타야를 대표하는 볼거리가 되었다. 남국의 정취가 물씬 느껴지는 곳. 태국의 민속 무용, 스토리를 입힌 무에타이, 조련으로 길들여진 코끼리 쇼 등 다채로운 공연으로 볼거리를 더했다. 개별적으로 찾아가기엔 불편한 곳. 투어를 신청하면 농눗 빌리지에서 직접 픽업하러 온다.

| Pattaya A day trip ❺ |

| Address | Beach Road |

파타야 해변
Pattaya Beach

초승달 모양으로 구부러진 해변이 4km에 달한다. 물빛도, 모래사장도 아주 평범한 그냥 바다. 특별한 구석은 찾아볼 수 없지만 파라솔 아래 놓인 그늘에서 맥주 한 잔 마시며 달콤한 휴식을 취할 수 있다. 한낮에는 일광욕하기 좋은 해변.

| Pattaya A day trip ❻ |

| Address | Jomtien Beach Road |

좀티엔 해변
Jomtien Beach

파타야 해변이나, 좀티엔 해변이나 그놈이 그놈이다. 도긴개긴. 파타야 해변 일대보다 조용해 차분한 곳에서의 쉼을 원한다면 이 일대가 낫다. 밤에는 좀티엔 비치 로드 Jomtien Beach Road 끝자락에서 먹을거리 중심의 야시장이 열린다.

| Pattaya A day trip ❼ |

| Address | Phra Tamnak Hill |

카오 파타야 뷰 포인트
Khao Pattaya View Point

파타야 최고의 뷰 포인트. 탁 트인 바다 전망이 시원스럽다. 둥그스름한 파타야의 해안선과 시내가 한눈에 들어오는 언덕. 야경을 보러 가도 괜찮다. 이곳에 가려면 빈 썽태우를 잡아 흥정을 해야 한다. 워킹 스트리트에서 썽태우로 약 5~10분 거리.

시간이 멈춘 곳으로 떠나는 아날로그 여행,

Ayutthaya
아유타야

기차 안에서 마주 앉은 순박한 태국 사람들과 보내는 정겨운 시간이 두고두고 기억에 남는다.
말은 통하지 않았지만 이심전심. 눈으로, 마음으로 이야기를 주고받으며 즐거운 여행길에 올랐다.
자전거를 빌려 타고 한적한 길을 달리며 시골 정취를 온몸으로 느끼는 아날로그 여행.
추억 부자가 되고 싶다면 아유타야, 자유여행으로 돌아봄이 바람직하다.

아유타야 하루 여행 베스트 코스

왓 랏차부라나 — 왓 프라 마하탓 — 왓 프라 시 산펫 — 위한 프라 몽콘 보핏

폐허가 되어버린 찬란했던 왕국 아유타야. 1350년부터 400여 년 동안 아유타야 왕조의 수도로 굳건히 자리매김했다가 1767년에 쳐들어온 버마(미얀마)의 침입으로 박살 나고 말았다. 아유타야 왕국이 전성기였던 시절에는 왕궁이 3곳, 사원이 무려 375개, 요새가 29개나 있었다. 강으로 둘러싸여 있어 무역과 적의 공격을 막기에 더할 나위 없이 좋은 입지였다. 중국, 인도 등과 활발한 무역을 했고 멀리 유럽과도 관계를 맺었을 만큼 번영했던 도시.

세상에 영원한 것은 없다는 것을 증명해 보이듯, 탄탄대로를 걷던 그 나라도 한순간에 무너져 내렸다. 아유타야는 오랫동안 무심하게 버려져 있었다. 이제 그때의 영광은 온데간데없고 몰락한 도시만 덩그러니 남았다. 침략으로 파괴된 모습을 거두지 않고 그대로 두었다. 사지가 절단된 불상, 불에 탄 흔적이 역력한 탑, 돌더미가 되어버린 사원의 흔적들. 과거의 모습을 그대로 품은 채 여행지로 완성된 아유타야는 신비로움을 풍긴다.

Tip 알아두면 유용한 꿀팁
일정이 여유롭다면 아유타야에서의 1박도 괜찮다. 어둠이 깊어진 뒤, 유적지를 환하게 비추는 달빛과 어우러진 아유타야의 비경은 낮과는 다른 매력. 홍익여행사 등 여행사에서 아유타야 야경 투어를 신청받는다. 참고로 대낮의 아유타야는 햇빛 피할 곳이 마땅치 않다. 더위 먹지 않도록 단단히 대비할 것.

투어 신청
투어로도 가보고 자유여행으로도 가봤다. 투어의 장점은 가이드가 있어서 간략하게나마 여행지에 대한 설명을 해준다는 점. 아유타야에서 이름난 여행지 위주로 들르기 때문에 역에서 멀리 떨어진 곳까지 두루 살필 수 있다는 게 장점이다. 동선은 투어가 더 야무지다.

자유여행 *추천해요!*
자전거를 탈 줄 안다면 자유여행도 괜찮다. 후아람퐁 기차역으로 가서 북부로 향하는 기차를 타면 아유타야로 갈 수 있다. 칙칙폭폭, 예스러움이 묻어나는 요란한 기차 안에서 보내는 시간은 여행의 또 다른 추억이 된다. 아유타야에 도착해서는 나레수언 로드 Naresuan Road 쏘이 Soi 2에 있는 자전거 대여소에서 자전거를 빌려 이동한다. 역에서 멀지 않은 유적지는 자전거로 소화 가능하지만 먼 곳은 툭툭을 흥정해 이동해야 한다. 방콕의 북부 버스 터미널, BTS 빅토리 모뉴먼트역에서 아유타야행 버스를 타도 된다. 아유타야로 갈 때는 기차, 방콕으로 올 때는 나레수언 로드에서 출발하는 롯뚜(미니버스) 추천. 롯뚜 막차는 6시쯤이다.

아유타야
Ayutthaya

- 왓 나 프라멘 / Wat Na Phramen
- 왓 탐미카랏 / Wat Thammikarat
- 왓 프라 시 산펫 / Wat Phra Si Sanphet ③
- 왓 로까야 쑤타람 / Wat Lokaya Sutha Ram
- 위한 프라 몽콘 보핏 / Wihan Phra Mongkhon Bophit ④
- 왓 프라 람 / Wat Phra Ram
- 차오 삼 프라야 국립 박물관 / Chao Sam Phraya National Museum
- 왓 차이 왓타나람 / Wat Chai Watthanaram
- 왓 풋타이 사완 / Wat Phutthai Sawan

Khlong Tho Road
Si Sanphet Road
짜오프라야 강 / Chao Phraya River

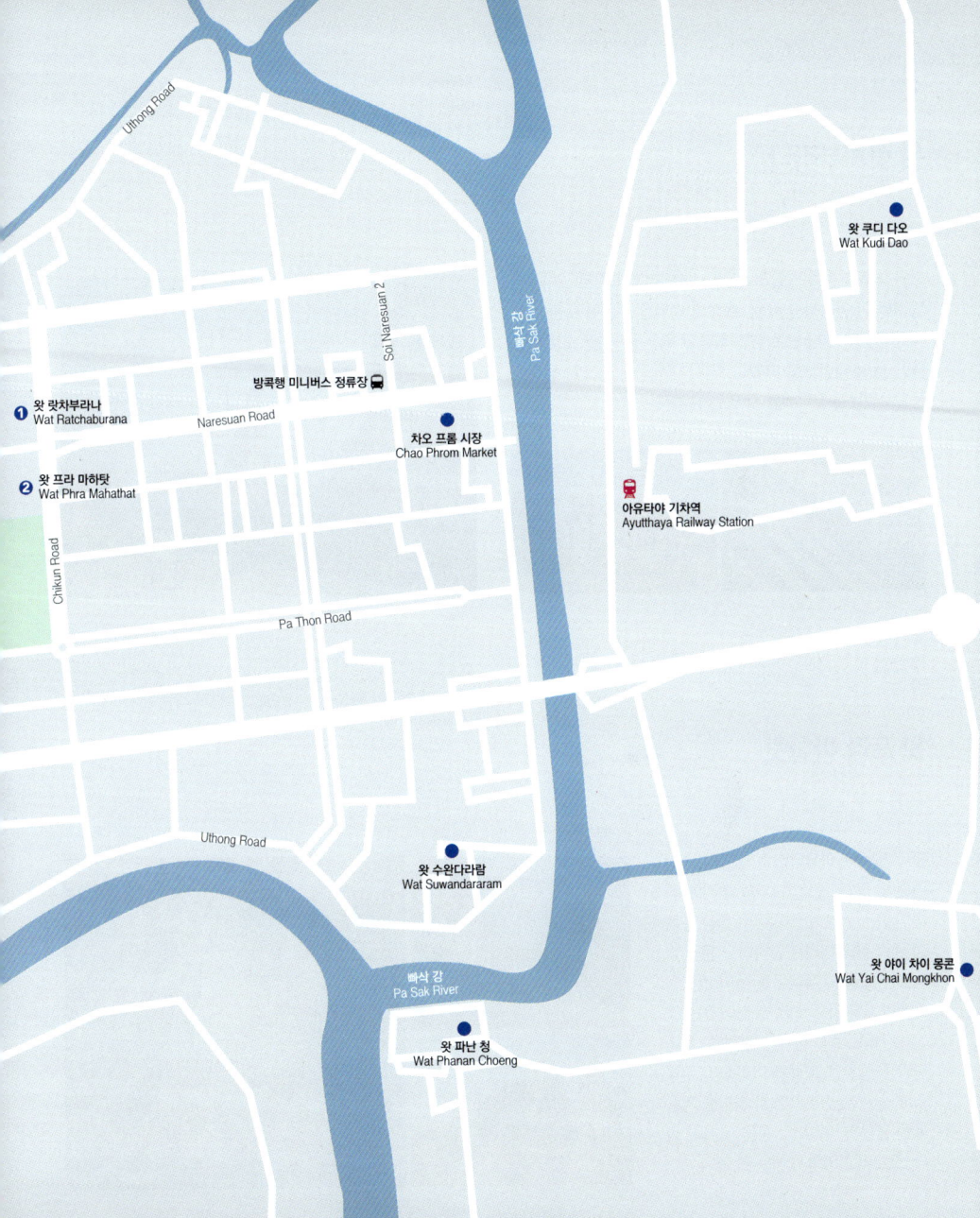

Address	Chikun Road
Open	AM 08:00 ~ PM 05:00
Admission	50B

왓 랏차부라나
Wat Ratchaburana

붉은 벽돌을 층층이 올려 지었다. 크메르 양식으로 쌓아올린 탑 쁘랑이 인상적인 사원. 쁘랑에 숨겨둔 보물이 도굴에 의해 발견됐다. 황금으로 덮인 화려한 물건들과 청동으로 만든 불상 등이 다량으로 나왔다. 당시 아유타야 왕조가 얼마나 풍요로웠는지 짐작해볼 수 있는 유적지.

Address	Chikun Road
Open	AM 08:00 ~ PM 05:00
Admission	50B

왓 프라 마하탓
Wat Phra Mahathat

왓 마하탓은 아유타야를 대표하는 장면이다. 얽히고설킨 나무의 뿌리에 감싸져 있는 불상이 흥미롭다. 불상은 목이 댕강 잘려 머리는 달아나고 몸만 남아있는 모습. 아유타야를 돌아보면 알겠지만 머리가 온전하게 붙어있는 불상이 거의 없다. 참혹한 전쟁통, 잘려 나가 나뒹굴던 불상의 머리를 나무뿌리에 숨겨 두었다. 여기서 사진을 찍을 때는 불상의 머리보다 몸을 낮춰야 한다. 쪼그리고 앉아서 찍는 게 예의.

Ayutthaya
A day trip
❸

Address	Sri Sanphet Road
Tel	03-524-2284
Open	AM 08:00 ~ PM 05:00
Admission	50B

왓 프라 시 산펫
Wat Phra Si Sanphet

왓 프라 시 산펫은 왕실 사원이었다. 나라에 큰 종교 행사를 치르던 장소. 하늘을 향해 뾰족하게 선 세 개의 탑이 나란히 있다. 금을 입힌 탑이었으나 버마(미얀마)가 금을 녹여가면서 잿빛의 그을린 탑이 되었다. 아유타야 왕조 때 왕가의 유골을 안치했다. 푸른 하늘을 배경으로 하는 낮도 멋스럽지만 고대 도시가 더욱 빛을 발하는 해질 무렵의 시원 풍경에는 비할 게 못 된다. 가능하다면 아침이나 밤에도 가보자.

Ayutthaya
A day trip
❹

Address	Sri Sanphet Road
Tel	03-532-1797
Open	AM 08:00 ~ PM 05:00

위한 프라 몽콘 보핏
Wihan Phra Mongkhon Bophit

빨간색, 화려한 외관을 가진 사원, 위한 프라 몽콘 보핏. 안으로 들어가면 태국에서 가장 큰 청동 불상이 들어앉아 있다. 이 불상을 보고 간절하게 기도를 하면 소원이 이루어진다고 하여 많은 사람이 이곳을 찾아 무릎을 꿇고 머리를 조아린다. 햇빛을 피할 길이 없는 아유타야에서 몇 안 되는 그늘이다. 소원도 빌 겸 잠시 궁둥이를 붙이고 쉬어가자.

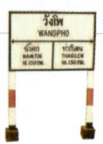

오래된 역사의 흔적을 찾아서,
Kanchanaburi
칸차나부리

유유히 흐르는 호젓한 강과 수풀로 우거진 정글에 둘러싸인 마을, 칸차나부리.
전쟁의 비극을 간직했던 곳이라곤 믿기지 않는 모습이다.
과거의 아픔은 말끔히 잊었다는 듯 평온한 모습으로 여행자를 반긴다.
오래된 시간의 흔적을 찾아 떠나는 칸차나부리 하루 여행.

제2차 세계대전 당시, 일본군은 뱃길에 의존해야 했던 운송 수단을 하루라도 빨리 철도로 옮기고 싶어 했다. 온통 정글로 뒤덮인 산악 지역에 철도를 놓기란 쉬운 일이 아니었는데, 예상했던 기간보다 몇 년이나 단축해 철도를 완성했다. 그 과정에서 수만 명에 달하는 연합군 포로와 아시아 노동자가 죽어 나갔다. 칸차나부리는 태국에서도 덥다고 소문난 지역. 끈적한 더위가 덮친 열악한 상황 속에서 끊임없이 노동을 강요당했던 그들이 견뎌낼 재간이 없었을 것이다. 당시의 참혹함은 그대로 역사의 한 페이지가 되어 칸차나부리에 남아있다.

이렇게 완성된 악명 높은 철길은 죽음의 열차에 올라타 몸소 체험해 볼 수 있다. 지금은 일부 구간만 운행하는 완행열차. 나무로 만든 딱딱한 의자에, 죽은 영감의 콧바람 같은 미약한 선풍기 바람이 나오는 구닥다리 기차다. 이런 곳에도 사람이 살까 싶은 간이역까지 모두 정차하며 느리게 움직인다. 교통수단으로는 '꽝'이지만 창밖에 펼쳐지는 흙빛 강과 야생의 정글은 볼만하다. 바위에 부딪힐 듯 아슬아슬하게 통과할 때, 조금만 헛디디면 강으로 굴러떨어질 듯 아찔한 구간을 지날 때에는 심장이 쫄깃해진다.

💡 알아두면 유용한 꿀팁

일일투어 중에는 코끼리 트레킹이 포함된 상품도 있다. 하지만 이 부분, 빼는 게 어떨까. 필자는 20대 초반, 칸차나부리에 가서 코끼리를 탔던 것을 계기로 동물을 타지 않기로 했다. 코끼리는 성인 셋을 태우고 정글 속을 헤집고 다녔다. 길을 가던 중 배설을 하기도 하고 나무에 매달린 열매에 관심을 보이기도 했으며, 등에 탄 사람들의 무게가 버겁게 느껴졌는지 가던 길을 멈추고 쉬기도 했다. 그때 못 볼 꼴을 보고 말았다. 코끼리가 딴청을 부리면 코끼리 몰이꾼이 뾰족한 쇠꼬챙이로 코끼리의 머리를 쿡쿡 찍어댔다. 미안한 감정이나 죄책감 따위는 잊은 듯했다.
코끼리는 야생 동물이다. 그런 코끼리가 고분고분 사람의 말을 알아듣고 사람을 등에 태우고도 내치지 않을 경지에 이르기까지. 코끼리에게 어떤 일이 일어났을지에 대해 생각해볼 필요가 있다. 길 위에서 만나는 모든 생명은 존중받아야 마땅하다. 동물을 타지 않는 것, 동물의 학대로 이루어지는 공연을 관람하지 않는 것. 작은 실천이지만 아름다운 세상을 만들어가는 데 소소한 보탬이 된다.

투어 신청 *추천해요!*

사나흘 이상 머물 게 아니라면 일일투어가 효율적이다. 개별적으로 다녀오기엔 오가는 데 시간이 오래 걸리고 여행지 간의 이동이 까다로운 편. 칸차나부리는 일정과 비용 면에서 투어가 낫다. 카오산 로드 일대의 여행사에서 일일투어를 신청하면 아침 일찌감치 출발해 하루를 알뜰하게 보내고 저녁때 방콕에 도착한다.

자유여행

방콕 남부터미널에서 에어컨 버스, BTS 빅토리 모뉴먼트역에서 롯뚜(미니버스) 또는 톤부리 역에서 기차를 타고 간다. 시내 교통편은 툭툭, 썽태우, 오토바이나 자전거 대여 등.

Kanchanaburi
A day trip
❶

제스 전쟁 박물관
JEATH War Museum

Address	Saeng Chuto Road
Tel	03-451-5203
Open	AM 08:30 ~ PM 04:30
Admission	50B

일본 Japan, 영국 England, 호주 Australia, 태국 Thailand, 네덜란드 Holland. 죽음의 철도 건설과 엮인 나라의 첫 알파벳을 따서 이름을 붙였다. 전쟁 포로를 수감하는 데 쓰였던 오두막 같은 모습의 박물관. 당시 포로들의 궁핍했던 삶과 잔혹한 노동 착취의 모습을 보여준다. 의미는 있지만 아쉽게도 볼거리는 별로 없다.

Kanchanaburi
A day trip
❷

콰이강의 다리
The Bridge on the River Kwai

Address	Mae Nam Kwai Road

영화 〈콰이강의 다리〉의 배경이기도 한 이곳. 수많은 사람들이 이 철길을 놓다가 희생됐다. 철도 건설로 죽은 이들을 생각하니 마음이 무거워졌다. 철길에는 지금도 이따금씩 열차가 지나가곤 한다. 다리 주변에는 강이 바라다 보이는 카페, 레스토랑이 여럿 있다. 시원한 맥주 한 잔 또는 달콤한 수박 주스 땡모반을 들이켜며 느긋한 시간을 보내보자.

Kanchanaburi
A day trip ❸

Address	Saeng Chuto Road
Open	AM 08:00 ~ PM 06:00

연합군 묘지
Allied War Cemetery

연합군의 공동묘지다. 전쟁 중에 숨진 4,000여 명의 묘지가 너른 평지에 늘어서 있다. 말끔하게 다듬어진 매무새, 곳곳에 놓인 꽃들로 미루어 보아 관리가 잘 되고 있는 듯. 비석에는 망자의 국적과 이름, 나이 등을 적어 두었다. 나이를 살펴보면 젊은이가 대부분이라 더욱 안타깝다. 어떤 경우라도 전쟁은 안 된다. 이 한스러운 사람들의 넋은 누가 위로해줄까.

Kanchanaburi
A day trip ❹

Address	Moo 7, Saiyok District(싸이욕 국립공원)

싸이욕 노이 폭포
Sai Yok Noi Waterfall

칸차나부리의 무더위를 단숨에 날려주는 여행지. 나무숲에서 차가운 물줄기가 시원하게 쏟아져 내린다. 폭포를 맞으며 물놀이를 하고 싶다면 수영복이나 여분의 옷을 챙겨가자. 물이 흐르는 계곡은 바닥이 아주 미끌미끌해서 잘못 넘어지면 골로 가는 수가 있으니 각별히 조심할 것. 실제로 여기서 다리 부러진 사람이 여럿 있단다.

Bangkok
04

이토록
편안한
휴식

재방문하고 싶은 곳, 0순위!
바와 스파

BHAWA SPA

추천 마사지
아로마테라피 바디 리트릿
(Aromatherapy Body Retreat)
소요 시간 100분
가격 2,250B
예약 전화 또는 메일
reservation@bhawaspa.com,
홈페이지를 통해서도 가능

Address	83/27 Soi Witthayu 1, Wireless Road
Tel	02-252-7988
Open	AM 10:00 ~ PM 11:00
Access	BTS 펀칫역에서 도보 10분
Web	www.bhawaspa.com

몸은 물론 마음에 쌓인 스트레스까지 말끔하게 풀어주는 바와 스파. 대로변에서 골목으로 한참 들어간 주택가에 자리 잡았다. 야외 수영장과 울창한 열대의 나무들이 주는 첫인상은 퍽 이국적이다. 내부는 세련된 무드. 동양적인 매력으로 중무장한 인테리어가 반겨준다.

전신 마사지는 물론 페이셜 관리도 한다. 머리끝부터 발끝까지 원하는 대로. 은은한 아로마 향이 퍼진 널찍한 방은 차분하고 적당히 어두워 편안하게 쉬기 좋다. 아로마테라피 바디 리트릿 Aromatherapy Body Retreat은 가격대가 무난하면서 실속 있는 프로그램. 오일은 취향에 따라 고를 수 있다. 긴장을 풀어주는 로즈 향은 편안한 휴식에, 아몬드 파파야 향은 건조한 피부에 특히 좋다. 마사지를 받고 나면 푹 자고 일어난 아침처럼 개운하다. 직원들의 태도가 세심하고 정성스러워 만족도가 남다르다. 떠나는 길 발걸음이 떨어지지 않을지도 모른다.

다시 가고 싶은 곳 0순위.

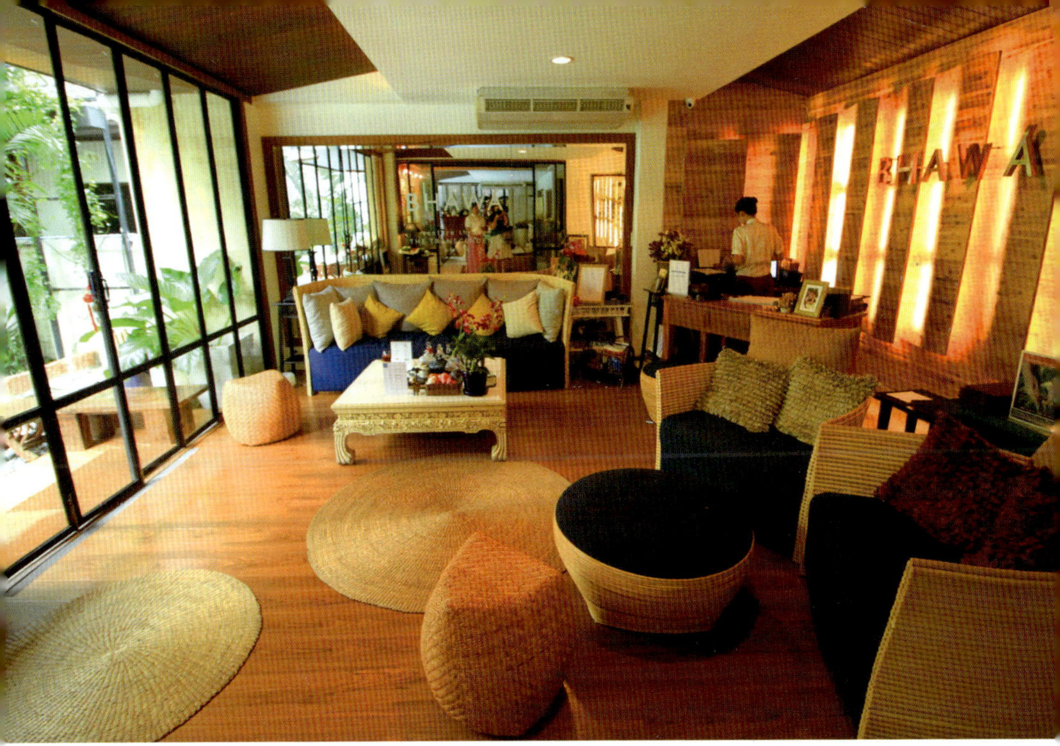

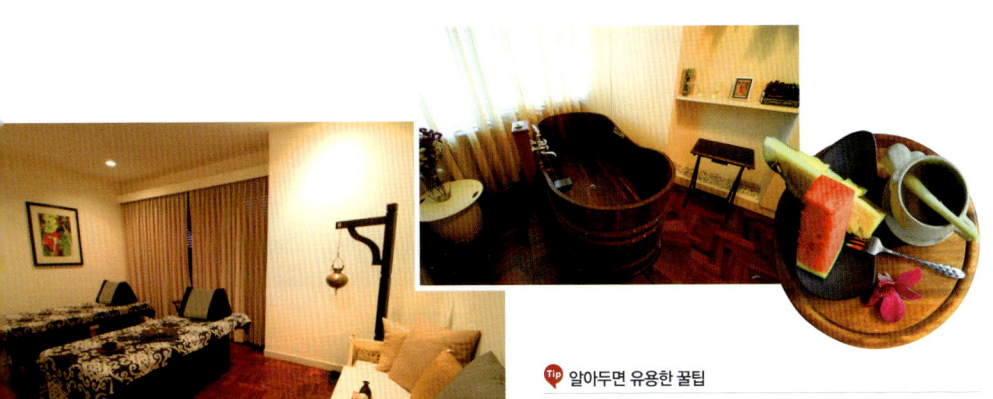

Tip 알아두면 유용한 꿀팁

워낙 인기 있는 곳이라 미리 예약하지 않으면 틀림없이 '풀 부킹'이라는 말을 듣게 될 것. 방콕여행 일정이 확정되면 바와 스파 예약부터!

만만한 가격대, 대중적인 마사지 숍!
헬스랜드
🛁 HEALTH LAND SPA & MASSAGE

추천 마사지
타이 마사지
(Traditional Thai Massage)
소요 시간 120분
가격 600B
예약 전화

1999년에 오픈한 마사지 체인이다. 한국 사람들이 만만하게 드나드는 대중적인 마사지 숍. 괜찮은 시설에 적당한 가격으로 꾸준히 인기를 누리고 있다. 규모가 크고 깔끔해 비싸 보이지만 저렴하다는 게 반전 매력. 사톤, 에까마이, 아속 등 여행자가 즐겨 찾는 여행지에 지점이 골고루 분포됐다. 여행 동선에 맞춰 들르기는 좋으나, 고르지 못한 서비스가 문제. 어떤 마사지사를 만나느냐에 따라 평이 갈린다. 아직은 가격 대비 무난하다는 평가가 더 많다.

Address	55/5 Sukhumvit 21 Road (아속)
Tel	02-261-1110
Open	AM 09:00 ~ PM 11:00
Access	BTS 아속역에서 도보 10분
Web	www.healthlandspa.com

전국적인 체인망,
렛츠 릴렉스
🛁 LET'S RELAX

추천 마사지
타이 마사지
(Thai Massage)
소요 시간 60분
가격 600B
예약 전화 또는 홈페이지

치앙마이에서 출발한 마사지 체인. 수쿰빗, 에까마이, 아속, 시암 등 방콕뿐 아니라 파타야, 푸켓 등 지방에도 지점을 두었다. 방콕에서는 쇼핑몰 내 지점보다 편안하게 휴식을 취할 수 있는 수쿰빗 쏘이 Soi 39의 지점을 추천한다. 자체 고안한 마사지 의자가 있다. 앉아보면 알겠지만 몸이 썩 편안하지는 않다. 크게 기대할 건 없지만 그렇다고 실망할 것도 별로 없는 무난한 수준. 마사지 후 허기진 뱃속 사정을 고려해 망고와 찰밥을 내어준다. 꿀맛!

Address	Soi Sukhumvit 39, Sukhumvit Road
Tel	02-662-6935
Open	AM 10:00 ~ AM 12:00
Access	BTS 프롬퐁역에서 도보 20분
Web	www.letsrelaxspa.com

호텔에 걸맞은 시설과 서비스를 갖춘 럭셔리 스파,
반얀트리 스파

🛁 BANYAN TREE SPA BANGKOK

추천 마사지
로미 로미(Lomi Lomi)
소요 시간 60분 / 90분
가격 3,800B / 5,000B
예약 전화 또는 메일
spa-bangkok@banyantree.com

전 세계에 90여 개 스파를 운영하는 스파 브랜드. 호텔답게 시설과 서비스가 훌륭했다. 뜨거운 열기가 휘몰아쳐도 여기만큼은 천국. 완벽한 평온이 살아있는 곳이다. 리셉션에 들어서는 순간 고요한 세상에 들어온 듯하다. 반얀트리 스파의 마사지와 스파에 이용되는 제품이 화학 성분이 아닌, 허브와 약초 등의 천연재료다. 라벤더부터 베르가못까지 다양하게 선택할 수 있는 아로마향, 자연에 와있는 듯한 힐링 음악 선곡까지 구석구석 신경 쓴 디테일이 돋보인다. 몸의 균형을 잡아주고 에너지의 흐름을 자극하는 리드미컬한 마사지. 고전적인 타이 마사지로 전통적인 태국 마사지 기법과 섬세한 스트레칭이 더해진다. 민첩하고 노련하게 힘을 가하는 마사지사의 '손맛'이 제대로! 영어 소통이 원활하고 서비스가 한결같다.

Address	21/100 South Sathorn Road (반얀트리 호텔 21층)
Tel	02-679-1052
Open	AM 09:00 ~ PM 10:00
Access	BTS 살라댕역에서 도보 15분, MRT 룸피니역에서 도보 7분
Web	www.banyantreespa.com

🍯 **알아두면 유용한 꿀팁**
모든 마사지에는 목욕, 다과 및 휴식 등에 필요한 시간 30분이 더해진다. 이 시간을 염두 해 넉넉히 시간을 비워둘 것. 같은 마사지라도 서울의 반얀트리 스파보다 낮은 가격이다. 서울에서 엄두 내지 못했던 마사지, 방콕에서 도전!

세계적으로 사랑받은 친환경 스파 브랜드,
탄 생츄어리 스파

🛁 THANN SANCTUARY SPA

추천 마사지
탄 생츄어리 시그니처 마사지
(THANN Sanctuary
Signature Massage)
소요 시간 90분
가격 3,000B
예약 전화 또는 메일
thannspa@thann.info

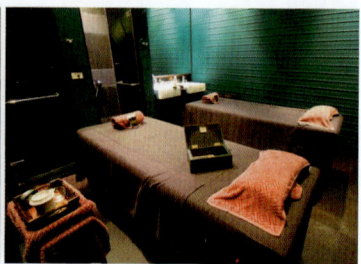

태국의 친환경 스파 브랜드. 쌀 겨, 식물성 오일 등의 주재료로 활용해 이목을 끈다. 민감한 피부라도 트러블 걱정 없다. 내부는 내추럴하고 고급스럽지만 백화점 안에 입점된 형태라 약소한 공간이 다소 아쉽다. 대신 접근성은 아주 좋다. 마사지만큼 호평을 듣는 바디 & 스파 제품을 내놓는다. 마사지에 사용하는 모든 제품을 탄에서 제작, 판매. 게이슨, 엠포리움 백화점, 센트럴 월드에 있다. 방콕뿐 아니라 미국, 호주, 홍콩, 일본, 베트남, 러시아 등 광범위한 지역에서 사랑받는다.

Address	999 Ploenchit Road (게이손 3층)
Tel	02-656-1423
Open	AM 10:00 ~ PM 10:00
Access	BTS 칫롬역에서 도보 5분
Web	www.thann.info

허브 볼로 꾹꾹 눌러주는 특효 마사지,
아시아 허브 어소시에이션

🛁 ASIA HERB ASSOCIATION

추천 마사지
오일 바디 마사지(100% Pure
Blend Oil Body Massage)
소요 시간 90분
가격 1,400B(오가닉 허브
볼 바디 마사지는 200B 추가)
예약 전화 또는 메일
jp@asiaherbassociation.com

오너가 일본인이다. 방콕에만 지점이 무려 5개. 탄탄한 실력에 합리적인 가격을 제시해 현지 거주 일본인 포함 외국인 단골이 많은 곳. 갖가지 허브로 만든 오일과 허브 볼을 마사지와 스파 프로그램에 적극적으로 활용한다. 오일 마사지에 허브 볼을 더한 프로그램이 인기. 마사지 중간에 뜨끈하게 쪄낸 허브 볼을 가져와 온몸을 구석구석 꾹꾹 누른다. 혈액 순환과 독소 배출, 심적인 안정까지 가져다주는 특효 마사지.

Address	50/6 Soi Sukhumvit 24, Sukhumvit Road
Tel	02-261-7401
Open	AM 07:00 ~ AM 02:00
Access	BTS 프롬퐁역에서 도보 4분
Web	www.asiaherbassociation.com

스트레스 제로에 도전!
디바나 마사지 앤 스파

🛁 DIVANA MASSAGE & SPA

추천 마사지
안티 스트레스 마사지
(Anti Stress Massage)
소요 시간 70분
가격 1,950B
예약 예약 전화 또는 홈페이지

조용한 주택가에 있어 다른 지점보다 고요하고 프라이빗하다. 초록빛 나무가 무성한 정원은 그저 바라보는 것만으로도 스트레스를 잊게 만든다. 디바나의 스테디셀러 아로마틱 릴렉싱 마사지가 무난하지만, 힐링에 목말랐다면 풀 데이 스파 프로그램 추천. 4~5시간 가량 숍에 머물며 평온한 시간을 즐겨 보는 것도 색다른 경험이 된다. 룸 컨디션이 훌륭해 오래 머물러도 괜찮다. 특유의 착 가라앉은 차분함과 적당한 무게감이 마음에 드는 곳.

Address	Soi / Sukhumvit 25
Tel	02-661-6784
Open	AM 11:00 ~ PM 11:00 (주말은 10시부터)
Access	BTS 아속역에서 도보 7분, MRT 수쿰빗역에서 도보 10분
Web	www.divanaspa.com/MassageAndSpa

화사하고 산뜻해 여자들이 좋아할,
디바나 버츄 스파

🛁 DIVANA VIRTUE SPA

추천 마사지
아로마틱 릴렉싱 마사지
(Aromatic Relaxing Massage)
소요 시간 90분
가격 1,850B
예약 예약 전화 또는 홈페이지

오래된 주택에 터 잡았다. 녹음이 우거진 정원, 아이보리톤의 외관과 화사한 인테리어. 아기자기한 맛이 있어서 여자들이 좋아할 만한 마사지 숍이다. 수쿰빗의 디바나 마사지 앤 스파보다 한층 밝고 산뜻하다. 아주 고급스러운 느낌은 아니지만 집에 놀러 온 듯 아늑해서 편안하다. 사근사근한 서비스와 부드러운 마사지 손길로 지친 몸에 생기를 불어넣어 준다. 오일 마사지도 좋지만 혈 자리를 확실히 짚는 타이 마사지도 수준급.

Address	10 Soi Srivieng, Silom Road(디바나 V)
Tel	02-236-6788
Open	AM 11:00 ~ PM 11:00 (주말은 10시부터)
Access	BTS 수라삭역에서 도보 7분
Web	www.divanavirtuespa.com

도심 한가운데 오아시스,
오아시스 스파

🛁 OASIS SPA BANGKOK AT SUKHUMVIT 31

추천 마사지
퀸 오브 오아시스 마사지
(Queen of Oasis Massage)
소요 시간 120분
가격 3,900B
예약 예약 전화 또는 홈페이지

Address	64 Soi Swaddee, Sukhumvit Road (수쿰빗 31)
Tel	02-262-2122
Open	AM 10:00 ~ PM 10:00
Access	BTS 프롬퐁역에서 도보 20분
Web	www.oasisspa.net

도심 한가운데 있지만 자연 속에서 시간을 보내는 듯 상쾌하다. 지상에 낙원이 있다면 바로 여기. 기분 전환을 위한 스파라면 오아시스 스파가 최적의 장소다. 스파와 마사지에 태국 북부 치앙마이 등의 현지 마을에서 공수하는 신선한 허브가 쓰인다. 2시간 동안 해독과 치유를 위한 오일 마사지, 핫 스톤 마사지, 아로마 테라피 마사지 등을 선보이는 퀸 오브 오아시스 마사지Queen of Oasis Massage는 여독을 말끔하게 녹여줄 오감 만족 프로그램이다. 깊은 평온 속, 모든 감각이 살아난다. 진정한 공주 대접이란 이런 것! 바닥에 떨어졌던 컨디션을 최상으로 끌어올린다.

오아시스의 큰 재산은 직원들 아닐까 싶다. 언제나 공손하게 얘기하며 온화한 미소 띤 얼굴을 보여주어 손님도 웃는 얼굴이 된다. 부드럽고 정중해 최고의 스파 경험에 톡톡히 한몫한다. 치앙마이, 파타야, 푸켓에서도 오아시스 스파를 만날 수 있다.

Tip 알아두면 유용한 꿀팁

온라인으로 예약하면 최대 25%까지 할인. 클릭 몇 번으로 한 끼 식사 비용이 빠진다. 예약 시스템이 구축되어 있어 간단하다. 사이트에 접속해 원하는 지점, 날짜와 시간을 선택하고 결제하면 끝.

모닝 프로모션이 대박,
디오라 랑수언

DIORA LANGSUAN

추천 마사지
아로마 오일 마사지
(Aroma Oil Massage)
소요 시간 60분 / 90분
가격 1,200B / 1,500B
예약 전화 또는 메일
dioralangsuan@gmail.com

Address	36 Soi Langsuan, Ploenchit Road
Tel	02-652-1112
Open	AM 09:00 ~ AM 12:00
Access	BTS 칫롬역에서 도보 5분
Web	www.dioralangsuan.com

시암, 칫롬 일대와 묶어서 다녀오면 알맞다. 복잡한 풍경에서 한 걸음 물러나 랑수언 로드로 들어서면 한적한 길가에 디오라 랑수언이 있다. 한국인 손님이 유독 많은 곳이라 손님에 대한 정보를 받는 종이에 영어, 일본어와 함께 한국어 표기도 한다. 로비만 보면 아담해 보이지만 안쪽에 36개의 마사지 룸이 숨어있다.

디오라 랑수언이 아주 특별하게 느껴졌던 건 모닝 프로모션 때문. 프로모션 혜택이 빵빵했다. 상대적으로 한산한 오전 9시부터 오후 1시까지 프로모션을 진행하는데 꽤 메리트가 있다. 오일 마사지 선택 시 페이셜 마사지 60분 또는 선택한 마사지 30분을 추가로 제공한다.

평소 잘 쓰지 않는 근육까지 지그시 눌러주는 오일 마사지 90분 받고, 페이셜 마사지 60분 추가로 받고! 1,500밧 내고 무려 2시간 30분 동안 마사지를 받았다. 일찍 일어나는 사람이 마사지도 싸게 받는다.

🛈 알아두면 유용한 꿀팁

디오라 제품 구매에 사용할 수 있는 쿠폰을 쥐여줬다. 기분 탓일까? 그만큼 제품 가격을 두둑하게 올려놓은 것 같아 그리 유용하다고 볼 수는 없었다. 꼭 필요한 것만, 현명한 소비를 하도록!

고풍스러운 가정집에서 받는 마사지,
스파 1930

🛁 SPA 1930

추천 마사지
1930 블렌딩 마사지
(1930 Blending Massage)
소요 시간 60분 / 90분
가격 1,600B / 2,200B
예약 예약 전화 또는 메일
contact@spa1930.com

스파 1930의 최대 매력은 공간이다. 나무로 지은 부유한 가정집을 고쳐 만들었다. 세월을 품은 집. 역사가 고스란히 느껴지는 고즈넉한 방 안에서 마사지를 받는다는 것. 아주 묘했다. 스파 1930에서는 블렌딩 마사지를 권하고 싶다. 동서양의 마사지 기술을 조합한 마사지로, 미디엄과 스트롱을 자유롭게 오가며 현란한 테크닉을 선보이는 마사지다. 바디 스크럽, 바디 마사지, 페이셜 테라피를 더한 패키지 코스는 3,500~3,700밧.

Address	42 Soi Tonson, Ploenchit Road
Tel	02-254-8606
Open	AM 09:30 ~ PM 09:30
Access	BTS 칫롬역에서 도보 5분
Web	www.spa1930.com

겉모습보다 내실이 탄탄한,
라바나 스파

🛁 LAVANA SPA

추천 마사지
천연 오일 마사지
(100% Pure Oil Massage)
소요 시간 120분
가격 1,750B
예약 전화 또는 메일
lavana.bangkok@gmail.com

2007년에 오픈한 스파로 48개의 프라이빗 룸을 가진 거대한 규모의 마사지 숍이다. 큰 편인데도 미리 예약을 하지 않으면 원하는 시간대에 마사지를 받을 수 없는 일이 다반사. 한국인이 유난히 많다. 꾸민다고 꾸몄으나 허술하고 투박한 모습. 분위기보다는 내실에 초점을 맞췄다. 오전 9시부터 오후 1시 사이에 방문하면 모닝 프로모션을 적용해준다. 120분 이상의 마사지를 선택하면 바디 스크럽 60분 또는 페이셜 관리 60분 추가.

Address	Soi Sukhumvit 12, Sukhumvit Road
Tel	02-229-4510
Open	AM 09:00 ~ AM 12:00
Access	BTS 아속역에서 도보 7분, MRT 수쿰빗역에서 도보 10분
Web	www.lavanabangkok.com

각종 마사지에만 전념,
바디 튠

🛁 **BODY TUNE**

추천 마사지
타이 마사지
(Traditional Thai Massage)
소요 시간 60분 / 90분
가격 450B / 650B
예약 전화 또는 홈페이지

1998년부터 영업해왔다. 수쿰빗 쏘이 Soi 39, 현재의 위치로 자리를 옮기면서 인테리어와 시설을 재정비했다. 옮긴 지 몇 년 안 되어 깨끗하고 깔끔한 모습. 프로그램이 아주 단순하다. 오로지 마사지에만 전념한다. 비용이 저렴해 부담 없이 들를만한 업소. 내부도 군더더기 없이 단순하게 꾸몄다. 마사지 받는 공간은 커튼으로 구분했다. 총 세 곳 있는데, 여행자가 드나들기 편한 위치는 수쿰빗과 실롬 지점이다. 마사지와 시설 모두 평범하고 무난한 수준.

Address	18/2 Soi Sukhumvit 39, Sukhumvit Road(수쿰빗)
Tel	02-662-7778
Open	AM 10:00 ~ AM 12:00
Access	BTS 프롬퐁역에서 도보 3분
Web	www.bodytune.co.th

카오산 로드보다 싸고 성의 있는 마사지,
반 싸바이 타이 마사지

🛁 **BAAN SABAI THAI MASSAGE**

추천 마사지
타이 마사지
(Traditional Thai Massage)
소요 시간 60분
가격 200B(목과 어깨에 발, 오일 마사지 원하면 20B 추가)
예약 전화 또는 홈페이지

카오산 로드에서 멀지 않지만 좀 더 저렴한 가격에 성의 있는 마사지를 받을 수 있어서 좋다. 주인장도 아주 친절하다. 인근 게스트하우스에서 묵는 한인이 종종 들러 마사지사들이 몇 개의 한국어 단어를 익혔다. 카오산 로드 길거리에서 하는 마사지는 특유의 여유로움 만끽, 사람 구경하기엔 괜찮지만 마사지사들도 사람 구경을 하고 있어서 문제다. 게다가 쉼 없이 손님을 받아 늦은 시간이 되면 힘이 바닥나 하는 둥 마는 둥 할 때도 있다. 약간의 발품을 팔아 쌤쎈으로 갈 것.

Address	46 Soi Samsen 6, Samsen Road
Tel	02-628-5792
Open	AM 10:00 ~ PM 10:00
Access	수상보트 선착장 파야팃에서 도보 15분
Web	www.facebook.com/Baansabai.Thaimassage.Samsen6

이곳만의 독특한 스타일로 변형한 타이 마사지,
실롬 바디웍스

🛁 SILOM BODYWORKS

추천 마사지
모던 타이 마사지 앤 핫 콤프레스
(Modern Thai Massage & Hot Compress)
소요 시간 90분
가격 500B
예약 전화 또는 홈페이지

Address	1035 Soi Silom 21, Silom Road
Tel	02-234-5543
Open	AM 10:00 ~ AM 12:00
Access	BTS 수라삭역에서 도보 10분
Web	www.silombodyworks.com

실롬로드 대로변, 작지만 매력적인 숍이다. 방콕에서 타이 마사지를 숱하게 받아왔지만 이런 마사지는 처음이었다. 타이 마사지를 실롬 바디웍스 스타일로 변형했다. 모던 타이 마사지 앤 핫 콤프레스 Modern Thai Massage & Hot Compress를 골라봤다. 몸의 단단한 마디를 이용해 꾹꾹 눌러 돌처럼 딱딱하게 뭉친 피로를 집중적으로 풀어줬다. 시원함의 깊이가 달랐다. 특히 일상의 피로가 말끔히 씻기는 듯한 어깨, 목 마사지는 한국에서도 쭉 받고 싶을 만큼 탐나는 마사지.
1층에서는 네일아트, 각종 페이셜 관리도 한다. 아담한 미용실도 함께 있다. 동네 주민이 들락날락하는 뷰티숍 같은 입지다. 인테리어가 아주 수수하며 서비스도 투박하지만 마사지의 특별함만큼은 인정.

🍯 **알아두면 유용한 꿀팁**
참고로 필자는 강한 마사지를 선호한다. 소프트한 마사지를 선호하는 사람과는 궁합이 안 맞을 수도 있다.

Bangkok
05

숙소만
잘 골라도
여행이
즐겁다!

Airbnb

숙소만 잘 골라도
여행이 즐겁다!

1

흥미로운 잠자리, 에어비앤비

어느 도시에 가도 웬만해서는 비슷한 모습.
붕어빵처럼 찍어낸 호텔 객실이 따분해질 무렵
내 앞에 나타난 숙박 공유 서비스 에어비앤비.
낯선 도시에 우리 집이 있다면 얼마나 좋을까?

어젯밤 꾸었던 단꿈 같은 이야기가
에어비앤비를 만나 단숨에 현실이 되었다
수차례 드나들었던 익숙한 방콕이 달리 보였다.
현지인처럼 지내며 겪은 찰나의 경험은 긴 여운을 남겼다.
에어비앤비는 여행을 더 여행답게 만드는 신통방통한
재주를 가졌다. 여행지와 가장 친해지는 여행법.

나는 현지인의 집에서 숙박한다!
에어비앤비

방콕에서 지내는 몇 달, 현지인의 집에서 지냈다. 여행하는 동안 내 집처럼 편히 머물 곳이 있다는 건 큰 기쁨이었다.
마트에 가서 장을 보고 옆집 사는 이웃과 인사를 나누며 단순한 숙박 그 이상의 것들을 누렸다.
여행지에서 현지인처럼 살아보기, 누구나의 로망 아닌가. 그 꿈을 단숨에 이루어줄 에어비앤비! 제대로 한 번 파헤쳐 볼까?

에어비앤비란?

전 세계 사람들이 호스트(집 주인)이 되어 숙소를 올리고 여행자는 게스트가 되어 자신에게 맞는 집을 골라 하룻밤을 보낸다. 어딜 가나 비슷한 호텔이 아닌, 현지인의 집에서 잠을 잔다. 이미 세계 34,000개 도시, 192개국에서 수많은 여행자가 이용하는 숙박 공유 서비스.

에어비앤비의 마력

마천루 사이의 고층 오피스텔, 나무가 우거진 숲 속의 오두막, 청정한 바다 앞 그림 같은 집, 바람 부는 언덕 위의 단독주택, 이름난 작가의 집, 오랜 역사가 깃든 대저택, DIY로 예쁘게 꾸며놓은 집, 물 위에 떠 있는 하우스 보트, 마법의 성 같은 고성까지. 그 나라의 색깔이 잔뜩 묻어있는 독특한 숙소에서 머무는 것, 그들의 방식으로 살아보는 것. 생각만 해도 가슴 뛰는 경험이다. 방콕은 물가 수준이 상대적으로 낮아 에어비앤비 가격도 낮다. 이용할 만한 가치가 충분하다.

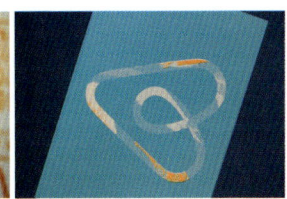

방콕 에어비앤비, 이용 방법 ABC

🔍 검색

에어비앤비 사이트 www.airbnb.co.kr에 접속해 검색창에 'bangkok'을 입력, 키워드로 검색한다. 구체적으로 원하는 지역이 있다면 'sukhumvit', 'silom' 등 지역명을 함께 넣어 검색해도 좋다.

Tip 알아두면 유익한 꿀팁
검색 필터를 활용하면 숙소 검색이 쉬워진다. 숙소 유형(다인실/개인실/집 전체), 가격, 편의시설 등 원하는 부분을 검색 필터에서 체크 후 숙소를 골라보자. 내 마음에 쏙 드는 숙소 찾기가 한결 수월할 것!

🛏 예약

돈만 내면 무조건 묵을 수 있는 게 아니다. 집주인의 수락이 필요하다. 날짜를 지정해 예약을 요청하면 호스트가 24시간 이내에 응답한다. 수락 또는 거절. 거절당할 수도 있다. 호스트에게 사정이 있을 수 있으니 좌절은 절대 금지. 다른 숙소 예약에 재도전하면 된다. 별도의 승인 절차가 필요 없는 '즉시 예약' 숙소도 더러 있다.

[예약 요청]

✈ 여행

호텔처럼 리셉션이 있는 게 아니라서 체크인과 체크아웃은 호스트와 게스트의 협의로 이루어진다. 방콕은 집주인이 직접 나와서 반겨주고 숙소에 대해 설명해주는 걸 선호하는 편. 방콕에서 만난 호스트는 대부분 친절했다. 직접 나올 수 없는 경우에는 열쇠를 우편함 등에 숨겨놓는 등의 방법으로 체크인을 도왔다.

Tip 알아두면 유익한 꿀팁
여행 후에는 후기를 남기도록 하자. 호스트는 게스트에게, 게스트는 호스트에게! 서로에 대한 이야기를 남기면 추후 다른 게스트가 숙소를 선택을 하는 데 커다란 도움이 된다.

실패 확률 제로, 마음에 쏙 드는 숙소 고르는 법

프로필과 후기

호스트의 프로필과 후기를 꼼꼼하게 살핀다. 인증된 전화번호, 에어비앤비와 연결된 소셜 네트워크가 있다면 더욱 믿음이 간다. 집을 방문했던 다른 게스트가 직접 작성한 후기는 꼭 읽어두자. 호스트가 적어둔 설명과 다른 부분을 게스트의 실제 경험 속에서 발견할 수 있다. 에어비앤비에서 이미 좋은 평판을 쌓은 호스트를 찾으면 실패 확률 급감.

Tip 알아두면 유익한 꿀팁
슈퍼호스트의 집은 많은 사람이 훌륭하다고 인정한 곳. 위치, 가격, 청결도, 호스트와의 커뮤니케이션 등에 대한 별점이 몽땅 만점에 가깝다. 이런 집을 고르면 실패 확률 제로.

숙소 정보

집집마다 숙소의 특징과 편의시설이 가지각색. 사진뿐 아니라 집의 유형, 침실과 화장실이 몇 개인지, 숙박 가능한 인원은 몇 명인지 등을 살펴야 한다. 텔레비전, 인터넷, 에어컨, 부엌, 세탁기 등의 시설 유무 여부도 사전에 확인해야 도착해서 당황하는 일이 없다. 후기와 별점만 제대로 봐도 몹쓸 숙소는 피한다.

Tip 알아두면 유익한 꿀팁
Verified Photo(승인된 사진)이라는 문구가 박혀있는 사진은 에어비앤비의 공식 포토그래퍼가 직접 방문해 찍은 사진이다.

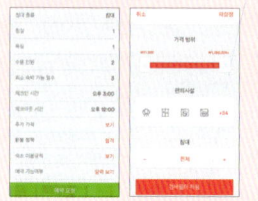

환불 규정

부당한 조건으로 말이 많았던 에어비앤비 환불 정책이 바뀌었다. 한국 법규 준수를 위해 한국인 게스트에 대한 환불 정책을 일부 변경한 것. 환불 규정은 유연, 일반, 엄격으로 나뉜다. 호스트가 선택한 환불 정책에 따라 환불 가능 시점과 금액이 제각각. 갑작스럽게 여행 계획이 뒤틀릴 때가 있다. 에어비앤비 예약 시 환불 규정은 반드시 체크하도록!

즉시 예약

에어비앤비는 호스트가 수락을 해야 예약이 완료된다. 여행 날짜가 임박해 기다릴 시간이 없다면 검색 옵션에서 즉시예약을 찾아 체크하자. 수락 절차 없이 예약 요청만으로 숙박이 확정된다.

Tip 알아두면 유익한 꿀팁
가뭄에 콩 나듯 에어비앤비 사이트 밖에서 결제를 원하는 호스트가 있다. 만약 그 호스트가 사기꾼이라면 에어비앤비 내에서 결제하지 않은 건에 대해 문제제기할 수도, 보호받을 수도 없다. 사람 일은 모르는 법. 일이 어떻게 흐를지 모르니 위험 요소는 최대한 배제하는 게 좋겠다.

숙소 위치

숙소가 아무리 좋고 저렴하다 한들 주요 여행지에서 멀리 있다면 불편하다. 여행 일정을 소화하는 데 무리가 없을 만한 곳을 우선적으로 검토한다.

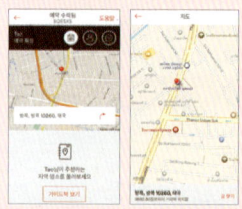

걱정 끝,
에어비앤비에 관한
궁금증 Q&A

영어 초보도 이용할 수 있을까요?

마음에 드는 숙소를 찾았지만, 외국어 사용에 대한 부담감 때문에 고민 중이라고? 요즘이 어떤 세상인가. 구글 번역기 등을 활용하면 정확한 번역은 아니지만, 어느 정도 의미를 알아차릴 수 있을 만큼은 된다. 영어를 잘 못 하면 불편할 수 있다. 그렇다고 이용이 불가능한 것은 아니다. 괜히 겁먹지 말고 용기를 내서 도전!

숙소에 도착했을 때 호스트와 연락이 닿지 않으면 어떻게 하죠?

먼저 호스트에게 충분히 연락을 시도해보자. 그가 화장실에 있을 수도 있고 친구들과의 수다에 정신 팔려 잠시 휴대전화를 가방에 넣어두었을지도 모르니까. 할 만큼 했는데도 연락이 닿지 않으면 에어비앤비 고객센터로 전화 또는 이메일 연락을 취한다. 예약금 전액 환불 또는 예약했던 집과 비슷한 주변의 다른 집을 예약할 수 있도록 도와준다.

에어비앤비 고객센터 전화번호
국내에서 080-822-0230(수신자 부담)
해외에서 82-2-6022-2499(발신자 부담)

집주인과 함께 머무는 건가요?

선택할 수 있다. 집 전체를 빌리면 집주인이 없지만, 개인실을 선택하면 집의 방 한 칸만 빌리는 식이므로 집주인과 함께 생활한다. 사람 만나는 걸 좋아하는 사교적인 성격의 소유자, 보다 더 현지 밀착형으로 여행을 하고 싶다면 개인실을 선택하는 것도 방법.

낯선 여행지, 남의 집을 찾아갈 수 있을까요?

누구나 한 번쯤 하는 걱정이다. 집 주소만 확실히 알아두면 된다. 방콕에서만 수십 차례 에어비앤비를 이용했지만 집을 못 찾아서 난감했던 상황은 벌어지지 않았다. 호스트는 게스트가 집을 찾을 수 있도록 세세한 방법을 제시한다. 일부 사려 깊은 집주인은 택시 기사에게 보여주거나 사람들에게 물어볼 때 쓸 수 있도록 지도를 만들어 메일로 보내주기도 한다.

보증금은 대체 뭔가요?

호텔의 디파짓과 비슷한 개념이다. 게스트가 와인잔을 깨뜨렸거나 깜빡하고 키를 가지고 고국으로 돌아가버렸다거나 하는 등의 변수가 생겼을 때 호스트도 보호를 받을 수 있어야 하지 않겠나. 호스트는 체크아웃 후 48시간 이내 문제가 발생했을 시 보증금을 청구할 수 있다. 보증금은 호스트와 게스트 양쪽의 합의하에 결정.

물 위에 사는 수상생활자,
수상가옥에서의 하룻밤

물 위에 떠 있는 집이라고 해서 낙후된 환경을 상상했다면 큰 오산. 톤부리의 운하가 흐르는 마을에 위치한 방루앙 하우스는 흠잡을 데가 없었다. 수상가옥이지만 내부는 완벽하게 리모델링했다. 인테리어도, 청결도 한껏 신경 쓴 모습. 통유리 너머로 물길이 보인다. 때때로 여행자들을 태운 배가 지나다니는데 양손을 번쩍 들어 반기면 그들도 나도 웃는 얼굴이 된다.

아침이면 스님이 배를 타고 노를 저어 탁발하는 풍경이 스친다. 물고기 밥을 던지면 어른 팔뚝만 한 물고기 수백 마리가 몰려와 냉큼 먹어 치운다. 옆집 고양이는 살금살금 다가와 방안으로 무단 침입하려는 시도를 하다 제지당했고, 짹짹거리며 힘차게 날던 새는 맑고 투명한 방의 창문을 알아차리지 못해 머리를 쿵 박고 물러나는 안타까운 장면을 연출했다. 저녁 먹을 시간이 되면 사태(꼬치구이)를 구워 파는 배가 뿌웅 나팔 소리를 낸다. 종일 집에만 있어도 흥미로운 곳. 도시의 복작거림에 치이다 이곳에 오니 마치 수 시간 걸려 외딴 시골 마을에 온 것처럼 평화로웠다. 몸과 마음이 온전하게 쉬어가길 원할 때 들르면 좋겠다.

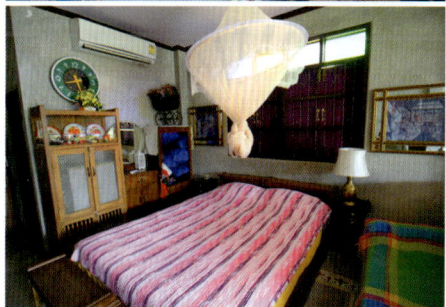

이런 사람에게 열렬히 권한다!
흔한 건 질색, 나만의 특별한 여행을 그리는 여행자. 굵직한 볼거리는 다 봤다, 방콕을 두 번째 찾은 여행자

여행 전 알아둬야 하는 것
수상가옥은 물가라 모기가 기승이다. 아무리 재빠르게 문을 여닫는다고 해도 어느 틈으로 모기가 들어오기 마련. 모기 퇴치제, 바르는 모기약 등을 챙기자.

수상가옥 100배 즐기기
보통 수상가옥은 도심에서 살짝 빗겨나 있다. 이름난 명소 관광 따위 접어두고 동네 구경에 눈을 돌리자. 때 묻지 않은 순수한 사람들의 정에 흠뻑 취해보자

검색 팁
현 상태의 에어비앤비 사이트는 키워드 검색 기능이 신통치 않다. 숙소를 찾으려면 국내 포털 사이트에서 '방루앙 하우스' 또는 구글에서 'Bang Luang House'를 검색하는 게 빠르다.

Around The Village

타박타박 걸으며 마을 풍경 스케치

우두커니 카페에 앉아 커피 한 잔 홀짝이며 수다 떠는 것도 여행이고,
밥 한 끼 먹고 뒷짐 진 채 슬렁슬렁 마을을 산책하며 시간을 보내는 것도 여행이다.
해가 막 퍼지기 시작한 이른 아침부터 어둑어둑해질 때까지.
마을 구석구석을 휘젓고 다닌 일상 같은 여행 이야기.

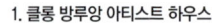

1. 클롱 방루앙 아티스트 하우스
물 위에 지은 목조가옥. 1층에 조촐한 커피숍을 열었다. 그윽하고 진한 커피 향에 이끌려 궁둥이를 붙였다. 시간 가는 줄 모르고 넋을 놓게 되는 공간. 마을의 냄새가 짙게 밴 소소한 기념품도 판다.

2. 태국 전통 인형극
매일 오후 2시가 되면 아티스트 하우스에서 인형극을 펼친다. 무표정한 마스크로 얼굴을 덮은 사람들이 주인공인 인형을 들고 벌이는 쇼. 인도의 라마야나를 태국식으로 개작한 라마끼안을 주제로 공연한다. 운이 좋으면 연기자 대신 인형을 움직이는 배우가 될 수도.

3. 노를 저어 탁발 다니는 스님
노스님이 부지런한 손놀림으로 노를 저어 물길을 가로지른다. 옆집 아주머니가 스님을 기다렸다가 마련해둔 음식을 내왔다. 다음날엔 우리도 스님께 공양해야겠다고 언니와 굳게 다짐하였으나 쿨쿨 자느라 늦고 말았다.

4. 물고기 밥 주기
물가에 물고기 밥 파는 가게가 몇 군데 있다. 불교의 영향으로 동물에게 먹이를 주는 일에 관대한 태국 사람들. 종일 이렇게 많은 먹이를 주면 물고기들 배가 터지지 않을까 염려하였으나, 물고기 밥 주는 사람보다 물고기가 훨씬 더 많았다. 징그러울 만큼.

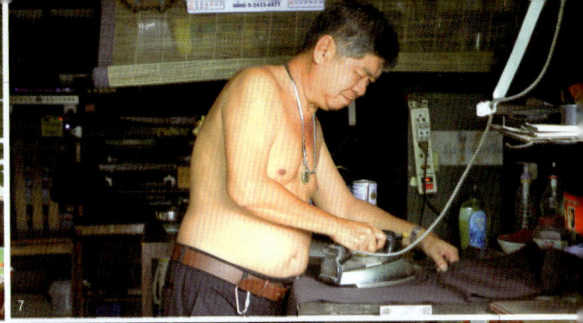

5. 호스트의 어머니가 차려준 밥상
물길 건너에 호스트의 집이 있었다. 다리를 통해 댁으로 가면 아늑한 거실에 아침상을 든든하게 차려 주셨다. 태국식 오믈렛과 닭의 살코기를 넣어 끓인 죽 쭉, 빠떵꼬와 과일 등. 안 먹어도 배가 부른 것 같은 흡족함, 영혼이 살찌는 기분이 드는 소박한 밥상이었다.

6. 이게 바로 리얼 수상시장
저녁이 되면 맛있는 냄새를 풍기며 다니는 배 한 척이 집 앞을 지나간다. 꼬치구이 파는 배다. 연기를 폴폴 풍기며 닭이 맛있게 익어간다. 몇 개 사서 따끈할 때 입에 넣으면 저녁 먹기 전 애피타이저로 제격.

7. 세탁소 아저씨
호텔에 머물면 옆방에 머무는 또 다른 여행자를 만날 수 있을 뿐이다. 집에 묵으면 동네의 빨래를 책임지는 세탁소 아저씨, 순찰하다 말고 사진을 찍자며 청하는 경찰 총각을 만난다. 처음 가본 낯선 동네가 이토록 익숙하고 사랑스러운 이유, 이웃들 때문 아닌가 싶다.

8. 이웃이 드나드는 식당
때로는 가이드북을 덮어두고 발길 닿는 대로, 감으로 식당을 고른다. 낯선 외국인이 후루룩 맛있게 먹는 걸 보고 뿌듯해하는 주인과 이웃사람들. 투박하지만 인심 듬뿍 담아 푸짐하게 내준 국수 한 그릇은 단돈 40밧이었다.

BANGKOK 345

여기가 바로 방콕의 타워팰리스,
럭셔리 펜트하우스

은은한 톤의 고급스러운 가구와 대리석 바닥이 조화를 이루어 럭셔리한 분위기를 자아냈다. 방이 셋, 욕실도 셋. 거실은 달리기를 해도 될 만큼 널찍했다. 통유리로 된 문을 열고 발코니로 나가니 방콕 시티 풍경이 내려다보였다. 짜오프라야 강줄기와 시내 전경이 한눈에 들어오는 멋진 뷰. 여기가 바로 방콕의 타워팰리스. 60층을 훌쩍 넘기는 고급 콘도의 펜트하우스는 과연 호화로웠다. 알뜰하고 소박했던 일상은 고이 접어두고 하루쯤 럭셔리한 잠자리에 투자해보면 어떨까? 비싸 봤자 하루에 20만 원대. 한국에 비하면 적은 비용으로 누릴 수 있는 사치다. 오늘 하루는 공주처럼, 왕자처럼! 근사한 펜트하우스에서 호강하며 폼 나는 하룻밤, 상상만으로도 황홀해진다.

이런 사람에게 열렬히 권한다!
합리적인 가격으로 기분 내고 싶은 연인. 3대가 방콕으로 총출동해 큰 숙소가 필요한 가족.

펜트하우스 100배 즐기기
세련된 펜트하우스, 잠만 자고 나가기엔 뭔가 아쉽다. 가까운 마트에 들러 갖가지 안주에 와인 한 병 또는 태국산 시원한 맥주를 사가지고 들어와 거실에서 우아한 술자리를 만들어보면 어떨까.

검색 팁
럭셔리한 숙소를 찾고 있다면 에어비앤비 검색 옵션의 가격 범위를 조정하자. 15만 원 이상으로 가격대를 올리면 체에 거른 듯 멋진 숙소만 걸러져 나온다.

불볕더위엔 에어컨보다 수영장이지!
수영장이 있는 콘도

방콕에서 에어비앤비 숙소를 고를 때 수영장이 있는지를 눈여겨보았다. 지친 일상에서 벗어나 진정한 휴식을 취하는 데는 아무것도 하지 않는 게 최선. 수영장의 썬 베드에 누워 빈둥거리는 것만큼 좋은 게 없다. 방콕의 콘도에는 수영장 딸린 곳이 흔하다. 옥상에 있어서 방콕 시내를 한눈에 담을 수 있는 루프탑 수영장, 짜오프라야 강을 마주 보는 낭만적인 리버 뷰의 야외 수영장. 신선놀음이 따로 없다. 그대로 눌러앉고 싶다는 마음을 샘솟게 하는, 수영장이 끝내주는 방콕의 콘도들. 갖추고 있는 시설에 비해 저렴한 가격은 호텔 대신 콘도에 머물고 싶어지는 이유다.

이런 사람에게 열렬히 권한다!
물놀이에 열광하는 수영장 마니아. 더 적극적으로 아무것도 안 하고 싶은 휴양 지향 여행자.

수영장이 있는 콘도 100배 즐기기
피부를 위해 수시로 발라줄 선크림과 책 한 권을 옆구리에 끼고 수영장으로 향하자. 하루를 온전하게 투자해 수영장에서 종일 빈둥거리며 보내는 것도 색다른 여행법.

검색 팁
에어비앤비 검색 필터 중 시설에서 '수영장'을 체크한다.

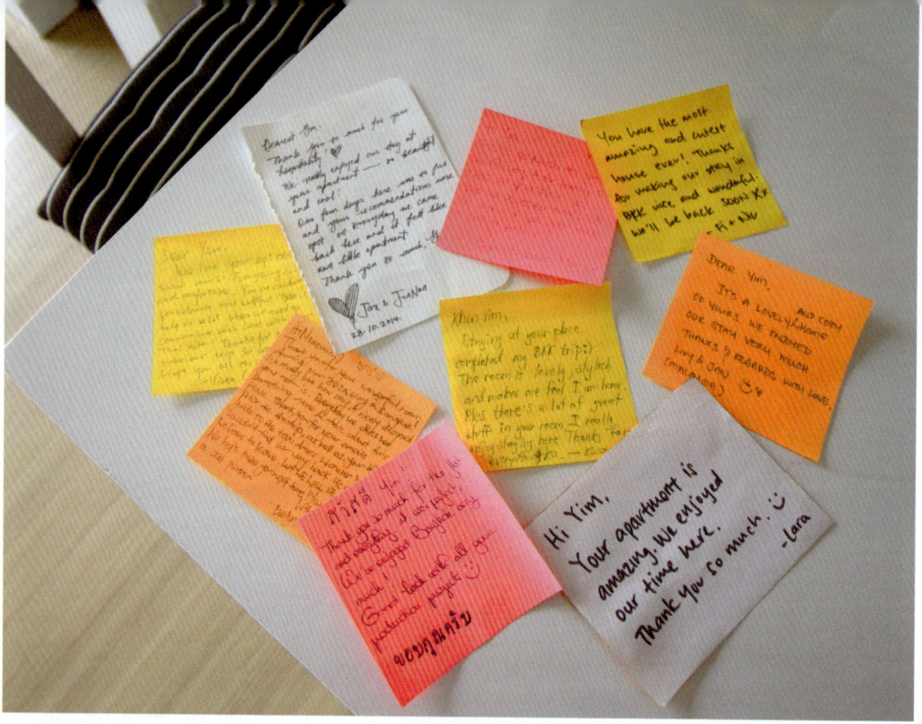

낯선 도시, 나를 기다려주는 누군가가 있다!
친절한 호스트가 맞아주는 집

두 달 반 동안의 방콕 여행, 첫날 집 선택이 탁월했다. 집주인은 예약한 그 순간부터 친절했다. 사전에 메일 한 통을 보내왔다. 초행길에 헤매지 않도록 택시 기사에게 건넬 지도를 첨부했다. 정확한 주소와 영어로 적힌 길 설명, 언제든지 연락을 취할 수 있도록 전화번호를 적는 것도 잊지 않았다. 약속 시간에 맞춰 집에 도착해 전화를 걸었더니 즉시 마중 나왔다. 마치 오랜만에 만난 친구를 맞이하듯 반겨주었다.

집에 도착해서는 정수기와 온수 사용법, 주변 여행지에 대한 추천 등 게스트가 알아두어야 할 점들을 세세히 일러주었다. 감동적이었던 것은 냉장고. 아담한 냉장고를 활짝 열어 보이더니 "당신을 위한 것!"이라면서 지내는 동안 싹 다 먹고 가라고 했다. 새콤달콤한 주스 열댓 개와 맥주 3병을 채워 놓았다. 커피와 우유, 먹으면 호랑이 기운이 솟아나는 시리얼도 챙겼다. 어찌 보면 아주 소소한 것들이지만 호스트의 작은 정성이 게스트를 감동의 도가니로 몰아넣는다. 처음 찾은 낯선 도시에서 나를 기다려주는 누군가가 있다는 것, 격하게 환영해주는 누군가가 있다는 사실. 정말 든든하지 않겠는가!

이런 사람에게 열렬히 권한다!
사람 만나는 걸 좋아하는 사교적인 성격의 소유자. 낯선 여행지, 두려움에 떨고 있는 당신.

여행 전 알아둬야 하는 것
친절한 호스트를 기대한다면 친절한 게스트가 될 것. 에어비앤비는 호텔과 다르다. 내 집처럼 깔끔하게 쓰고, 체크아웃할 때는 정리정돈을 해두고 나오는 매너 있는 게스트가 되자.

친절한 호스트의 집 100배 즐기기
흔쾌히 도움을 주겠다는 집주인을 만나면 가차 없이 빨대를 꽂아야 한다. 가이드북에는 절대 없는 집 주변의 소소한 여행지, 현지인만 아는 맛집 등 고급 정보를 얻을 수 있는 찬스.

검색 팁
에어비앤비에서 슈퍼 호스트로 지정된 집을 고르면 호스트가 친절할 확률이 높다. 그들은 최소 10번의 게스트를 겪었고 신속하게 답변하며, 확정된 예약을 취소하는 경우가 거의 없다. 전반적인 별점을 살피되 커뮤니케이션 항목의 별점을 중점적으로 확인하자.

고즈넉한 집에서 보내는 평온한 시간,
자연을 닮은 목조 가옥

푸근한 느낌의 한옥에서 지내듯, 언젠가는 태국의 향기가 짙게 밴 숙소에 머물고 싶었다. 현대적이고 편안하지 않더라도, 세월의 흔적이 녹아있는 그런 숙소를 원했다. 에어비앤비 방콕을 이 잡듯이 뒤져 마음에 그리던 수수한 목조 가옥을 찾아냈다. 집은 아주 고전적이고 투박했다. 짙은 색의 나무로 지은 옛 가옥이 잘 보존되어 있었다. 화장실 등 내부를 적당히 다듬었다. 손님을 들이기 위해 대대적으로 집을 손보지 않고 그대로 둔 점이 오히려 눈길을 끌었다. 나무가 무성한 정원을 헤치고 집 안으로 들어서자 바닥에서 '삐거덕' 소리가 났다. 짊어지고 있는 오랜 세월이 힘겹다는 듯이. 방안은 빈티지한 느낌으로 꾸몄다. 옛사람들이 살던 생활상이 엿보이는 목조 가옥. 태국의 참맛이 느껴져 겪어볼 만한 집이다.

이런 사람에게 열렬히 권한다!
태국 전통 가옥을 체험해보고 싶은 여행자.

목조 가옥 100배 즐기기
목조 가옥은 밤에 취약하다. 깊은 밤이 되면 바깥에서 풀벌레 우는 소리가 새어 들어온다. 벌레들의 합창을 기꺼운 마음으로 들어주자.

검색 팁
아유타야 Ayutthaya 등 방콕 근교와 북쪽에서 더 흔한 숙박 형태. 드물지만 방콕에도 목조 가옥이 있다. 안타깝게도 현재는 에어비앤비 내에서 키워드 검색으로 찾기가 쉽지 않다. 찾고 싶다면 페이지를 넘겨가며 사진을 보면서 목조 가옥을 골라내는 수밖에.

호스트의 개성이 담긴,
인테리어가 예쁜 작은집

붕어빵 기계로 찍어내듯 비슷한 인테리어의 호텔이 단단히 질렸다면 에어비앤비가 해결책이다. 책상 위에 놓인 소품, 머리맡에 놓인 베개, 찬장을 열어 꺼낸 접시, 집 곳곳에서 호스트의 개성이 한껏 묻어난다. 아기자기한 소품으로 가득 채운 깜찍한 집, 고풍스러운 그림을 걸어 우아한 멋을 더한 집, 산토리니 풍 화이트와 블루로 푸른 바다를 떠올리게 하는 동화 같은 집. 작아도 충분히 사랑스럽다. 여행지에서 또 다른 여행을 하는 기분. 편안한 휴식을 보장하는 집만 잘 골라도 여행의 절반은 성공이다. 여행을 더욱 빛나게 해줄 여여쁜 집을 골라보자. 주의사항! 머무는 사람이 편안해야 진짜 좋은 집이다. 며칠간 내가 지내야 하는 곳이니 실용성도 따져봐야 한다.

이런 사람에게 열렬히 권한다!
평소 집 꾸미기에 남다른 애정을 보이는 자, 아기자기한 소품이라면 사족을 못 쓰는 자

인테리어가 예쁜 집 100배 즐기기
예쁜 집을 배경 삼아 인증샷을 남기자. 여행지에서 땀 삐질삐질 흘리며 초췌한 모습으로 찍은 사진보다 오백 배쯤 마음에 들 것.

검색 팁
키워드 입력란에 'bangkok'을 넣고 예산에 맞는 가격 범위를 설정한 뒤 가능한 오랫동안 찾는다. 오래 보아야 사랑스러운 집을 발견할 확률이 높아진다. 본인의 취향에 예뻐 보이는 숙소를 고르기 위해서는 발품 대신 '눈품'을 팔아야 한다.

방콕에서 가장 트렌디한 동네에서 살아보기,
수쿰빗 뒷골목의 고급 주택

방콕의 비버리 힐즈로 불리는 부촌, 수쿰빗 통로 일대. 이 동네 집들은 어떻게 생겼을까? 호기심이 일어 큰맘 먹고 3층짜리 집을 혼자서 예약했다. 통로의 조용한 골목 안쪽에 자리 잡은 주택. 바깥에는 집주인의 세컨드 카로 보이는 귀여운 외제차가 서 있었다. 집안은 인테리어가 가히 예술. 딱 봐도 값이 꽤 나갈 것 같은 감각적인 가구들과 소품들로 가득했다. 나중에 안 사실인데 호스트는 두 가지 직업을 갖고 있었다. 인테리어 디자이너와 작곡가. 어디서 일해도 상관없는 직업을 가진 그는 내게 집을 내어주고 아내와 함께 해변 휴양지 후아힌의 별장으로 떠났다.

집 밖으로 나가면 유수의 브런치 카페가 널렸고 조금만 더 걸어가면 방콕에서 핫하다고 소문난 클럽이 즐비한 노른자 위치. 집주인은 이 트렌디한 동네를 제대로 즐기라며 추천 스팟만 골라 손수 그린 지도를 내밀었다. 동네에 가볼 만한 레스토랑과 카페 그리고 놀고 난 뒤 집으로 무사히 귀가하도록 집의 위치도 표시해 두었다. 그중 아끼는 곳에는 특별히 별표. 다음날 지도 한 장을 들고 외출해 집 주변을 헤집고 다녔다. 수쿰빗에 거주하는 외국인이 된 기분으로 동네 카페에 앉아 커피를 홀짝이며, 브런치를 즐기며. 사는 것 같은 잔잔한 여행은 해봐야 그 맛을 안다.

이런 사람에게 열렬히 권한다!
프라이빗이 보장된 집에서 오붓하게 묵고 싶은 연인, 아파트와 다를 바 없는 콘도보다 단독 주택에 마음이 기우는 여행자.

여행 전 알아둬야 하는 것
단독주택은 콘도 등에 비하면 집 찾기가 까다롭다. 호스트에게 집 찾는 방법을 문의해 확실하게 알아두자.

고급 주택 100배 즐기기
정원이 있는 단독 주택에 머물게 된다면 볕 드는 정원에 놓인 테이블에서 시간을 보내보자. 푸른 정원이 주는 위안, 거기가 곧 힐링 여행지.

검색 팁
검색 필터의 집 유형에서 '단독 주택'을 선택 후 검색한다.

Hotel

숙소만 잘 골라도
여행이 즐겁다!

2

익숙한 잠자리, 호텔

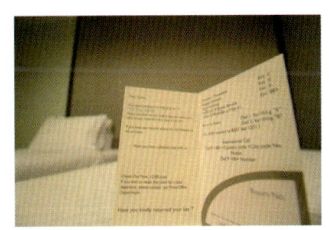

숙면을 보장하는 푹신한 침대,
태국인 특유의 온화함이 묻어나는 환대,
늦잠 푹 자고 일어나 여유롭게 즐기는 조식,
욕실에서 발견한 어메니티의 소소한 행복.

호텔 숙박이 주는 포근함과 익숙함은
선뜻 포기하기 어렵다. 게다가 방콕의 호텔은
가격 대비 최고의 시설을 자랑하는 도시 아닌가.
가격은 낮게, 만족도는 높게!
방콕 호텔, 어디가 좋지?

더 시암 호텔
The Siam Hotel

세계적인 건축가 빌 벤슬리 Bill Bensley의 작품, 더 시암. 28개의 스위트룸과 11개의 풀빌라가 있다. 섬세함과 우아함이 묻어나는 객실은 웬만큼 까다로운 손님도 너끈히 만족시킬 수 있을 만큼 흠잡을 데가 없다. 격이 다른 안락함과 극진한 대접. 개인 버틀러 서비스 등 다채로운 서비스로 완벽한 휴식을 보장한다.

프라이버시를 보장하는 풀빌라는 럭셔리 호텔의 결정판이다. 내부의 무성한 정원과 개인 수영장, 야외 옥상의 테라스까지! 정말이지 빈틈이 없다. 유일한 단점은 비싼 가격. 신혼여행이나 기념일을 낀 여행 등 특별한 날을 맞은 커플 여행자에 제격이다. 체크인은 2시부터 가능하니 일찌감치 호텔로 들어가 온전한 여유를 만끽해보자.

Address	3/2 Khao Road
Tel	02-206-6999
Web	www.thesiamhotel.com
E-mail	info@thesiamhotel.com
Access	수상보트 선착장 사톤에서 더 시암 호텔의 셔틀보트 이용

반얀트리 방콕
Banyan Tree Bangkok

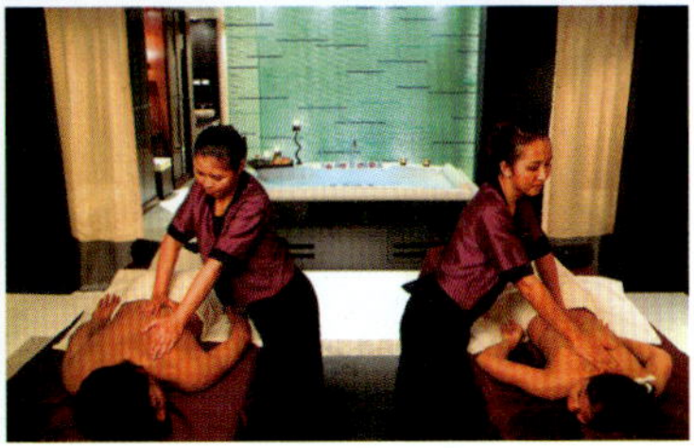

도심 속 최적의 휴식처, 반얀트리 호텔. 5성급 호텔인 반얀트리 호텔의 명성은 두말하면 입 아프다. 반얀트리 방콕은 객실이 스위트룸으로만 구성됐다. 마음이 편안해지는 아로마 향이 맞아준다. 킹사이즈의 침대에 몸을 맡기면 박카스를 들이켜지 않아도 피로가 말끔하게 풀린다. 북쪽으로는 빛나는 시내 전경이, 남쪽으로는 강이 보이는 뷰도 훌륭하다. 태국 스타일의 인테리어로 단장한 프리미어 룸의 뷰가 특히 환상적이다. 50층 이상에 배치되어 방콕의 근사한 스카이라인을 보여준다. 품위 있는 호텔 분위기와 시설도 좋지만, 역시 5성급 호텔의 최대 강점은 서비스 아닐까. 차분하고 정중한 태도가 매우 흐뭇하다.
화려한 수상 경력을 자랑하는 반얀트리 스파, 여행자들이 가고 싶어 하는 루프탑 바로 한 손에 꼽히는 문 바, 옥상 라운지의 럭셔리 레스토랑 버티고 그릴, 퓨전 중식 레스토랑 바이윤 등이 반얀트리 방콕을 더욱 빛낸다.

Address	21/100 South Sathon Road
Tel	02-679-1200
Web	www.banyantree.com/ko/ap-thailand-bangkok
E-mail	bangkok@banyantree.com
Access	BTS 살라댕역에서 도보 15분, MRT 룸피니역에서 도보 7분

수코타이 방콕
The Sukhothai Bangkok

대도시에 있는 고대의 왕국. 호텔에 발을 들이면 시간여행을 떠나온 듯 오묘한 풍경에 둘러싸인다. 화려했던 옛 수코타이 왕조 시대를 재현한 공간으로, 현대적인 세련미와 전통이 어우러진 디자인의 호텔이다. 널찍한 공간을 원한다면 이그제큐티브 스위트 선택. 잘 가꿔진 안뜰의 정원, 도시가 내려다보이는 볕 잘 드는 테라스, 티크 나무를 활용한 인테리어가 돋보인다.
테이블에 놓인 웰컴 기프트도 만족스럽다. 주말에 열리는 초콜릿 뷔페로 이름난 호텔답게 달콤 쌉싸름한 초콜릿 몇 조각과 과일, 달콤한 각종 스위트를 내놓았다. 필자는 미리 예약하지 않아 풀부킹으로 방문에 실패했지만, 널리 이름난 태국 음식 레스토랑 셀라돈에도 도전해 보시길.

Tip 알아두면 유용한 꿀팁
운동을 좋아하거나 활동적인 여행자라면 헬스클럽에도 들르자. 시간대별로 요가, 무에타이 등의 클래스를 진행한다.

Address	13/3 South Sathorn Road
Tel	02-344-8888
Web	www.sukhothai.com
E-mail	promotions@sukhothai.com
Access	BTS 살라댕역에서 도보 15분, MRT 룸피니역에서 도보 7분

페닌슐라 방콕
The Peninsula Bangkok

짜오프라야 강변에 있는 페닌슐라 방콕. 모든 객실이 아름다운 짜오프라야 강을 바라본다. 창밖 도시 풍경이 사랑스럽다. 로맨틱한 야경은 황홀 그 자체. 연인 또는 부부가 함께라면 사랑이 샘솟을 듯. 객실은 럭셔리와 클래식이 조화를 이룬다. 품격이 다른 5성급 호텔. 여행자들이 주로 드나드는 여행지가 강 건너편에 밀집해 시내로 이동하려면 번거롭다. 셔틀보트를 타고 가야 하지만 달리 생각해보면 낭만적인 구석이 있는 외출 아닌가. 페닌슐라 방콕에서 지내면 뱃놀이만큼은 원 없이 한다.

타 호텔에 비해 프로모션이 잦다. 지금까지 해왔던 프로모션은 2박 요금에 3박, 레이트 체크아웃 무료, 룸 업그레이드, 애프터눈 티 제공 등. 프로모션을 잘 이용한다면 만족도가 급상승할 것. 예약 전 어떤 이벤트를 진행하는지 확인하자.

🚩 알아두면 유용한 꿀팁
방콕의 물가 수준이 반영되어 다른 도시의 페닌슐라 호텔보다 낮은 가격. 이때다. 주머니 사정 때문에 페닌슐라 호텔 숙박을 미뤄왔다면 방콕에서 도전!

Address	333 Charoennakorn Road
Tel	02-861-2888
Web	bangkok.peninsula.com
E-mail	pbk@peninsula.com
Access	수상보트 선착장 사톤에서 페닌슐라 방콕 호텔의 셔틀보트 이용

호텔 뮤즈 방콕
Hotel Muse Bangkok

BTS 칫롬역 부근에서 룸피니 공원으로 이어지는 랑수언 로드의 부티크 호텔. 호텔 뮤즈 방콕은 프랑스 호텔그룹인 아코르에서 론칭했다. 19세기 말부터 20세기 초, 외국과 교류가 아주 활발했던 황금시대의 시암과 프랑스 스타일을 한데 엮었다. '부티크'라는 이름값을 톡톡히 한다. 독특한 개성으로 중무장했다. 내부는 모든 게 다 감각적. 하나부터 열까지 디테일이 살아있다. 그저 고급스럽기만 한 호텔에 식상한 여행자에게 시각적 유희를 선사한다. 모델처럼 쭉 뻗은 늘씬한 빌딩에 174개의 객실이 자리한다. 19층에는 야외 수영장이 있다. 규모가 작다는 볼멘소리가 종종 들리지만 방콕 도심의 빌딩 숲 사이에서 즐기는 물놀이는 꽤나 특별하다. 24층과 25층에 걸쳐있는 루프탑 바 스피크이지도 놓치면 섭섭한 스팟.

Tip 알아두면 유용한 꿀팁
호텔에서 무료로 운행하는 셔틀 차량을 이용하면 BTS 칫롬역이 한 발자국 가까워진다.

Address	55/555 Langsuan Road
Tel	02-630-4000
Web	www.hotelmusebangkok.com
E-mail	H7174@accor.com
Access	BTS 칫롬역에서 도보 7분

노보텔 수완나품 에어포트 호텔
Novotel Bangkok Suvarnabhumi Airport Hotel

엎어지면 코 닿을 데, 공항 바로 옆이다. 수완나품 국제공항에서 호텔까지 무료 픽업 서비스를 운영한다. 시내에 있는 호텔들에 비할 순 없지만 공항에 있는 호텔치고는 꽤 괜찮은 시설을 자랑한다. 마지막 날까지 충분한 휴식을 취하고 싶은 여행자, 도착 첫날의 고단함을 말끔하게 녹인 뒤 여행을 시작하고픈 여행자, 다음날 파타야로의 이동을 계획한 여행자에게 적절한 호텔이다. 4성급. 방콕 시내에도 노보텔이 있으니 예약 시 주의.

Address	Suvarnabhumi Airport(수완나품 국제공항 내)
Tel	02-131-1111
Web	www.novotelairportbkk.com
E-mail	info@novotelairportbkk.com
Access	무료 픽업 서비스 이용

홀리데이 인 익스프레스 방콕 시암
Holiday Inn Express Bangkok Siam

2012년에 오픈했다. 다른 홀리데이 인보다 저렴한 라인. 만만한 가격으로 좋은 서비스를 제공하겠다는 생각으로 만든 홀리데이 인의 야심작이다. 수영장 등 부대시설을 빼고 객실 크기를 아담하게 줄였다. 대신 숙박 요금을 낮춰 실속을 챙겼다. 객실이 좁고 조식도 아주 단출하지만 그만큼 가격도 저렴하다는 게 메리트. 싸고 깨끗하며 위치가 좋다. 마분콩, 시암 센터, 짐 톰슨 하우스 등이 가깝다.

Address	889 Rama 1 Road
Tel	02-217-7555
Web	www.ihg.com
E-mail	info.hiexpresssiam@ihg.com
Access	BTS 내셔널 스타디움역에서 도보 1분

마두지 호텔 방콕
Maduzi Hotel Bangkok

수쿰빗에 있는 괜찮은 부티크 호텔이다. 시끌벅적한 걸 싫어하는 사람들이 반길만한 조용한 호텔. 객실이 40개로 아담한 규모다. 프라이버시를 위해 손님의 이름 대신 게스트 코드를 부여한다. 보통의 여행자들에게는 그다지 메리트가 없는 시스템이지만, 신분 노출을 피하고 싶은 태국의 연예인들에게는 흡족한 서비스. 객실이 널찍하고 침대 사이즈도 아주 크다. 성인 두 사람이 눕고 가운데 어린이가 누워도 넉넉할 크기. 모든 객실에 자쿠지 욕조가 있다. 욕실 용품은 태국의 스파 브랜드 판퓨리 제품이다. 에스프레소 머신을 비치해 언제든지 커피를 내려 마실 수 있도록 했다. 적당량의 과자와 음료로 채워진 미니바는 무료. 매일 리필해준다. 조식이 특별하다. 뷔페식이 아니라 주문식. 홈메이드 와플, 아메리칸 브렉퍼스트 등의 서양식과 일본 료칸 스타일의 아침식사 중 택할 수 있다. 따끈한 밥과 생선구이, 정갈한 반찬이 차려진 아침상이 그립다면 일본식으로!

Tip 알아두면 유용한 꿀팁
단점은 수영장이 없다는 것. 하지만 장점이 더 많은 호텔이다.

Address	Soi Shukhumvit 16, Ratchadaphisek Road
Tel	02-615-6400
Web	www.maduzihotel.com
E-mail	reservation@maduzihotel.com
Access	BTS 아속역에서 도보 5분, MRT 수쿰빗역에서 도보 5분

소피텔 방콕 수쿰빗
Sofitel Bangkok Sukhumvit

수쿰빗의 아속역과 나나역 사이, 먹고 놀기 좋다. 주변에 한국인 여행자들이 주로 드나드는 여행지가 밀집. 도보만으로 다녀올 수 있는 레스토랑, 카페, 펍이 많다. 객실은 깔끔하고 포근한 느낌. 마음이 기울만 한 프로모션을 자주 하는 편이니 매의 눈으로 이벤트 정보를 찾아보자. 좀 더 시크하고 스타일리시한 호텔을 원한다면 룸피니 공원 앞 소피텔 소를 추천한다.

Address	189 Sukhumvit Road
Tel	02-126-9999
Web	www.sofitel-bangkok-sukhumvit.com
E-mail	ih5213@sofitel.com
Access	BTS 아속역에서 도보 7분, 도보 10분

상하이 맨션 호텔 방콕
Shanghai Mansion hotel bangkok

북적거리는 차이나타운의 중심부, 야왈랏 로드에 위치한 호텔. 세련미와 화려함을 동시에 갖춘 중국 스타일의 부티크 호텔이다. 모란, 벚꽃, 매화 등 중국에서 흔히 볼 수 있는 꽃의 이름을 따 붙인 객실은 풍부한 색채로 장식됐다. 조식 포함 가격이 7만 원 정도로 비교적 만만한 가격. 가격 대비 괜찮은 호텔이다. 아주 조촐한 구성이지만 미니바가 무료. 호텔 내 레드 로즈 레스토랑과 재즈 바도 들러볼 만 하다. 호텔 1층의 야외 공간에서 맥주 한 잔을 마시며 보내는 시간도 꿀맛.

Address	479 Yaowaraj Road
Tel	02-221-2121
Web	www.shanghaimansion.com
E-mail	inquiry@shanghaimansion.com
Access	수상보트 선착장 랏차웡에서 도보 15분

서머셋 에까마이 방콕
Somerset Ekamai Bangkok

서머셋은 싱가포르계 기업 더 에스코트 리미티드가 전 세계에 걸쳐 운영하는 서비스드 레지던스다. 에까마이 주거 지예역 자리한 서머셋 에까마이 방콕. 지은 지 얼마 안 된 곳이라 깨끗하고 쾌적하다. 여행자뿐 아니라 외국인 거주자에게도리 합리적인 숙박 시설. 혼자 여행하는 혼행족이라면 1인용 객실인 스튜디오 스탠다드 어반 커뮤니티 룸을 추천한다. 객실 내 싱글대 침와 업무용 책상, 스마트 TV 등을 갖췄고 객실 밖에 공용 공간이 별도로 마련돼 있다. 거실처럼 꾸민 공간, 냉장고와 커머피신 등을 구비했다. 혼자 머물기 딱 좋은 방. 안타깝게도 세탁기와 주방 시설이 빠져 있지만 대신 가격이 저렴하다. 여럿이 머무는 주방 시설과 세탁기가 딸린 이그제큐티브 스튜디오, 프리미어 아파트 객실 타입 선택할 것. 아이 딸린 가족이나 어르신과 함께는 여행이라면 호텔보다 객실 내 시설이 다양한 레지던스가 편하다. 레스토랑 겸 카페, 마사지 숍, 조촐한 규모의 수영장도 있다.

Tip 알아두면 유용한 꿀팁

수쿰빗 대로변에 위치한 서머셋 수쿰빗 통로 방콕 Somerset Sukhumvit Thonglor Bangkok도 가성비 좋은 레지던스. 트렌디한 동네라 근처에 핫한 카페와 레스토랑이 많다. 에까마이 지점보다 가격대가 약간 높은 편, 수영장 시설은 한결 낫다.

Address 22 22/1 Ekamai Soi 2, Sukhumvit 63 Road
Tel 02-032-1999
Access BTS 에까마이역에서 도보 10분

이스틴 그랜드 사톤
Eastin Grand Sathorn

BTS 수라삭역과 호텔 3층이 연결돼 있어 BTS를 이용하기 편리하다. 한국인 여행자들이 까다롭게 살피는 조식, 수영장, 교통, 청결도 등에서 후한 점수를 받아 한국 사람들이 유달리 많다. 14층, 건물 허리에 있는 수영장에는 달 모양의 썬 배드가 놓여 있어 아무것도 안 하고 휴식 취하기 안성맞춤. 하룻밤 숙박 요금은 2인 기준, 10만 원대 초반이다. 5성급 호텔이 이 가격, 방콕이기 때문에 가능한 일!

Address	33/1 South Sathorn Road
Tel	02-210-8100
Web	www.eastinhotelsresidences.com
E-mail	rsvn@eastingrandsathorn.com
Access	BTS 수라삭역에서 도보 1분

크리스탈 스위츠
Crystal Suites

우리나라 저가항공을 타고 방콕에 간다면 늦은 밤 혹은 이른 새벽에 도착할 확률이 높다. 첫 방콕 여행, 야밤에 택시를 타고 시내로 이동하는 게 부담스럽게 느껴진다면 하루쯤 공항 근처에 머물렀다가 다음날 시내로 이동하는 방법도 괜찮다. 크리스탈 스위츠는 공항에서 가까운 저렴한 호텔. 미리 예약하면 2인 4~5만 원으로 하루 숙박이 가능하다. 시설은 가격에 걸맞은 수준, 객실은 군더더기 없이 깔끔하다. 호텔 측에 픽업 서비스를 요청해두면 공항으로 마중 나온다. 인당 100밧. 2인 이상이면 스스로 택시를 타고 가는 게 낫다.

Address	22/8 Soi Latkrabang 24, Latkrabang Road
Tel	02-346-4471
Web	www.crystalsuites24.com
E-mail	info@crystalsuites24.com
Access	수완나품 국제공항에서 택시 승차 또는 유료 픽업 서비스 이용

댕덤 호텔
Dang Derm Hotel

카오산 로드 초입에 있는 호텔. 전반적으로 시설이 깔끔하고 쾌적해 추천할만하다. 바닥에 나무가 깔린 좌식 객실이다. 1인실부터 가족실까지 객실 형태가 다양한 편. 평온한 휴식을 취하기에는 적절하지 않을 수도 있다. 카오산 로드 내 자리 잡아 밤이 되면 점점 커지는 음악 소리가 거슬린다. 소음에 예민한 사람은 숙면을 방해받기도. 특히 3인실! 소음 문제만 뺀다면 이 일대에서 가장 추천하고 싶다. 테이블에 놓인 물 2병은 공짜.

Address	1 Khaosan Road
Tel	02-629-2040
Access	수상보트 선착장 파아팃에서 도보 10분

람부뜨리 빌리지
Rambuttri Village

카오산 일대에서는 가격 대비 무난한 숙소다. 안으로 들어가면 보기보다 규모가 큰 규모. 카오산 로드 맞은편, 람부뜨리 로드의 터주대감이다. 서양인이 압도적이지만 한국인 여행자도 꽤 즐겨 찾는 곳. 카오산 로드에서 밤새도록 놀고 싶은 여행자에게 더없이 좋은 위치. 객실은 아주 소박하다. 구닥다리지만 텔레비전, 에어컨 등 없는 건 없다. 옥상엔 수영장도 딸렸다. 덥고 습한 방콕의 날씨 때문에 침구가 눅눅하다는 건 함정. 근처 람푸 하우스도 괜찮은 숙소로 꼽힌다.

Address	95 Soi Rambuttri, Chakrapong Road
Tel	02-282-9162
Access	수상보트 선착장 파아팃에서 도보 10분

첫 해외여행,
호텔 숙박이 익숙하지 않다고요?

예약

해외여행 호텔 예약 사이트에서 손쉽게 예약할 수 있다. 인터넷 쇼핑하는 법과 크게 다르지 않다. 원하는 지역의 호텔을 훑어보고 호텔을 선택. 요금, 사진, 설명, 이용자들이 남긴 후기를 꼼꼼히 살핀다. 마음에 드는 곳이 발견되면 날짜를 지정해 예약한다. 결제가 완료되면 바우처가 발급된다.

부킹닷컴 www.booking.com
아고다 www.agoda.co.kr
익스피디아 www.expedia.co.kr
호텔스닷컴 kr.hotels.com
인터파크투어 hotel.interpark.com

체크인

빠르면 2시, 늦으면 4시부터 체크인 가능. 호텔에 따라 규정이 다르니 사전에 확인하자. 리셉션에 여권과 바우처를 제시한다. 숙박 대금과 별도로 디파짓을 요구할 수 있다. 일종의 보증금. 객실 내 물품을 파손, 도난 등에 대비하기 위한 시스템이다. 현금 또는 신용카드로 지불한다. 2,000밧 이내의 현금으로 지불했다가 돌려받거나 신용카드를 낸다. 문제가 생기지 않으면 요금이 발생하지 않는다.

객실 이용

미니 바와 냉장고

냉장고와 미니바에 있는 음료, 주류에 손대면 비용을 내야 한다. 스스로 사다 먹는 것보다 비싼 값을 치러야 하므로 이왕이면 발품을 팔자. 널린 게 편의점이고 마트다. 보통 생수 2병 정도는 무료로 제공. 일부 호텔은 미니 바를 '프리'로 내주기도 한다.

어메니티

미니어처지만 호텔의 센스가 엿보이는 어메니티. 마음에 드는 제품이 구비되어 있으면 샤워 시간이 더욱 즐거워진다. 비누, 샴푸, 바디워시 등 욕실용품은 게스트를 위해 제공한 것이니 가져와도 문제가 되지 않는다. 작고 실용적이라 챙겨두면 유용한 순간이 온다.

안전 금고

객실 내 안전 금고가 있다면 이용해도 좋다. 당장 필요한 게 아니라면 귀중품은 몸에 지니고 다니는 것보다 호텔에 두고 다니는 편이 안전하다. 귀중품을 지키는 가장 좋은 방법은 집에 고이 모셔두고 오는 것.

> **Tip 알아두면 유익한 꿀팁**
> 짐을 방까지 들어다 준 벨보이, 방 청소를 책임지는 메이드에게는 팁을 건네는 게 좋다. 침대 머리맡에 20~50밧 지폐를 놓고 외출했다가 돌아오면 감쪽같이 거둬간다.

체크아웃

체크아웃 시간은 11시 또는 12시다. 다음 손님을 위해 제때 나가주는 게 예의. 늦게 나가고 싶다면 호텔 측에 문의하자. 객실이 여유롭다면 추가 요금을 지불하고 체크아웃 시간을 미룰 수 있다. 일부 호텔은 무료 레이트 체크아웃 서비스를 제공하기도 한다.

Bangkok
06

준비한 만큼
편안한 여행

미리 준비하는 **방콕여행**

기본 정보

국명 타이 왕국 Kingdom of Thailand
수도 방콕 Bangkok
면적 51만 4,000km²로 한반도의 약 2.3배에 달한다.
시차 한국보다 2시간 느리다.
민족 타이족이 85%로 압도적이다. 화교 12%, 말레이족 2%, 기타 1%.
언어 공용어는 태국어. 태국어 다음으로 잘 통하는 언어는 영어다.
종교 태국 국민의 대다수는 불교도, 90% 이상이다.
기후 온도가 높고 습기가 많은 열대성 기후. 5~10월은 우기, 11~2월은 건기.

여행 정보

비자 한국인은 비자 면제 협정에 따라 관광, 비즈니스 목적에 한해 90일 무비자 입국.
여권 유효기간 6개월 이상 남은 여권을 소지해야 입국할 수 있다.
통화 태국의 공식 화폐는 밧 Baht이다.
전압 220V, 한국과 같다. 사용하던 제품을 그대로 가져가면 된다.
시기 덜 덥고 비가 내리지 않아 쾌적한 11~2월이 여행하기 가장 좋다.

긴급 연락처

한국 대사관
23 Thiam-Ruammit Road, Ratchadapisek,
Huay-Kwang, Bangkok 10310 Thailand
02-247-7537(대표) 081-825-9874(사건사고) 081-810-1846(여권분실)

경찰 신고 191, 123
관광 경찰 1155
화재 신고 199
태국 관광청 콜센터 1672
수완나품 국제공항 02-132-1888
돈므앙 공항 02-535-1111

주요 병원

싸미티벳 병원(수쿰빗) 02-711-8000
방콕 크리스찬 병원(실롬) 02-233-6981
범룽랏 병원(수쿰빗) 02-667-1319

항공권 싸게 사는 법

여행 경비에서 항공료는 큰 부분을 차지한다. "항공권을 얼마나 저렴하게 구했느냐?"는 곧 "여행 경비를 얼마나 아꼈느냐?"와 직결된다. 항공권은 서두르면 서두를수록, 일아보면 일아볼수록 가격이 낮아진다. 방콕으로 향하는 항공권 싸게 구하는 법, 이렇게 하면 남들보다 싸게 살 수 있다!

저가항공사

합리적인 요금, 다양한 국제선으로 인기를 끌고 있는 저가항공사. 대한항공이나 아시아나항공, 타이항공 등을 이용하는 것보다 저가항공을 이용하면 알뜰하다. 기내식이 제공되지 않고 유료라는 점, 수화물의 무게가 적거나 별도로 요금이 책정된다는 점 등 약간의 불편함이 따르지만 매력적인 요금 때문에 언 마음이 사르르 녹는다.

주요 저가항공사

에어아시아 www.airasia.com
티웨이항공 www.twayair.com
이스타항공 www.eastarjet.com
제주항공 www.jejuair.net
진에어 www.jinair.com

얼리버드 항공권

때때로 항공사 사이트가 먹통 되는 일이 있다. 바로 얼리버드 항공권 때문. 일찍 일어나는 새가 벌레도 잡고 돈도 굳는다. 얼리버드 항공권은 일찌감치 예약하는 조건으로 항공권을 싸게 내놓는 것. 출발 몇 달 전에 풀린다. 부지런하기만 하면 아주 만족스러운 가격에 방콕 왕복항공권을 손에 넣는다.

특가 이벤트

취항 7주년 기념 등 여러 가지 이유를 내세워 이벤트를 연다. 잘만 건지면 특가 이벤트야말로 절호의 기회. 얼리버드 항공권보다 훨씬 싼값의 항공권이 쏟아진다. 이벤트가 잦은 항공사는 에어아시아. 이벤트 소식이 들리면 인정사정 보지 말고 얼른 홈페이지에 접속해 폭풍 클릭을 해야 한다. 취소, 변경이 불가한 경우가 많으니 구매 전 조건을 꼼꼼히 알아볼 것.

TIP 알아두면 유익한 꿀팁

인터파크항공 (tour.interpark.com)
접속하면 수많은 항공권 정보가 모아서 조회된다. 이를 활용하면 항공권 예매, 한결 간편하고 쉽다.

스카이 스캐너 (www.skyscanner.co.kr)
다채로운 검색 기능을 갖춘 항공권 가격 비교 사이트로 출발일과 도착일, 목적지 정보를 입력하면 끝. 해당 조건에 맞는 항공권이 최저가순으로 정렬된다. 단 몇 초 만에 최저가 항공권을 손에 쥘 수 있다.

환전에 대한 고민 해결

돈은 어떻게 가져가야 할까? 일단 방콕에서 ATM으로 현금을 인출할지, 환전해서 현금을 들고 다닐지부터 정해야 한다. 짧은 여행이라면 밧이나 달러로 몽땅 바꿔서 들고 다녀도 금액이 크지 않으니 환전 추천. 혹시 잃어버리거나 소매치기 당할 것이 염려스럽다면 현지에서 ATM으로 필요한 만큼 인출하고 신용카드를 적절하게 섞어 쓰는 것도 괜찮다.

화폐

태국에서는 밧 Baht (THB)을 사용한다. 1,000밧, 500밧, 100밧, 50밧, 20밧은 지폐고 10밧 이하는 동전이다. 동전은 10밧, 5밧, 1밧 그리고 1밧보다 작은 단위인 사땅 Satang이 있다. 50사땅과 25사땅 두 가지. 25사땅은 4개를 모아야 1밧, 50사땅은 2개를 모아야 1밧이다.

환전

필요한 만큼의 경비를 어림잡아 환전한다. 국내 시중 은행 중에는 태국 밧을 취급하지 않는 곳이 많으니 보유 여부를 확인 후 방문해야 한다. 미국 달러로 환전해 두었다가 현지 환전소에서 필요할 때마다 바꿔 쓰는 방법도 있다. 일주일 남짓의 짧은 여행을 위한 환전이라면 금전적 이득을 보기 위해 너무 애쓰지 말자. 거기서 거기다.

알아두세요!

1,000, 500밧 등 큰 단위로만 환전하는 것보다 골고루 섞어서 받아두는 게 바람직하다. 공항에서 즉시 환전하는 방법도 있지만 수수료가 비싼 편이니 가급적이면 미리 준비할 것. 환율 우대 쿠폰을 챙기면 소소하게나마 환전 수수료 우대를 받는다.

ATM

갖고 있는 카드가 해외에서 쓸 수 있는 것인지부터 체크한다. 돈을 인출하는 방법은 한국과 별반 다르지 않아 간단하다. 카드를 넣고 비밀번호 입력 후 원하는 금액을 누르면 된다. 수수료는 180밧 정도로 비싼 축이다. 한방에 두둑하게 뽑자. 당일 환율로 적용되니 환율이 떨어지는 상황에서는 ATM이 나을 수도 있다. 때에 따라 본인이 판단할 것.

주의하세요!

현금인출기에 카드 위조 기기를 부착해 현금카드나 신용카드 등을 위조, 타인의 돈을 빼돌린 사례가 있었다. 한때 외국인이 많은 수쿰빗 지역에서 특히 기승을 부린 수법. 은행에 설치된 ATM을 이용하는 게 최선의 예방법이다.

신용카드

호텔이나 고급 레스토랑, 대형 쇼핑몰 등의 주요 상점에서 카드 결제가 가능하다. 비자카드, 마스터카드 등은 가맹점이 많아 무난한 편. 아메리칸 익스프레스 카드는 상대적으로 가맹점이 적어 이용에 불편을 겪을 수 있다. 카드 사용시 건마다 수수료가 붙는다. 카드마다, 본인이 소유한 카드의 종류에 따라 달리 적용되니 자세한 정보는 카드사에 문의할 것. 노점상에서는 카드 결제 불가. 어느 정도의 현금 보유는 필수 사항.

여행지에서 요긴한 애플리케이션 & 웹사이트

카카오톡 www.kakao.com/talk

스마트폰 모바일 메신저 카카오톡. 해외여행에서 더욱 빛을 발하는 건 무료 음성통화 기능인 보이스톡 때문이다. 끊기는 등 통화 품질이 좋지 않을 때도 있지만, 그럭저럭 쓸만하다. 단점은 카카오톡 가입자에게만 걸 수 있다는 것. 카카오톡 미가입자에게 전화를 걸어야 하는 사람은 말톡 애플리케이션을 설치하면 된다. 유료 서비스지만 요금이 저렴하다.

인스타그램 instagram.com

여행지의 느낌을 살려줄 사진 공유 애플리케이션, 인스타그램. 휴대전화로 찍고 즉석에서 편집, 공유까지! 정말 간편하다. 평범한 사진에 필터를 입히는 등의 효과를 주면 전혀 다른 느낌의 사진 완성. 아이폰과 인스타그램의 조합은 DSLR 부럽지 않은 멋진 작품을 안겨준다. 부지런히 찍어보자.

라인 line.me

네이버에서 출시한 모바일 메신저 서비스 라인, 역시 무료 통화 기능을 지원한다. 영상통화 기능도 있어 한국에 두고 온 가족, 연인, 친구에게 얼굴을 보여주는 것도 가능하다. 태국 젊은이들 사이에서도 널리 쓰이는 라인. 태국인 친구를 사귀었을 때도 유용하다. 라인을 실행해 즉시 친구 등록!

구글 맵스 maps.google.co.kr

해외여행에서 가장 요긴하게 쓰이는 애플리케이션 0순위로 구글맵스를 꼽겠다. 휴대전화에 내장된 GPS 기능으로 현 위치를 찾고 주소나 명칭 등을 이용해 목적지를 검색한다. 어떤 교통편을 이용하는 게 좋은지 추천 루트를 상세히 제공한다. 비교적 정확도 높은 정보를 제시, 구글 맵스를 깔아두면 헤맬 일이 반으로 줄어든다. 배터리 떨어지지 않게 주의.

트립어드바이저 www.tripadvisor.co.kr

세계인이 애용하는 여행 정보 사이트. 여행지와 레스토랑 관련 정보가 특히 유익하다. 사용자들이 경험한 바에 따라 별점을 매기고 코멘트를 단다. 별점과 사람들의 후기를 살피면 여행지와 레스토랑 선택하는 데 적잖은 도움이 된다. 전적으로 신뢰하면 안 될 일이지만 어느 정도 믿을만한 수준.

구글 번역 translate.google.com

해외여행, 꿀 먹은 벙어리가 되는 당신! 걱정 마시라. 구글 번역기를 쓰면 즉시 원하는 언어로 번역이 된다. 단, 기계가 하는 일이라 번역이 매끄럽지 못한 경우도 있다. 장문으로 쓰지 말고 단문으로 명료하게 표현하면 번역의 정확도가 높아진다. 마이크 기능은 상대방의 말을 문자로 번역해 주기도 한다. 언어를 몰라서 하고 싶은 말을 못한다고? 이제 다 옛말!

태사랑 www.thailove.net

태국 관련 여행 정보라면 없는 게 없다고 해도 지나치지 않다. 이 사이트 하나만 샅샅이 뒤져도 부족함이 없을 정도. 여행의 감을 잡기 위한 소소한 정보부터 볼거리, 먹을거리 등 엄청난 양의 정보를 다룬다. 태사랑에서 무료로 배포하는 지도는 수시로 업데이트 되는 데다 대단히 자세한 편이라 꽤 쓸모가 있다.

더 많이, 더 가볍게!
여행 짐 꾸리기

방콕도 사람 사는 곳이다. 게다가 대도시 아닌가. 웬만한 건 다 살 수 있다. 바리바리 이사 가듯 피난 가듯 짐을 꾸려 무게에 짓눌러 다니는 것보다, 적절하게 현지 조달을 활용하길 권한다. 이왕이면 가볍게 다니는 게 좋지 않을까? 여행 짐은 가볍고 단출하게 꾸리는 게 관건. 쉬운 것 같으면서도 은근히 어렵다.

ⓒ 소품 이미지 협찬 고로케샵

01.
반드시 챙겨야 하는 것들

여권과 항공권

방콕으로 떠날 때 반드시 챙겨야 하는 준비물은 그리 많지 않다. 이것 없으면 절대 못 간다! 하는 건 딱 세 가지. 항공권과 여권, 돈뿐이다. 나머지는 필요에 따라 소신껏 준비하면 된다. 긍정적인 마음가짐 또한 필수라고 본다. 그렇지 않으면 초행길 방콕여행이 막연하게 두려울 테니까.

02.
보편적으로 챙겨가는 것들

옷

패션쇼 할 작정이 아니라면 실용적인 옷 위주로 고른다. 조물조물 빨아 넣어도 상하지 않을 만큼 만만한 옷을 고르는 게 좋다. 야외 활동할 때에는 더워도 실내에 오래 있으면 에어컨 때문에 서늘해질 수 있다. 추위에 민감한 사람은 얇은 긴 팔 카디건을 준비하는 것도 괜찮다. 일정에 호텔 레스토랑이나 루프탑 바 등을 넣었다면 그에 걸맞은 옷도 챙겨야 한다.

세면도구

칫솔, 치약, 샴푸, 린스, 비누 등. 빼먹었다면 현지에서 사면 된다. 커다란 통을 그대로 가져가는 것보다 여행용으로 나온 아담한 사이즈를 챙기자.

화장품

부피와 무게를 줄이기 위해 필요한 만큼만 덜어서 가져가는 게 옳다. 화장품 편집숍을 찾으면 작은 크기의 공병 구입 가능. 다른 건 몰라도 선크림은 필수다.

신발

가져간 옷들과 어울리되 활동하기 편한 신발을 신는다. 돌아다니는 데 중점을 둔 여행자는 오래 걸어도 부담 없는 운동화를, 방콕 시민이 된 기분으로 슬렁슬렁 다닐 여행자에게는 시원한 슬리퍼도 괜찮다. 예쁜 모습을 카메라에 담는 게 여행의 목적 중 하나라면 모양새도 충분히 고려해 고를 것. 어쨌거나 0순위로 고려해야 할 것은 발의 편안함이다.

모자

챙이 넓은 모자를 선택한다. 야구모자는 태양을 피하는 데 그리 유용하지 않다. 양옆으로 볕에 노출되어 눈 주변 빼고 다 탄다. 모양 빠지는 게 흠이지만 시골 아주머니들이 밭일할 때 쓰는 모자가 기능 면에서는 가장 탁월하다.

선글라스

다용도다. 눈 보호용은 기본 쓰임새. 꼬질꼬질할 때 얼굴 가리는 용도로 쓰면 제격이다. 선글라스는 멋 내고 싶을 때와 기분 내고 싶을 때도 적절한 아이템.

비상약

지사제, 소화제, 두통약, 상처에 바르면 새살이 솔솔 돋는 연고, 모기 등 벌레 물린 데 바를 연고, 밴드 정도면 충분하다. 방콕에 널린 게 약국이니 못 챙겼다고 좌절하지 말도록.

카메라

사진에 대한 열정이 남달라 DSLR을 포기할 수 없다면 어쩔 수 없지만, 무게를 고려하면 미러리스 등 가벼운 카메라를 들고 가는 게 낫다. 카메라에 딸린 렌즈, 메모리, 배터리와 충전기까지 풀 세트로 챙기지 않으면 낭패니 꼼꼼히 점검할 것.

03.
꼭 필요한 건 아니지만, 있으면 유용한 것들

물티슈

당장 물로 헹굴 수 없는 상황, 옷이나 몸에 무언가가 묻었을 때 쓰면 상쾌하다.

지퍼백

빨래가 덜 말랐는데 짐을 꾸려야 하는 난감한 상황. 입은 옷을 당장 빨 수 없을 때 꺼낸다.

노트북

혹시 잃어버리지 않을까 전전긍긍, 엄청난 짐이 된다는 단점이 있다. 하지만 쓸모는 무궁무진하다. 일주일 이내의 짧은 여행이라면 집에 모셔두고 가는 게 낫다. 방콕여행은 밤에도 심심할 겨를이 없으니까.

한국 음식

본인이 태국 음식에 적응하지 못할 것을 확신하는 사람에게 추천한다. 신라면, 튜브형 고추장이나 볶은 김치 등 한국 음식을 챙겨가는 것도 나쁘지 않으나 권장사항은 아니다. 정 아쉬우면 방콕의 대형 마트에서 사도 되니 과하게 챙기지 말 것.

💡 알아두면 유익한 꿀팁

아무리 꾹꾹 눌러보아도 가방이 터질 위기에 처한 당신. 가장 많은 부분을 차지하는 것 중 하나, 옷 정리를 다시 해보자. 인터넷을 뒤적거리면 옷 정리 노하우가 수두룩하게 소개되어 있다. 옷을 겹쳐 단정하게 포개는 방법으로 부피를 현저히 줄인다. 욕심껏 넣고 싶은 걸 다 넣었다가 물리적 짐이 마음의 짐으로 번질 수 있다. 짐 꾸릴 때에는 필요한 물건인지 한 번 더 생각해보고 집어넣는다. 절제의 미덕이 중요한 시점.

방콕에서 살아남기

방콕 여행자 중 태국어를 구사하는 사람은 극히 일부다. 대부분 영어와 손짓, 발짓, 눈짓으로 해결된다. 하지만 우리나라에 찾아온 외국인이 "Hello!" 대신 "안녕하세요?"로 인사를 건넸을 때를 떠올려보자. 기특한 마음이 들면서 뭐 하나라도 더 챙겨주고 싶지 않던가? 유창할 필요는 없다. 간단히 "사왓디 카"라고 공손히 인사를 건네는 것만으로도 호감 급상승!

※존칭으로 여자는 카, 남자는 캅을 붙인다. 공손하게 카 또는 캅을 꼭 붙이도록 하자.

숫자

0 쑨
1 능
2 썽
3 쌈
4 씨
5 하
6 혹
7 쨋
8 뺏
9 까오
10 씹
11 씹엣
12 씹썽
13 씹쌈
20 이씹
21 이씹엣
22 이씹썽
23 이씹쌈
30 쌈씹
40 씨씹
50 하씹
60 혹씹
70 쨋씹
80 뺏씹
90 까오씹
100 러이
101 러이엣
102 러이썽
103 러이쌈
150 러이하씹
200 썽러이
500 하러이
1,000 판

인사말 외 간단한 표현

안녕하세요. **사왓디** (카 / 캅)
고마워요. **컵쿤** (카 / 캅)
정말 고마워요. **컵쿤 막** (카 / 캅)
실례합니다. **커 톳** (카 / 캅)
괜찮아요. **마이 뺀 라이** (카 / 캅)
예. **차이** (카 / 캅)
아니오. **마이 차이** (카 / 캅)
좋아요. **디** (카 / 캅)
싫어요. **마이 디** (카 / 캅)

레스토랑 생존언어

고수 넣지 마세요. **마이 싸이 팍치** (카 / 캅)
설탕 넣지 마세요. **마이 싸이 남딴** (카 / 캅)
물 주세요. **커 남 너이** (카 / 캅)
얼음 주세요. **커 남캥 너이** (카 / 캅)
커피 주세요. **커 카페 너이** (카 / 캅)
맥주 한 병 주세요. **아오 비야 쿠엇 능** (카 / 캅)
맛있어요. **아러이** (카 / 캅)
정말 맛있어요. **아러이 막** (카 / 캅)
계산해 주세요. **첵 빈** (카 / 캅)
화장실이 어디죠? **헝남 유 티 나이** (카 / 캅)

음식 재료

● 육류와 해산물
닭 **까이**
계란 **카이**
돼지 **무**
소 **느아**
오리 **뺏**
새우 **꿍**
게 **뿌**
생선 **쁠라**
오징어 **쁠라믁**

● 조리 방법
볶음 팟
튀김 텃
구이 양
끓임 똠
찜 능
다짐 쌉
꼬치 삥
샐러드 얌

● 과일
구아바 파랑
망고 마무앙
바나나 끌루어이
수박 땡모
용안 람야이
파인애플 사파롯
포멜로 쏨오
망고스틴 망쿳
두리안 투리안
로즈애플 촘푸

쇼핑 생존언어

비싸요. **팽!**
너무 비싸요. **팽 빠이!**
조금 깎아주세요. **롯 너이 다이 마이** (카 / 캅)
이건 얼마예요? **안니 타오라이** (카 / 캅)
이걸로 할게요. **아오 안니** (카 / 캅)

긴급상황

불이야! **파이 마이**
도둑이야! **카모이!**
도와주세요! **추어이 두어이!**
여기가 아파요. **쨉 뜨롱니** (카 / 캅)
경찰서가 어디죠? **사타니 땀루앗 유 티 나이** (카 / 캅)

마사지숍 생존언어

아파요. **쨉**
세게 해주세요. **아오 낙낙**
살살 해주세요. **아오 바오바오**
시원해요. **싸바이**
간지러워요. **짜까찌**
여기는 하지 마세요. **뜨롱니 마이 아오**

처음 방콕으로 떠나는 여행자를 위한 **사소하고 소소한 궁금증 10**

두근두근 처음 밟는 방콕.
설레는 마음 반, 갖가지 걱정 반
고민에 빠져 있는 건 아닌지.
안전은 어떨까?
영어를 잘 못 하는데 어쩌지?
여자 혼자 가도 괜찮을 걸까?
시시콜콜하고 소소해서
누군가에게 물어보지도
못하고 전전긍긍하고
있었던 질문들,
여기서 말끔하게 씻고
후련한 마음으로
여행 준비를!

1. 방콕여행, 안전한가요?

결론부터 이야기하면 방콕의 치안은 괜찮은 편이다. 늘 조심하는 태도로 안전에 최대한 신경 쓴다면 별일 없는 게 보통. 위험하다 싶은 행동은 안 하는 게 상책이다. 늦은 밤, 어둡고 으슥한 골목길을 혼자 걷는다든지 낯선 사람이 주는 음식을 함부로 집어 먹는다든지. 보편적인 수준의 안전 개념을 숙지한다면 안전을 위협받는 일은 그리 많지 않을 것이다.

2. 첫 해외여행지, 방콕 어때요?

첫 해외여행, 강력하게 추천하고 싶은 도시다. 세계 각국의 여행자가 밀려드는 곳이라 여행 기반 시스템이 훌륭하다. 사람들의 성향도 온순하고 무척이나 친절해 여행하기 좋은 환경을 만드는 데 크게 한몫한다. 필자의 첫 배낭여행지도 태국 방콕. 중국이나 일본 등은 가깝지만 상대적으로 이국적인 면모가 덜한데 비해 방콕은 첫인상이 강렬하다. 공항을 나오자마자 콧속으로 스며드는 후끈한 공기. 낯선 얼굴의 사람들. 게다가 우리나라보다 물가 수준이 낮은 편이라 금전적인 부담도 덜하다. 첫 해외여행의 매력을 누리기에 완벽한 조건!

3 숙소 예약은 미리 해야 하나요?

3박 5일, 4박 6일 등 짧은 일정으로 여행하려 한다면 변수를 최소화하기 위해 숙소를 미리 정해두는 게 바람직하다. 보름 이상의 긴 여행의 경우 갈대처럼 오락가락하는 마음 따라 움직일 수 있도록 모든 가능성을 열어두는 게 좋다. 초반 며칠의 숙소만 사전에 예약해두고 추후 일정은 방콕에 도착해서 생각하는 것도 나쁘지 않다.

4. 태국어는 물론, 영어도 못 하는데 여행할 수 있을까요?

할 수 있다. 방콕 여행자 중 태국어를 구사하는 사람은 극소수. 영어를 할 줄 알면 보다 수월하고 매끄럽게 여행할 수 있겠지만, 영어를 못 한다고 해서 여행할 수 없는 것은 아니다. 우리에겐 만국의 공통어 웃는 얼굴과 손짓, 발짓이 있지 않은가. 여기에 생존을 위한 간단한 태국어를 익혀두면 여행이 한결 편안해진다. 태국어로 인사를 건네고 고마운 마음을 전하는 등의 소소한 노력을 기울여보자.

5. 음식은 입에 맞을까요?

각자의 입맛이 천차만별이니 명료하게 맞는다, 안 맞는다를 가를 순 없다.

고수 등의 향신료를 서슴없이 먹는 사람이 있는 반면, 밥에서 특유의 냄새가 난다며 못 먹겠다고 밥숟가락을 내려놓는 사람도 있으니까. 쌀밥 없이는 못 사는 토종 한국인 입맛의 소유자라도 방법은 있다. 입맛에 맞는 음식을 찾아내는 것. 수끼나 쌀국수 등 누구나 무난하게 즐길만한 음식이 제법 많다. 고수 특유의 향이 거슬려 태국 음식을 입에 대는 게 두렵다면 음식을 주문할 때 고수를 빼달라고 하도록. 음식을 주문할 때 이 말을 외치자. "마이 싸이 팍치!"

6. 여자 혼자 가도 괜찮을까요?

이십 대 중반부터 수차례 혼자 방콕을 다녀왔다. 최근에도 취재를 위해 수개월 방콕에서 지냈다. 운이 좋았는지 위험한 상황에 놓인 적은 없었다. 혼자 여행하는 게 두려워 엄두가 안 난다면 일행을 구해보는 것도 방법이다. 방콕은 한국 여행자가 많은 도시 중 하나다. 태사랑 등 태국여행 커뮤니티 사이트 등을 뒤져보면 같은 날짜에 여행하려는 여행자를 만날 수 있다. 단, 온라인을 통해 잘 모르는 사람을 만나 연을 맺는 일에는 신중을 기해야 한다. 사전에 여행의 목적, 성향 등을 파악하고 얼굴을 맞댈 것.

7. 소문난 길치, 어쩌면 좋죠?

남들보다 헤매는 일이 많겠지만 어쩌겠는가. 길치라고 여행을 포기할 순 없는 노릇! 지도만으로 목적지까지 가는 길을 파악하기 어렵다면 구글 지도 애플리케이션 등을 활용해 스마트하게 여행하는 법을 익혀두자. GPS 기능을 켜두면 내 위치부터 원하는 곳까지 가는 가장 간단한 경로를 확인할 수 있다. 이도 저도 모르겠다 싶을 때에는 현지인을 붙잡아 물어본다. 가다가 이 길 맞나 하는 의문이 들면 주저하지 말고 또다시 물어볼 것.

8. 패키지여행은 어때요?

방콕은 패키지여행을 추천하고 싶지 않다. 저렴한 가격에 고른 여행 상품, 막상 가보면 어떨까?
옵션과 선택 관광이 줄줄이 딸려와 짜증을 솟구치게 만든다. 원치 않는 쇼핑도 수시로 해야 한다.
효도 관광이라고 패키지여행 보내 드리는 것, 자칫하면 불효 관광이 될 수도 있다. 패키지여행, 신중하게 생각해보고 선택하자.

9. 여행자 보험, 가입할까요?

사람 일은 모르는 법. 만약의 사태를 대비해 여행자 보험을 가입해 두는 게 좋다. 여행 기간과 보장 내역에 따라 금액이 달라지지만, 그리 부담스러운 금액이 아닌 데다 가입 절차도 그리 복잡하지 않다. 휴대품을 잃어버리거나 범죄 등의 피해, 해외여행 중 상해로 인한 의료비 등을 보장받을 수 있다. 여행자 보험, 가입하자!

10. 인터넷은 어떻게 쓰죠?

이용하고 있는 국내 통신사에 데이터 로밍 서비스를 신청하는 방법이 있지만, 방콕은 현지에서 유심칩을 구매해 이용하는 게 훨씬 저렴하다. AIS 등 태국의 통신사에서 판매하는 유심칩으로 갈아 끼우면 부담 없는 요금으로 데이터를 넉넉하게 사용할 수 있다. 공항에 AIS 부스가 있어 누구나 쉽게 이용할 수 있다. 포켓와이파이를 대여하는 것도 좋은 방법!

천태만상, 방콕의 **별별 사기 유형**

방콕을 찾는 여행자가 늘어나는 만큼 관광객의 주머니를 호시탐탐 노리는 나쁜 놈도 늘고 있다. 사기 수법도 나날이 다양해지는 양상. 여행에서 겪는 도난, 사기 등의 문제는 돈도 돈이지만 여행 일정에도 차질을 빚기 마련이다. 곤란한 상황을 겪지 않으려면 각별히 주의하는 수밖에. 방콕에서 벌어지고 있는 갖가지 사기 유형, 미리 살펴보고 출발!

휴대전화 소매치기

왕궁, 왓포 등 여행자가 모여드는 거리나 북적거리는 수상버스, BTS 등 대중교통에서 주로 일어난다. 가방 앞주머니 등에 손을 넣어 슬쩍 가져가기도 하고 앙다문 지퍼 입을 열고 훔쳐 가기도 한다. 가방을 찢는 경우도 더러 있다. 휴대전화 잃어버려서 한 번 울고 가방이 찢어져서 한 번 더 울게 된다. 잠시 한눈판 사이 순식간에 일어나는 일이라 피해 사례가 많다. 예방법은 가방을 앞으로 메거나 양손으로 휴대전화를 단단히 붙잡고 있는 것.

비둘기 모이

왕궁 앞 광장에 비둘기가 모여있다. 그 속에서 인자한 미소를 머금고 비둘기 모이를 주는 태국인이 보인다. 헤아릴 수 없이 많은 비둘기에 정신 팔려 넋 놓고 구경하다 보면 그가 다가와 행운의 상징이라며 옥수수가 든 봉지를 슬며시 건넨다. 아주 자연스럽게. 얼떨결에 받아들고 모이를 뿌리는 순간 태도가 돌변한다. 얼토당토않은 금액을 요구하며 으름장을 놓는다. 이럴 땐 무시하고 빠른 걸음으로 총총 사라지는 게 묘책. 대꾸도 하지 말고 무시하자.

택시 미터기 조작

부르는 게 값. 미터기보다 비싼 요금을 흥정해 가려는 택시 기사는 양반이다. 요금이 생각했던 것보다 비싸서 부당하다는 생각이 든다 싶으면 안 타도 그만이니까. 소수 택시기사의 미터기 조작은 약오른 수법 중 하나다. 택시를 타고 있는 내내 미터기를 째려보고 있는 사람은 드물다. 잠시 창밖으로 눈을 돌린 틈을 이용해 미터기 요금을 재빨리 바꿔 놓는다. 교활하다. 피해 금액을 계산해보면 어마어마하게 큰돈은 아니지만 매우 불쾌한 기분이 문제.

식당 바가지요금, 유형 1

노점에서 조촐하게 끼니를 때웠는데 500바트가 나왔다고? 이거 문제 있다. 노점에서 파는 음식은 대체로 저렴하다. 으레 부담없는 가격이겠거니 하고 먹었다가 이런 일을 당하는 경우가 간혹 있다. 수법은 이렇다. 메뉴판을 비치하지 않거나 메뉴판에 가격을 명시하지 않거나. 일단 먹게 한 다음 태도를 바꾼다. 엉터리 요금을 제시. 먹기 전에 미리 가격부터 체크하는 게 좋다. 일반적인 로컬식당은 정직하게 장사하는 곳이 대다수지만 만약을 위하여.

식당 바가지요금, 유형 2

식후 계산서를 꼼꼼히 살펴봐야 한다. 내가 먹은 게 맞는지 오목조목 살펴보고 난 뒤 요금을 지불해야 눈뜨고 코 베이는 일 없다. 대충 보고 돈을 건넸다가 주문하지도, 먹지도 않은 음식이 은근슬쩍 섞여 있는 걸 뒤늦게 발견해 짜증이 솟구칠 수도 있으니까. 특히 술집에서 주의하도록! 한 병, 두 병 마시다 보면 몇 병 마셨는지 기억이 나지 않을 때가 있다. 마시는 족족 병을 치워간 뒤 엉터리 영수증을 내놓으면 사건은 미궁으로. 정신 똑바로 차리자.

성인 쇼 덤터기

팟퐁 등 유흥가에서 벌어지는 사기 유형. 거리를 지나가면 호객행위 하는 사람이 들러붙는다. 멋진 쇼가 있다면서, 맥주가 100바트라면서 꼬드긴다. 결말은 말도 안 되는 입장료를 내라, 홀랑 벗고 갖가지 기행을 펼치는 언니들의 쇼를 보았으니 그에 합당한 요금을 지불하라는 등 부당한 요구에 시달리게 된다. 문제는 조직폭력배 같은 인상의 남자들이 험상궂은 얼굴을 하고 있어서 움츠러들게 된다는 점. 애당초 여리꾼을 따라가지 않는 게 옳다.

이지 city 방콕

2018년 4월 27일 제 2 개정판 1쇄 발행
2019년 5월 28일 제 2 개정판 3쇄 발행

지은이	안혜연
발행인	송민지
기획	강제능, 오대진
디자인	김영광
경영지원	한창수
광고	서병용
제작지원	이현상

발행처 도서출판 피그마리온
서울시 영등포구 선유로 55길 11, 4층
전화 02-516-3923
팩스 02-516-3921
이메일 books@easyand.co.kr
www.easyand.co.kr

브랜드 EASY&BOOKS
EASY&BOOKS는 도서출판 피그마리온의 여행 출판 브랜드입니다.

등록번호 제313-2011-71호
등록일자 2009년 1월 9일

ISBN 979-11-85831-51-0
ISBN 979-11-85831-17-6(세트)
정가 16,000원

※ 이 책의 저작권은 EASY&BOOKS와 저자에게 있으며
《이지 시티 방콕》의 사진 및 지도, 내용의 일부를 무단 복제하거나 인용해서 발췌하는 것을 금합니다.
※잘못된 서적은 구입한 곳에서 교환해 드립니다.